国家卫生健康委员会"十四五"规划教材

全国高等学校教材
供卫生管理及相关专业用

人际沟通及礼仪

Interpersonal Communication and Etiquette

第2版

主　编　尹　梅
副主编　杨立群　王国平

编　委　（按姓氏笔画排序）

王国平　皖南医学院　　　　　　　　　　杨立群　齐齐哈尔医学院
王悦娜　哈尔滨医科大学附属第二医院　　佟　欣　浙江中医药大学
尹　梅　哈尔滨医科大学　　　　　　　　陈翠萍　同济大学附属第十人民医院
江雪华　广州中医药大学　　　　　　　　和新颖　西安交通大学第一附属医院
杜　萱　大连医科大学　　　　　　　　　郑亚楠　赣南医学院
李　卉　吉林大学　　　　　　　　　　　赵文婷　长治医学院
杨小月　中山大学附属第五医院

编写秘书

金琳雅　哈尔滨医科大学

人民卫生出版社
·北　京·

图书在版编目（CIP）数据

人际沟通及礼仪/尹梅主编. —2版. —北京：
人民卫生出版社，2023.11
全国高等学校卫生管理专业第三轮规划教材
ISBN 978-7-117-35469-1

Ⅰ.①人… Ⅱ.①尹… Ⅲ.①人际关系学－高等学校
－教材②心理交往－礼仪－高等学校－教材 Ⅳ.
①C912.1

中国国家版本馆 CIP 数据核字（2023）第 213650 号

人卫智网	www.ipmph.com	医学教育、学术、考试、健康，购书智慧智能综合服务平台
人卫官网	www.pmph.com	人卫官方资讯发布平台

人际沟通及礼仪
Renji Goutong ji Liyi
第 2 版

主　　编：尹　梅
出版发行：人民卫生出版社（中继线 010-59780011）
地　　址：北京市朝阳区潘家园南里 19 号
邮　　编：100021
E - mail：pmph @ pmph.com
购书热线：010-59787592　010-59787584　010-65264830
印　　刷：三河市博文印刷有限公司
经　　销：新华书店
开　　本：850×1168　1/16　印张：12
字　　数：338 千字
版　　次：2013 年 8 月第 1 版　　2023 年 11 月第 2 版
印　　次：2023 年 11 月第 1 次印刷
标准书号：ISBN 978-7-117-35469-1
定　　价：49.00 元
打击盗版举报电话：010-59787491　E-mail：WQ @ pmph.com
质量问题联系电话：010-59787234　E-mail：zhiliang @ pmph.com
数字融合服务电话：4001118166　E-mail：zengzhi @ pmph.com

全国高等学校卫生管理专业
第三轮规划教材修订说明

我国卫生管理专业创办于 1985 年，第一本卫生管理专业教材出版于 1987 年，时至今日已有 36 年的时间。随着卫生管理事业的快速发展，卫生管理专业人才队伍逐步壮大，在教育部、国家卫生健康委员会的领导和支持下，教材从无到有、从少到多、从有到精。2002 年，人民卫生出版社成立了第一届卫生管理专业教材专家委员会。2005 年出版了第一轮卫生管理专业规划教材，其中单独编写教材 10 种，与其他专业共用教材 5 种。2011 年，人民卫生出版社成立了第二届卫生管理专业教材评审委员会。2015 年出版了第二轮卫生管理专业规划教材，共 30 种，其中管理基础课程教材 7 种，专业课程教材 17 种，选择性课程教材 6 种。这套教材出版以来，为我国卫生管理人才的培养，以及医疗卫生管理事业教育教学的科学化、规范化管理作出了重要贡献，受到广大师生和卫生专业人员的广泛认可。

为了推动我国卫生管理专业的发展和学科建设，更好地适应和满足我国卫生管理高素质复合型人才培养，以及贯彻 2020 年国务院办公厅发布《关于加快医学教育创新发展的指导意见》对加快高水平公共卫生人才培养体系建设，提高公共卫生教育在高等教育体系中的定位要求，认真贯彻执行《高等学校教材管理办法》，从 2016 年 7 月开始，人民卫生出版社决定组织全国高等学校卫生管理专业规划教材第三轮修订编写工作，成立了第三届卫生管理专业教材评审委员会，并进行了修订调研。2021 年 7 月，第三轮教材评审委员会和人民卫生出版社共同组织召开了全国高等学校卫生管理专业第三轮规划教材修订论证会和评审委员会，拟定了本轮规划教材品种 23 本的名称。2021 年 10 月，在武汉市召开了第三轮规划教材主编人会议，正式开启了整套教材的编写工作。

本套教材的编写，遵循"科学规范、继承发展、突出专业、培育精品"的基本要求，在修订编写过程中主要体现以下原则和特点。

1. 贯彻落实党的二十大精神，加强教材建设和管理　二十大报告明确指出，人才是第一资源，教育是国之大计、党之大计，要全面贯彻党的教育方针、建设高质量教育体系、办好人民满意的教育，落脚点就是教材建设。在健康中国战略背景下，卫生管理专业有了新要求、新使命，加强教材建设和管理，突出中国卫生事业改革的成就与特色，总结中国卫生改革的理念和实践经验，正当其时。

2. 凸显专业特色，体现创新性和实用性　本套教材紧扣本科卫生管理教育培养目标和专业认证标准；立足于为我国卫生管理实践服务，紧密结合工作实际；坚持辩证唯物主义，用评判性思维，构建凸显卫生管理专业特色的专业知识体系，渗透卫生管理专业精神。第三轮教材在对经典理论和内容进行传承的基础上进行创新，提炼中国卫生改革与实践中普遍性规律。同时，总结经典案例，通过案例进行教学，强调综合实践，通过卫生管理实验或卫生管理实训等，将卫生管理抽象的知识，通过卫生管理综合实训或实验模拟课程进行串联，提高卫生管理专业课程的实用性。以岗位胜任力为目标，培养卫生领域一线人才。

3. 课程思政融入教材思政　育人的根本在于立德，立德树人是教育的根本任务。专业课程和专业教材与思想政治理论教育相融合，践行教育为党育人、为国育才的责任担当。通过对我国卫生管理专业发展的介绍，总结展示我国近年来的卫生管理工作成功经验，引导学生坚定文化自信，激发学习动力，促进学生以德为先、知行合一、敢于实践、全面发展，培养担当民族复兴大任的时代新人。

4. 坚持教材编写原则　坚持贯彻落实人民卫生出版社在规划教材编写中通过实践传承的"三基、五性、三特定"的编写原则："三基"即基础理论、基本知识、基本技能；"五性"即思想性、科学性、先进性、启发性、适用性；"三特定"即特定的对象、特定的要求、特定的限制。在前两轮教材的基础上，为满足新形势发展和学科建设的需要，与实践紧密结合，本轮教材对教材品种、教材数量进行了整合优化，增加了《中国卫生发展史》《卫生管理实训教程》。

5. 打造立体化新形态的数字多媒体教材　为进一步推进教育数字化、适应新媒体教学改革与教材建设的新要求，本轮教材采用纸质教材与数字资源一体化设计的"融合教材"编写出版模式，增加了多元化数字资源，着力提升教材纸数内容深度结合、丰富教学互动资源，充分发挥融合教材的特色与优势，整体适于移动阅读与学习。

第三轮卫生管理专业规划教材系列将于 2023 年秋季陆续出版发行，配套数字内容也将同步上线，供全国院校教学选用。

希望广大院校师生在使用过程中多提宝贵意见，为不断提高教材质量，促进教材建设发展，为我国卫生管理及相关专业人才培养作出新贡献。

全国高等学校卫生管理专业
第三届教材评审委员会名单

顾　　问　李　斌

主任委员　梁万年　张　亮

副主任委员　孟庆跃　胡　志　王雪凝　陈　文

委　　员　（按姓氏笔画排序）

马安宁　王小合　王长青　王耀刚　毛　瑛
毛宗福　申俊龙　代　涛　冯占春　朱双龙
邬　洁　李士雪　李国红　吴群红　张瑞华
张毓辉　张鹭鹭　陈秋霖　周尚成　黄奕祥
程　峰　程　薇　傅　卫　潘　杰

秘　　书　姚　强　张　燕

主编简介

尹 梅

　　1965年12月生于黑龙江省哈尔滨市，二级教授，博士研究生导师。哈尔滨医科大学人文社会科学学院院长，哈尔滨医科大学图书馆馆长，哈尔滨医科大学医学伦理学研究所所长。全国师德标兵，公安部党风政风警风监督员。中华医学会医学伦理学分会副主委、中国医师协会人文医学专委会副主任委员、中国人体健康科技促进会医学人文与医院管理专委会副主委。黑龙江省医学会医学伦理学分会主委，黑龙江省医师协会医学人文专委会主委，黑龙江省卫生法学研究会会长。黑龙江省教学名师，黑龙江省党外知识分子联谊会副会长，黑龙江省科技经济顾问委员会专家，黑龙江省审计厅特约审计员。

　　从事教学工作至今33年，主持各级教研课题10余项。主持建设"医学伦理学""医学沟通学""交流技能""医学社会学"线上课程，并在人卫慕课、中国大学MOOC、国家智慧教育公共服务平台等平台上线。发表学术论文百余篇。主编国家级规划教材多部，《中国医学伦理学》杂志副主编，多项研究成果获省部级奖励。

杨立群

1961 年 11 月生于黑龙江省齐齐哈尔市，二级教授，硕士研究生导师。曾任齐齐哈尔医学院护理学院院长、中国生命关怀协会人文护理专委会常委、东北地区护理教育学会常委。现任齐齐哈尔市护理学会副理事长、齐齐哈尔市生命关怀办会理事长，广州华立学院健康与护理学院院长。黑龙江省卫生系统有突出贡献中青年专家，黑龙江省政府特殊津贴专家，《中华现代护理杂志》编委。

从事临床医学、护理学、卫生事业管理专业教学工作，授课内容包括基础护理学、护理学导论、护理教育学、护理研究、护理沟通及礼仪、医患沟通、人际沟通及礼仪等。主持参加省部级课题 3 项，获省级高等教育教学成果奖一等奖、二等奖各 1 项。主编、参编国家级规划教材 8 部，译著 1 部；国家发明专利 1 项，国家实用新型专利 8 项。

王国平

1970 年 4 月生于安徽省怀宁县，教授，硕士研究生导师。现任皖南医学院人文与管理学院党委副书记、院长，兼任中华预防医学会卫生事业管理分会常委、安徽省健康服务业协会人文健康分会副会长、安徽省医院协会经济管理专业委员会常委。

从事教学工作 27 年，先后承担了管理学基础、管理心理学、医院管理学、医患沟通等学科的教学工作。主持国际合作项目及省部级科研项目 10 余项，获安徽省医院协会科技创新奖三等奖，主编或副主编教材、专著 8 部，发表学术论文 30 余篇。

前　言

自《人际沟通及礼仪》第1版教材出版至今已9年多。在此期间，医学科学的进步、医学教育的发展以及国家医疗卫生制度改革的不断深化，都为卫生管理专业的发展和自身建设提出了新的时代话题。因此，我们对上版教材进行了修订。

本次教材修订遵循"在政策上科学把握，内容上更加创新，实践中精于指导"的基本原则，坚持"保留特色，遵循规范，与时俱进"的宗旨，将卫生管理专业学生必须掌握的"三基"知识列为教材重点内容，注重人际沟通与礼仪知识的系统性和科学性，实现了在编写模式和编写方法等方面的创新，使其教学内容更符合"更新""更深""更精"的目标。

第2版修订工作进一步优化了教材的结构，加强了理论研究和实践教学，整合了教材内容，改写、充实、调整了部分章节。这些工作主要表现为：教材延续了上、下两篇布局。上篇为人际沟通篇，共7章，增加了2章新的内容，即团队沟通技能和特殊情境下的人际沟通；将语言沟通技能与非语言沟通技能整合到一章；补充完善了人际沟通的理论基础和人际沟通原理；修订了人际沟通障碍等内容。下篇为礼仪篇，共6章，增加了2章新的内容，即现代礼仪的理论基础和交往礼仪，将公务礼仪拆解为接待礼仪和政务礼仪，补充完善了礼仪概述、个体礼仪和交往礼仪等内容。

本书的编写充分考虑卫生管理专业学生的特殊性及未来岗位工作的能力要求，注重人际沟通方法与礼仪规范的指导性和技巧性，突出实践能力的培养，旨在提高学生构建良好人际关系的社会适应能力。本书既可作为卫生管理专业学生的教材，也可作为高等院校不同专业学生素质教育的教材和参考读物。

根据学科互补与发展的需要，本次教材修订，补充了在本学科领域内部分有影响力的中青年学者进入编写队伍。新版教材的修订凝聚了每一位编者的心血和智慧，在此表示最衷心的感谢！

诚盼各位同道和使用本教材的同学们提出宝贵的意见！

尹　梅

2023年6月

目　录

上篇　人际沟通篇

下篇　礼　仪　篇

上篇　人际沟通篇

第一章　人际沟通绪论

　　沟通是一种技术，也是一门艺术。所谓"良言一句暖三冬，恶语伤人六月寒。"积极有效的沟通好似一扇大门，其背后蕴藏着无穷的智慧和力量。关于如何用好这种技术、掌握这门艺术，我们拥有无限的施展空间。从狭义上来说，沟通体现在生活、学习、工作、家庭等成长的各个阶段。广义上来说，它体现在与人类生活息息相关的各类社会领域。有效的沟通可以建立一座桥梁，使人们能够共享情感和知识。沟通已经成为人们社会生活中一个重要的组成部分。

第一节　沟通概述

一、沟通的含义与类型

（一）含义

　　何谓沟通，众说纷纭，至今仍没有统一的定论。据美国威斯康星大学 F. 丹斯教授的统计，目前沟通的概念有 126 种之多。

　　沟通的研究最早始于美国 20 世纪 30—40 年代，沟通学从美国传至欧洲，又传入日本。20 世纪 70 年代，沟通学开始传入中国，最早的名称是修辞学，那时只局限于演讲的艺术表达。

　　沟通原本指"挖沟使两水相通"，《左传·哀公九年》载："秋，吴城邗，沟通江淮。"现代意义上的沟通译自英文"communication"，也有人译为"传播"，意指信息的传递、交流等。沟通从一般意义上讲，是指信息发送者以一定渠道，将信息发送给既定对象，并寻求反馈以达到相互理解的过程。它可以是通信工具间的信息交流，也可以是人与机器间的信息交流，还可以是人与人间的信息交流。

　　《大英百科全书》认为，沟通就是"用任何方法，彼此交换信息。即一个人与另一个人之间以视觉、符号、电话、电报、收音机、电视或其他工具为媒介，所从事的交换消息的方法。"《韦氏大辞典》认为，沟通就是文字、文句或消息的交流，思想或意见的交换。

　　现代意义上的沟通指的是个人、组织、社会之间的信息传递、接收、分享和双向交流的过程。

简言之,沟通是一项活动。人与人之间通过沟通,与周围的社会环境发生联系,建立相互理解和信任的关系。

(二)类型

任何沟通都是"双方"间的交流。根据沟通"双方"的属性不同,沟通可以分为人与人之间的沟通(亦称人际沟通)、人与机器的沟通(人机沟通)。根据沟通的行为活动不同,有如下分类:

1. 自我沟通 是指信息发送者和信息接收者为同一行为主体,自行发出信息、自行传递、自我接收和理解的过程。自我沟通就是自己与自己对话,通过自身的独立思考、自我反省、自我知觉、自我激励、自我冲突以及自我批评,进而达到自我认同,实现内心平衡。因此,自我沟通的过程,其实就是一个认识、提升和超越自我的过程。

2. 人际沟通 广义的人际沟通是指自我沟通以外的一切沟通,狭义的人际沟通是指人与人面对面的沟通。人际沟通具有规模小、最直接、范围易控制及反馈机会多等特点。口头沟通、电子邮件往来、网上聊天、打电话是其主要形式。

3. 组织沟通 是指在组织结构环境下的知识、信息以及情感的交流过程,它涉及战略控制及如何在创造力和约束力之间达到一种平衡。组织沟通具有很强的组织性。组织形成的过程就是沟通的过程,通常采用会谈、会议、头脑风暴、文件、电子邮件等形式进行。

4. 公众沟通 是指职业化的传播机构通过传播媒介,如广播、电视、报刊等与大众进行的沟通。公众沟通具有受众多、规模大、时效性强、无组织性、传播速度快、不易进行反馈等特点。

二、沟通的基本要素与基本模式

(一)基本要素

沟通的基本要素包括信息背景、信息发出者、信息本身、信息传递途径、信息接收者、反馈及噪声等七个要素。

1. 信息背景 是引发沟通的"理由",如需要讨论的事件、互动发生的场所或环境。信息背景反映在沟通者的头脑中,刺激沟通者产生沟通的愿望和需要,这种愿望和需要可能是清晰的,也可能是模糊的。客观存在的刺激是产生沟通的前提和依据。一个信息的产生,常常受信息发出者过去的经验、对目前环境的领会以及对未来的预期等影响,这些均称为信息的背景因素。因此要了解一个信息的内涵,不能只接收信息表面的意义,还必须考虑信息的背景因素,注意其中的真实含义。

2. 信息发出者 是指发出信息的人,也称为信息来源。信息发出者的想法必须通过一定的形式才能进行传递,这种形式就是对信息进行编码。所谓编码就是信息发出者将要传递的信息符号化,即把信息转换成语言、文字、符号、表情或动作。编码前,信息发出者先对自己的想法进行解释,充分理解,并在此基础上找到恰当的表达形式。口头语言和书面语言是最常用的编码形式,除此之外,还可以借助表情、动作等进行编码。

3. 信息本身 是指沟通时所要传递和处理的内容,即信息发出者希望传达的思想、感情、意见、观点等。信息必有一定的内容意义,其内容意义可能会带有背景因素的色彩及信息发出者的风格,可以说是上述两者的具体化。

4. 信息传递途径 是指信息发出者传递信息的工具或手段,也称媒介或传播途径,如视觉、听觉、触觉等。在科学技术迅速发展的今天,一条沟通渠道通常可以同时传送多种信息,如电视、电话会议和其他多媒体技术可以同时传送声音、文字、图像和数字等,极大地方便了复杂信息的传递。在信息传递过程中,如果沟通渠道选择不当,沟通渠道超载或者沟通手段本身出现问题,都可能导致信息传递中断或失真,因此,有效的沟通离不开恰当的信息传递途径。

　　一般来说，在传递信息时信息发出者使用的途径越多，对方越能更多、更快、更好地理解信息内容。美国护理专家罗杰斯 1986 年的研究表明：单纯听过的内容能记住 5%，单纯见到的内容能记住 30%，自己讲过的内容或亲自做过的事情能记住 75%，教给别人做的事能记住 90%。这项研究结果为沟通途径的选择提供了重要而深刻的启示。

　　5. 信息接收者　是指接收信息的人。从沟通渠道传递的信息，需要经过信息接收者接收且接受之后，才能达到共同的理解并形成有效的沟通。信息接受过程包括接收、解码和理解三个步骤。首先，信息接收者必须处于接收状态；其次是将收到的信息符号解码，即将符号信息还原为意义信息，变成可以理解的内容；最后根据个人的思维方式理解信息内容。只有当信息接收者对信息的理解与信息发出者发出的信息含义相同或近似时，才能形成有效沟通。

　　6. 反馈　是指信息接收者返回到信息发出者的过程，即信息接收者对信息发出者作出的反应，这是确定沟通是否有效的重要环节。信息发出后必然会引起信息接收者的某种变化（反应），包括生理、心理、思想或行为的改变等。不管这种反应或改变多么微小，即使表面无法识别，它也都是客观存在的。同时，这些反应或改变又会成为新的信息返回给信息发出者。在人际沟通中，信息发出者和接收者之间随时进行着角色互换，从而使人际沟通呈现出连续不断的过程。

　　在沟通过程中，只有通过反馈，信息发出者才能最终判断和确认信息传递是否有效；只有当发出信息与接收信息同时进行时，才能形成有效沟通。一般情况下，面对面的沟通反馈较为直接、迅速；而通过辅助沟通手段进行的沟通，反馈环节易被削弱。

　　7. 噪声　指对信息传递过程产生干扰的一切因素。噪声对信息传递的干扰会导致信息失真。噪声主要来源于沟通双方个人特征的不同，如性格、受教育程度、气质等的不同。在沟通过程中，噪声是一种干扰源，它可能有意或无意地交织，会影响编码或解码的正确性，并导致信息在传送与接收过程中变得模糊和失真，从而影响正常交流与沟通。噪声是妨碍信息沟通的所有因素，它贯穿于沟通的整个过程。因此，为了确保有效沟通，通常要有意识地避开或弱化噪声源，或者重复传递信息以增加信息强度。

（二）基本模式

　　沟通模式是对沟通性质和过程的表述。沟通理论的研究始于 20 世纪初，而真正运用科学方法提出沟通理论模式是在第二次世界大战以后。根据沟通的发展历程，简要介绍几种主要的沟通模式。

　　1. 拉斯韦尔模式　1948 年，美国政治学家哈罗德·拉斯韦尔（Harold Lasswell）对亚里士多德在《修辞学》中提出的沟通五要素进行了改造，首次提出了典型的线性沟通模式。在这个模式中，拉斯韦尔将五要素概括为：①控制，即信息发出者，承担信息收集、加工和发送任务。②信息内容，说什么及怎么说，承载着所传递的意义符号。③媒介，沟通的信道，承担传输意义符号的任务。④受众，即接收者，承担信息的接收、理解和消化任务。⑤效果，接收者对信息内容的反应，表达出受众基于所获信息的认知、态度、情感和行为的系列反应，以检验沟通效果。由于这五个要素的英文单词均含有一个"W"，故又称为 5W 模式。

　　拉斯韦尔第一次较为准确地描述了构成沟通事实的各个要素，有助于组织沟通问题的讨论。但它将沟通过程描述为既无受者反馈，又无各要素相互作用的单向直线型模式，使其脱离了与社会的联系。

　　2. 香农 - 韦弗模式　1949 年，由美国数学家香农（Shannon）及同事韦弗（Warren Weaver）从信息论的角度提出了"数学传播理论"的模式。其主要贡献是发现了沟通的负功能——噪声对信号的干扰。香农 - 韦弗模式同样也是线性模式，由四个正功能单元和一个负功能单元组成。四个正功能单元为：①信源（要传播的信息）；②发射器（有将信息转变为信号的能力）；③接收器

（有将信号解释为信息的能力）；④信宿（信息要送达的目的地——人或物）。一个负功能单元为噪声来源（各种干扰）。该模式将电路原理的直线性单向过程类比人的传播过程，忽视了内容、效果、情况以及人的功能性和社会性。

3. 施拉姆模式 1954年，传播学者施拉姆（Wilbur Schramm）在《沟通是如何进行的》一书中首次提出了循环沟通模式，该模式的主要贡献表现在四个方面：①与单向沟通模式划清界限；②强调信息与目的地（传者与受者）之间只有在其共同经验范围内才存在真正的沟通；③沟通双方在编码、解释、译码、传递和接收信息时，是相互作用和相互影响的；④强调沟通是一个循环往复、持续不断的过程。

上述沟通模式大体反映了现代沟通理论的发展历程和趋势。拉斯韦尔对沟通的基本要素进行了分析和研究，在理论上构建了第一种沟通模式，为这门学科的发展奠定了基础。香农、韦弗首次提出了信息的概念，并对信息传递及干扰进行了详细的研究，为沟通理论的发展开辟了道路。施拉姆等人的循环模式真实呈现了信息交流的复杂性，较全面地反映了传播的主要过程，但仍存在许多局限性。这些被人们引为经典的沟通模式并不能解决沟通中存在的所有问题，特别是不能解决组织沟通中的问题。

三、沟通的特点与作用

（一）特点

1. 社会性 生活在社会中的人们以信息为主要交流方式，沟通是社会得以形成的工具。人们通过运用复杂的符号系统来交换信息、交流思想、融洽感情、建立联系、增强信任、调整行为、提高效率，不断推动社会的进步与发展。

2. 互动性 沟通是发送者和接收者之间的互动过程，沟通双方不断地将自己接收信息后的反应提供给对方，使对方能够了解自己发送信息的作用、对方接收信息的情况（是否理解信息内容）、接收信息后的心理状态，并根据对方的反应调整发送信息的速度、内容和方式等，以便达到预期的沟通目的。

3. 实用性 人们可以通过沟通建立各种各样的人际关系。通过广泛的人际交往，沟通双方可以获得学习、生活、工作、娱乐等方面的相关信息，为自己提供各方面的帮助；可以产生情感和相互吸引，从而形成亲密关系，即人们在沟通过程中追求自我利益、他人利益和群体利益。

4. 动态性 沟通是一个动态系统，沟通双方在沟通过程中不断地受到来自各方面信息的影响，始终处于不间断的相互作用中，刺激与反应互为因果。同时，信息本身具有流动的性质，从事实本身转变为符号信息的传递过程也是一个动态的过程。

5. 复杂性 沟通是复杂的，因为沟通过程不仅涉及诸多要素和原则，还要涉及人。我们每个人在许多方面都与他人不同，这意味着由于每个人的教育背景和经历不同，对词语的理解、对事物的反应及行为表现都会有所差异。

6. 习得性 人的沟通能力不是与生俱来的，沟通的方法与技巧是通过后天的学习而获得的，而且在学习和实践的过程中得以不断地改善和提高。

7. 不可逆性 沟通过程一旦完成，所发出的信息就无法收回。虽然可以发出其他信息修正以前信息的影响，但无法消除已实现的效果。因此沟通者在沟通过程中要积极、慎重，以免产生不良影响。

沟通本身的这些特点决定了它的功能主要有：①交流信息。收集、存储、处理和传递必要的新闻、数据、图片、事实、意见、评论，以便了解所处的周围环境并作出反应和决定。②社会整合。提供大众化的知识，使人们在社会中有效地发挥作用，增强社会凝聚力和社会意识，积极参与公共生活。③协调关系。提供和交换必要的事实，以达成一致意见或澄清不同观点；促进公众关心和参与本国及国际事务。④教育作用。传授知识，以促进人生各个阶段的智力发展、品格培养、技术与能力获取。

（二）作用

沟通在人们的社会生活中占有重要地位，人在清醒时大约有 70% 的时间是在进行各种各样的沟通。沟通质量是生活质量的决定因素之一。沟通对我们的成长、心理、学习、人际关系和工作具有重要作用。

1. 沟通有利于人的成长　语言是人类成长的重要工具之一。语言学习必须通过沟通的方式。即使正常的婴儿会自行发出声音，其语言的学习也必须通过与他人的互动来完成。如狼孩在诞生后即与狼群为伴，跟随着狼群长大，于是狼孩不但学会同时用双手和双脚走路，也学会以"狼嗥"来表达情感与需求，对于人类的语言却一无所知。狼孩的例子说明语言的学习必须经过互动进行。在日常生活中，无论是与人相处还是我们内在的自我成长，沟通都扮演着极为重要的角色，这些都说明沟通对我们成长过程的重要性。

2. 沟通有利于满足人的心理需要　在心理学家马斯洛的需要层次论中，人类基本的需要由低到高依次是生理的需要（包括对食物、水、空气等的需要）、安全感、爱与归属感、尊重以及自我实现。越底层的需要越容易满足，越高层次的需要越不容易满足。这五种需要之中，除生理需要外，其余四者都属于心理需求。这四种心理需求的满足大都有赖于与他人的互动，其中以安全感、爱与归属感最为明显。安全感来自沟通与互动，沟通的对象是安全感的来源。爱与归属感更是来自与他人的互动。就家庭而言，家之所以能带给我们温暖与爱，往往是因为我们与家人互动关系良好。一个人的沟通能力如果欠缺，他在爱与归属感上往往无法满足，这一点也说明了沟通对心理需求的重要性。

3. 沟通有利于帮助我们学习　学习往往需要与他人互动。他人可能是父母、朋友，也可能是学校的老师。心理学家的研究发现，资质优异、创造力高的儿童通常具有好问的特质。这种发问就是一种学习方式，如果大人能把握沟通的机会满足儿童的求知欲，对于儿童知识、经验的积累会有很大的帮助。沟通是求知的方式，也是教导的方式。

从课堂上的学习来说，教学就是一种沟通。老师往往是沟通过程中的传送信息者，学生则是接收信息者，由此形成单向的沟通。如果能做到双向沟通，甚至多向沟通的讨论式教学，教学效果就会更佳。

4. 沟通有利于丰富人际关系　沟通使得我们与别人建立联系，发展关系，培养友谊。当一群原本陌生的成员聚在一起组成新的团体时，沟通的有无是友谊发展的重要影响因素。不愿与别人沟通产生互动的人，往往容易成为团体中的孤立者。相反，主动寻求沟通机会并充分与其他成员互动的人，常常在较短的时间里就能拉近彼此的距离。心理学家的研究得出，表达能力低是领导者的行为特质之一。在学校、公司、社团等各种较大的团体中也是如此，缺乏主动沟通行为的人，往往较难成为领导人物。

5. 沟通有利于工作的开展　在各行各业中，很少有工作是不需要与他人沟通互动的。虽然从事创造性的工作，如写作、谱曲、绘画、设计等职业者，在构思下笔前也总将自己封闭起来寻求灵感，可创作的最终目的仍是希望将作品公之于世。而观众则是信息接收者，必然会将这种信息在头脑里进行再创作，与作者、与其他观众产生共鸣。从某种意义上讲，共鸣越强烈，就表示作品越受欢迎。在从事各种性质工作的群体中，有的受沟通的影响最为明显，如记者、教师、医务人员、外交人员、导游以及各种窗口服务人员等。这些人员的工作性质对沟通能力的需求会更加迫切。

沟通在决策的过程中展现出不可忽视的力量，利用沟通的互动过程来增进思考方式的多元化及增加决策方案的选择性，已成为最佳工作技能被广泛采用。

第二节　人际沟通概述

一、人际沟通的含义与类型

人际沟通是一个古老的课题,早在古希腊就有哲学家对人际沟通进行了研究。作为人类生存与发展赖以维持和继续的一种行为模式,人际沟通在人类社会的发展历程中起着重要作用。沟通使人们彼此了解,沟通使人们互通有无,沟通使人们化干戈为玉帛。良好的沟通不仅是个人事业成功的重要因素,也是个人身心健康的重要保证。

（一）含义

人际沟通(interpersonal communication)是指人们运用语言或非语言符号系统进行信息(含思想、观念、动作等)交流沟通的过程。它通过信息发出者和信息接收者对意义信息和符号信息进行的编码与解码过程,使两类信息形态交替转换。信息转换包括两个方面:一是要将意义信息转换为发出者的语言、眼神、表情、手势、身体姿态、人际距离等不同形态的符号信息;二是通过信道,再将符号信息转换为意义信息,使接收者能够理解信息内容,最终有效地完成人与人之间的信息交流,为人际关系的建立奠定牢固的基础。

（二）类型

1. 按沟通方式分类　分为语言沟通与非语言沟通。

（1）语言沟通(language communication):是指通过语词符号实现的沟通。语言沟通是一种准确有效、运用广泛的沟通方式。语言沟通过程可以超越时空限制,既可以记载、研究和撰写人类的历史与现状,也可以将先进的思想和知识与更多的人分享。根据语言的表达形式,又可分为有声语言(口语)和无声语言(书面语)。

（2）非语言沟通(nonverbal communication):是指借助于非语词符号,如服饰、表情、姿势、气质、体触类语言等实现的沟通。非语言沟通主要是指包括面部表情、目光、身体姿势等方面的沟通。

语言沟通善于沟通信息,非语言沟通更善于沟通人与人之间的思想和情感。科学家们经过对人际交往中 100 多万种无声暗示和信号的研究发现,人们在交际中有声语言的使用仅占35%,65%的交际信号是无声的,而人体语言只是无声语言研究中的一种,人体语言在表露人的心理活动和内在气质方面,比有声语言更真实可靠。

2. 按沟通流向分类　分为纵向沟通与横向沟通。

（1）纵向沟通:是指沿着组织的指挥链在上下级之间进行的信息传递,又可进一步分为上行沟通和下行沟通两种形式。

（2）横向沟通:是指在组织内部横向部门和人员间进行的信息传递,又可进一步分为平行沟通和斜行沟通两种形式。

平行沟通是在组织内部同一层次人员之间进行的,具有非命令性、协商性和双向性的特点。

斜行沟通是指在组织内部既不在同一条指挥链,又不在同一层次的人员之间的沟通,具有协商性和主动性的特点。

3. 按沟通渠道分类

（1）正式沟通:通过正式的组织程序,按组织规定的线路和渠道进行的信息传递与交流,如会议制度、汇报制度、文件的下传与呈送以及组织之间的公函往来等。正式沟通具有沟通渠道比较固定、信息传递较为准确、沟通速度较慢、受重视程度较高等特点。

（2）非正式沟通:指正式沟通渠道之外的信息传递与交流。非正式沟通是建立在日常人际关系基础上的一种自由沟通,没有固定的传播媒介,如组织成员的私下交谈、朋友聚会等。非正式沟通具有沟通形式方便灵活、不受限制,内容广泛,信息传递速度较快等特点。因此,非正式沟通有利于传播一些不便于正式沟通的信息,有利于获取一些正式沟通难以获得的信息。但在进行非正式沟通时应注意:由于非正式沟通的形式过于随意,传递的信息不一定可靠。因此,要对来自非正式沟通渠道的信息的真实性进行甄别,不要轻易相信。

有效管理通常以正式沟通为主,但不应忽略非正式沟通的作用,必要时可通过非正式沟通提高管理效果。

4. 按沟通方向分类

(1)单向沟通:是指一方只发送信息,另一方只接收信息的沟通过程,如作报告、讲课、演讲,观众看电视、听众听广播,领导布置任务等。在进行单向沟通时,应该特别注意沟通渠道的选择、接受者的接受能力、信息发送的完整性和表达的准确性等。单向沟通具有接受者面广、信息传递速度快、不易进行反馈、容易形成误解等特点。

(2)双向沟通:是指沟通双方同时互为信息的发送者和接收者,如谈心、讨论、病史采集、健康指导等。双方的信息可以通过反馈环节形成一个循环往复的过程。因此,双向沟通具有信息内容较为准确,有利于联络双方感情、增强信息接收者的信心,信息传递速度慢等特点。

5. 按沟通目的分类

(1)征询型沟通:是指以获得期待信息为目标的沟通,一般通过提问的方式进行。例如:上级为确定工作计划而通过征询型沟通进行讨论时,广泛征询下级的意见和建议;医生通过征询型沟通可以获得患者的既往病史、遗传史、家族史等健康信息;小组讨论式教学过程中,教师通过征询型沟通对某一问题的观点及看法向学生提问。

(2)告知型沟通:是指以告知对方自己的意见为目标的沟通,通常采用语言沟通的方式。新员工报到时,主管领导通过告知型沟通方式向其提供信息,如进行自我介绍、环境与规章制度介绍等。

(3)说服型沟通:是指以改变对方态度为目标的沟通,主要以说理的方式进行。因说服型沟通是以改变他人的观点、态度、思想、情感为目的,而不是简单的信息传递过程,因此难度较大。如一个部门要推行一项新的管理制度或流程,有些员工对此不愿接受,此时部门主管通过说明实行新的管理制度或流程的必要性和可行性,以及对部门和员工会带来的变化及益处来争取得到更多员工的支持。

二、人际沟通的层次与特征

(一)层次

1. 按沟通的信息分类 分为5个层次,随着相互信任程度的增加,层次逐渐升高。

(1)一般性交谈:是一般性社交应酬的开始语,属于沟通中的最低层,如"你好""下班了""有空聊聊"等寒暄、应酬性语言。这种交谈方式有利于短时间内打开局面并帮助建立友好的关系。一般性交谈不需要深入思考,也不用担心"说错话",让人有"安全感"。但问候不宜千篇一律,也不宜长期停留在这个沟通层次上。

(2)陈述事实:是指不带有个人意见,不牵涉人与人之间的关系,报告客观事实的沟通。在沟通双方还未建立信任感时,交谈多采用陈述事实的方式,防止产生误解或引起麻烦。如管理者为了了解某部门的某一项工作出现问题的真正原因,要鼓励汇报者详细叙述事件经过,尽量不要用语言或非语言行为影响他们。

(3)交换意见:是沟通双方已经建立了一定的信任,可以彼此谈论看法、交流意见的沟通。在此层次上,双方容易产生共鸣,获得认可或产生同感。作为领导者或管理者,在与下级沟通时,应注意不要流露否定或嘲笑的表情,以免影响下属的信任或不愿意继续提出自己的看法与建议。

(4)交流情感:是沟通双方彼此无戒心、有了安全感时进行的沟通。在此层次上,沟通双方愿意说出自己的想法或作出对各种事件的反应,尊重彼此间的感情并分享感受。为了给下属创造这样一个适宜的情感环境,领导者或管理者应做到坦率、真诚、热情并正确理解下属,帮助他们建立信任感和安全感。

(5)沟通高峰:是一种短暂的、一致的、高度和谐的感觉。这种感觉偶尔产生在第4层次的沟通过程中,是沟通双方分享感受程度的最高层次,是沟通交流者希望达到的理想境界。

在管理工作中,各种沟通层次都可能出现,而沟通双方的信任程度是决定沟通层次的关键因素。上下级之间的沟通、员工之间的沟通,应根据双方的信任程度,尊重他人意愿,自主选择交流方式。

2. 按沟通效果分类　分为"沟而不通、沟而能通和不沟而通"。

(1)"沟而不通":是指花费很多时间却没有达成有效的沟通,又称无效沟通。造成"沟而不通"的原因很多,如存在偏见、缺乏技巧等。

(2)"沟而能通":指渠道畅通的沟通,即沟通双方能在和谐的气氛中畅所欲言,交流情感。正如人们常说的,"关系好、场合对,就能有话直说,有话实说"。

(3)"不沟而通":是指人与人之间高度默契时形成的沟通,是一种特有的高效快速的沟通,即人们常说的"心有灵犀一点通",甚至不用说话就知道对方的体验和感受。"不沟而通"并非一般的人际关系所能达成的沟通情境,而是一种默契的表现。

(二)特征

1. 积极互动　人际沟通不同于"两套设备"之间简单的"信息传输",沟通的双方都是积极的主体。这就表示参加人际沟通的每个人都希望自己的沟通对象具有积极性;希望沟通过程是一个相互影响、相互作用的积极过程。所以,在沟通过程中,信息发出者应准确判断对方的情况,分析沟通的动机、目的和态度等,预期沟通的效果。

2. 符号共识　人与人之间的信息交流不同于设备之间的信息交流,沟通是双方借助符号系统相互影响的。作为信息交流结果的沟通符号,只有在信息发出者和接收者共同掌握统一的编码及译码系统的情况下才能实现其作用。在人际沟通中,沟通双方应有统一的或近似的编码及译码规则。这意味着双方不仅应有相同的词汇和语法体系,而且要对语义有相同的理解。而对语义的理解在很大程度上又依赖于沟通情境、社会背景、沟通场合以及沟通者的社会、政治、宗教、职业等因素,他们之间存在的差异都会对语义的理解产生影响,即要使用双方都熟悉的同种语言来进行沟通。

3. 目的明确　在人际沟通中,沟通双方都有各自的动机、目的和立场,都设想和判定自己发出的信息会得到某种回答。即人与人的沟通是以改变对方行为为目的的,是一个沟通者对另一个沟通者的心理作用的过程。

4. 情境制约　任何人际沟通都是在一定的情境下进行的,因此情境因素始终对人际沟通产生制约作用。这些因素包括社会性、心理性、时间性、空间性等可能影响人际沟通的相关因素,这些相关因素可能有利于人际沟通的进行,也可能对人际沟通产生特殊的沟通障碍。

三、人际沟通的影响因素

影响人际沟通的因素很多,主要有以下几个方面。

(一)环境因素

1. 物理环境(physical environment)　是指进行沟通的场所,包括环境的安静程度、光线、温度等。例如,环境中的噪声、光线不足、温度过高或过低等都会影响沟通者的心情和沟通效果。

(1)安静度:环境安静是保证口语沟通的必备条件。环境中的噪声,如机器的轰鸣声、汽车的喇叭声、电话铃声、嘈杂的脚步声、喧哗声以及与沟通无关的谈笑声等都会影响沟通的正常进行。当沟通一方发出信息后,外界的干扰可以导致信息失真,造成另一方无法接收信息或误解信息含义,发生沟通障碍。因此,正式沟通时应尽量选择一个安静的环境,注意排除噪声源,以增强沟通效果。

（2）舒适度：如房间光线昏暗,沟通者看不清对方的表情,室温过高或过低,房间里气味难闻都会影响沟通者的注意力。一般情况下,在机关办公室进行沟通的舒适度较好。若与不吸烟的人在烟气熏天的环境中沟通,效果可能就会受到影响。

（3）相距度：心理学家研究发现,根据沟通过程中保持的距离,沟通也会有不同的气氛背景。在较近的距离中进行沟通,容易形成融洽合作的气氛;而当沟通时的距离较大时,则容易形成敌对或相互攻击的气氛。不仅如此,沟道距离还会影响沟通者的参与程度。

2. 心理环境　是指沟通双方在信息交换过程中是否存在心理压力。如沟通时缺乏隐私保护的条件,或人际关系紧张导致的焦虑、恐惧情绪等都不利于沟通的进行。

（1）隐秘性：凡沟通内容涉及个人隐私时,若有其他无关人在场就会影响沟通。因此,在谈及相关重要事项或决策时,应该注意环境的隐秘性,条件允许时最好选择无人打扰的房间,无条件时注意说话的声音不要太大,尽量避免让他人听到。

（2）背景因素：是指沟通发生的环境或场景。沟通总是在一定的背景中发生的,任何形式的沟通都会受到各种环境背景,包括沟通者的情绪、态度、关系等的影响。如学生正在自由交谈,突然发现有老师在旁边,就会马上改变交谈的内容和方式。可见某种意义上,沟通是受沟通背景影响和控制的。

（二）个人因素

1. 心理因素　在日常生活中,沟通常常受到人的认知、性格、情感、情绪等多种心理因素的影响,严重时心理因素可引起沟通障碍。

（1）情绪：是指一种具有感染力的心理因素,可对沟通的有效性产生直接影响。轻松愉快的正向情绪能增强一个人的沟通兴趣和能力,而生气、焦虑、烦躁等负性情绪可干扰一个人传递或接收信息的本能。如当沟通者处于愤怒、激动的状态时,会对某些信息出现过度反应,甚至误解;当沟通者处于悲痛、伤感的状态时,对某些信息出现淡漠、迟钝的反应,同样也会影响沟通效果。

（2）个性：是指个人对现实的态度和他的行为方式所表现出来的心理特征,是影响沟通的重要变量。一个人是否善于沟通,如何沟通,与他本身的个性密切相关。热情、直爽、健谈、开朗大方、善解人意的人易于与他人沟通。相反,内向、固执、冷漠、拘谨、性格孤僻、以自我为中心的人则很难与人正常沟通。一般情况下,性格内向的人愿意独处,不善于与人沟通,与他人沟通的愿望也不强,但也有少数性格内向的人可以与知己建立长期稳定的沟通渠道,形成深厚的感情和友谊。而性格外向的人愿意与人共处,善于与人沟通,容易获得社会信息和在公共场合中产生较大的影响。但性格外向的人由于沟通范围过于广泛,容易影响沟通深度。无论个性属于哪一种类型,作为管理人员,都要避免个性中过于挑剔、冷漠、偏执的不良心理特征,应与各级各类人员建立良好的沟通渠道。

（3）认知：是指一个人对发生于周围环境中的事件所持的观点。由于个人经历、教育程度和生活环境等不同,每个人的认知范围、深度、广度以及认知涉及的领域、专业都有差异。一般来说,知识水平越接近,知识面重叠程度越大,沟通时越容易理解。知识面广、认知水平高的人,比较容易与不同认知范围和水平的人进行沟通。信息发出者把自己的观点编译成信息符号的过程是在自己的知识和经验范围内进行的。同样,信息接收者也只能在自己的知识和经验范围为对信息符号进行解译,如果传递的信息符号是在对方的知识范围之外,就会影响沟通效果,甚至造成无法沟通的局面。

（4）态度：是指人对其接触客观事物所持的相对稳定的心理倾向，并以各种不同的行为方式表现出来，它对人的行为具有指导作用。态度是影响沟通效果的重要因素，真心诚恳的态度有助于沟通的进行，缺乏实事求是的态度可造成沟通障碍，以至于无法达到有效沟通。

（5）角色：是指人在社会结构或社会制度中一个特定的位置，是一定地位的权利和义务的语言、行为及思想的表现。由于人们充当着不同的政治、宗教或职业角色，人们形成了不同的意识，导致人们对同一信息可能作出不同的解释。如不同职业的人在沟通中常有"隔行如隔山"的困难；在组织中地位高的人与地位低的人进行沟通时，地位低的人往往不敢畅所欲言。

2. 身体因素　是指由于沟通者的自身原因造成的影响。例如：由于年龄不同，社会阅历和经验不同，感兴趣的事物也有所不同，即所谓的"代沟"，也会对沟通产生一定影响。又如：疼痛、饥饿、疲劳等不适因素，会使沟通者在沟通时难以集中精力，但这些不适消失后，沟通即可正常进行。

3. 文化因素　文化包括知识、信仰、习俗、价值观、个人习惯等，它规定和调节着人们的行为。不同民族、文化、职业和社会阶层的人，由于文化背景的不同，对沟通行为所赋予的意义可能会千差万别。美国文化学家做过的一些调查显示：东方人注重人际关系的和睦、谦恭、好客、尊敬老人、感恩报德，群体观念强；而西方人注重金钱、时间效率、个人价值观、男女平等等。如中国人作报告或发言前，总喜欢用一段谦虚的言辞，发言结束后经常使用"请批评指正"等；而美国人则喜欢一上场就先进行一番自我表扬，讲完后还要对别人的恭维话进一步发挥。

4. 语言因素　客观事物和人的思想以及语言文字都非常复杂，同一种事物、同一种意思会有很多表达方式，同一种表达方式又会有多重意义。语言是极其复杂的沟通工具，语法错误、语义不明、语构不当、措辞不当等都会阻碍沟通。

5. 信息因素　信息内容也会影响沟通效果。如与个人利益相关的信息比无关痛痒的信息容易沟通；有前因后果的信息比孤立的信息容易沟通；传递的信息与个人隶属团体的价值观相一致时容易沟通；信息是好消息时，沟通一方乐意去告知另一方，另一方也乐意接受；沟通的信息是坏消息时，沟通一方就含糊其词，或者采取试探性提问，使另一方不能接收信息的全部内容或理解信息内容。一般情况下，人们对信息的兴趣程度依次表现为：对人的问题最有兴趣，其次是事，再次是理论。此外，信息的真实性对沟通的影响也十分重要。

（三）媒介因素

沟通媒介选择不当会造成沟通错误或无效。如一位领导为了表达对下属工作的不满，可将同样的内容通过不同的沟通媒介表达——在会上公开批评、在很小范围内提出批评或私下进行批评，不同方式会产生不同的沟通效果，以至于对接受者产生不同的意义。

（四）组织因素

组织因素包括传递层次因素和传递途径因素两种。信息传递的层次越多，失真的可能性越大。组织庞大，层次繁多，增加了人与人之间的距离，也增加了信息传递过程的诸多中间环节，造成信息传递速度减慢，甚至出现信息失真或流失。

第三节　管理沟通概述

一、管理沟通的含义与作用

（一）管理沟通的含义

管理沟通是指为实现组织目标而进行的组织内部和组织外部的知识、信息的传递和交流活动。管理沟通不同于一般意义上的沟通，它是围绕组织目标而进行的信息、知识传递和理解的过程,是实现管理目标的媒介。本质上讲,管理沟通涵盖组织沟通的方方面面,包括组织内部和组织外部的沟通,组织中的人际沟通是管理沟通的基础。管理沟通的内涵体现在以下三个方面。

1. 沟通是信息的传递和理解　信息在管理沟通的过程中需要通过恰当的方式被沟通对象所理解,管理层与管理层、管理层与员工、员工与员工之间都需要沟通来掌握和传播信息,交流思想。

2. 沟通过程传递的只是符号并非信息本身　由于每个人的"信息 - 符号储存系统"各不相同,人们对同一符号常存在不同的理解。在管理沟通过程中,高层管理者与下级管理者的系统存在一定差异,对同一术语或同一词汇易产生不同的理解,从而产生沟通障碍。

3. 沟通信息内涵广泛　在沟通过程中,人们不仅传递消息,还会提出自己的意见和观点,表达赞赏与不快之情。作为一个管理者,要谨慎区别基于事实的信息和基于推论的信息,完整理解传递的信息,既获取事实,又分析发送者的价值观、个人态度,这样才能达到有效的沟通。

(二)管理沟通的作用

1. 可以发挥润滑剂的作用　不同的员工具有不同的价值观、个性、文化背景及生活经历,这些差异非常容易导致出现一些矛盾和冲突。管理沟通可以使员工懂得尊重对方,通过换位思考,彼此理解,建立信任、合作、融洽的工作关系。

2. 可以发挥黏合剂的作用　管理沟通可以将组织中的个体凝聚在一起,将个体与组织凝聚在一起,使组织中的员工在组织发展愿景中实现自己的理想,在自身职业发展中促进组织的发展,同时与他人协调合作,实现自己的人生追求和价值。

3. 可以发挥催化剂的作用　通过管理沟通可以激发员工的士气,引导员工发挥潜能,施展才华。良好的管理沟通可以通过上级与下级、员工与员工的沟通与交流,增进员工对组织目标及愿景的了解和理解,激发员工内在的潜力和潜能,团结一心,共同实现组织目标。

二、管理与沟通的关系

管理和沟通有着十分紧密的内在联系,两者有许多地方相同、相似或共通。而两者的内涵和外延并非简单地完全相等,也有差异。

(一)管理与沟通的主要差别

1. 从概念看　管理主要是针对组织定义的,沟通是针对整个社会定义的,因此沟通的范围更广阔。

2. 从行为过程看　管理侧重于人和人、人和物等多种资源的组合及组合过程,强调的是管理者、管理专家等所有管理资源和管理的全过程;而沟通则侧重于管理活动中必不可少的核心信息交流过程,是管理活动中最重要的一部分。

3. 从目的和结果看　管理是为了组织有更大的产出;而沟通则是为了相互正确理解,但理解并不代表着双方达成共识,因此有时不能产生最大的产出。此为二者效果的差异之处。

(二)管理与沟通的主要联系

1. 沟通是管理的核心内容　沟通是管理得以实施的主要手段、方法和工具。如管理中的计划,计划必须有信息收集、整理、分析作为基础,信息收集处理的过程就是沟通的过程。

2. 沟通过程就是管理行为过程　如果把沟通行为过程由人类社会大背景缩小到组织这一相对较小的范围来考察,从组织行为学的角度看,大量的沟通行为过程都是管理行为过程。

3. 沟通效果与组织管理效果紧密相关　随着人类社会的发展,信息化程度越来越高。在管理行为中,信息本身已经成为推动社会经济发展的第一生产力,信息沟通的效果在很大程度上会决定组织管理的效果。

三、管理沟通的内容与原则

（一）内容

管理沟通是为实现组织目标而进行的信息传递和交流活动。管理沟通的内容是由沟通者发出的，以实现组织的运转和促进员工关系融洽为目的，总体包括信息、知识和情感传递三个方面。

1. 信息传递　从信息理论角度讲，组织是一个信息传递的过程，信息是构成组织的前提，并且实际上组织的运转离不开信息。

2. 知识传递　不论是显性知识还是隐性知识，对于现代组织都至关重要。按照传统信息理论，知识和信息密不可分，知识是信息的重要部分，信息是知识的载体。作为组织手段的沟通也必然为知识沟通服务。

3. 情感传递　组织是由人构成的，情感是人内心世界的真实表达，沟通过程中不仅要进行任务的沟通，也要进行心理上的情感沟通。

（二）原则

1. 准确性原则　是指信息沟通要客观、正确地反映组织内部生产活动或外部经营环境的特点，这是对沟通的最基本要求。沟通如不准确、不真实，则会给管理工作造成极大的危害，可能导致制定错误的决策或采取错误的控制措施。为保证沟通的准确性，要求在信息收集过程中注意选择可靠的信息来源，用准确的语言精确、客观地记录原始信息；在信息加工过程中，采用科学的方法，尽可能排除任何人为因素对信息内容及其价值产生的客观性干扰。

2. 完整性原则　是指沟通信息的收集和加工不仅应全面、系统，而且应具有连续性。组织的管理过程是由众多阶段和环节组成的，内部、外部的许多部门和要素参与了这个过程，而众多要素之间存在着广泛的联系。管理部门只有全面地收集反映这些部门、环节、环境及其相互关系的信息，才能统一地指挥、协调和控制内部活动，适应外部环境的要求，应对不断发生的变化，并不断发出新的信息。只有对这些不断更新的信息连续地加以收集和加工，才能把握内外环境的动态变化。

3. 及时性原则　在沟通过程中，不论是上行沟通、下行沟通还是横向沟通，均要注意信息的及时性，这样才可使组织新近制定的政策、组织目标以及人员配备等情况尽快得到各方的理解和支持，同时可以使主管人员及时掌握其下级的思想、情感和态度，从而提高管理水平。

4. 适用性原则　是指组织内部的沟通信息是对组织有用的信息。管理人员必须注意在众多信息中识别对组织有直接、重大影响的信息，并有效、及时地收集和加工这些信息。沟通过程的适用性原则对管理人员的判断能力提出了很高的要求。

5. 非正式组织策略性运用原则　这一原则的性质是，当主管人员使用非正式组织来补充正式组织的信息沟通时，才会产生最佳的沟通效果。在正式组织之外，应鼓励非正式组织传达并接收信息，以辅助正式组织做好组织的协调工作，共同为达到组织目标而努力。

四、管理沟通的影响因素

（一）组织内部环境

1. 组织结构　组织结构是全体成员为实现组织目标，在管理工作中进行分工协作，在职务范围、责任、权利方面所形成的结构体系，是整个管理系统的"框架"。不同类型的组织结构都会存在一些缺点，如直线职能型组织要求管理者必须在特定范围内履行职责，一旦组织规模扩大，结构变得更复杂，管理者很难有足够的时间、技能和方法进行管理沟通，不同职能部门间的矛盾可能会影响整个组织目标的实现。

2. 组织文化　组织文化是一个组织内共有的价值观、信仰和习惯体系,该体系与正式组织结构相互作用并形成行为规范。文化对组织发展具有统领作用,而组织文化的建设与推广离不开管理沟通,管理沟通的开展与积极向上的组织文化息息相关。如果一个组织没有一种良好的学习与合作的文化氛围,管理沟通就难以开展。

(二)组织外部环境

组织外部环境通常包括具体环境(顾客、竞争者、投融资机构、政府部门等)和一般环境(经济、技术、政治、社会、法律等)。外部环境最大的特点表现在复杂性和多变性等不确定性方面。随着组织所处环境日益复杂,一方面要求组织不断改革管理模式,另一方面管理者需要投入更多人力、时间和精力来加强和协调组织对外的沟通,以适应不断变化的外部环境。

(三)管理者类型

管理者类型的影响依据乔哈里视窗的分析维度,可分为双盲型、被动型、强制型和平衡型四种,不同类型的管理者有不同的特点。

1. 双盲型　这种类型的特点是既不暴露也不反馈,占据双盲位置,自我充满焦虑与敌意。双盲型的管理者往往采取独断式的管理方式,人际交往效率低,缺乏有效的管理沟通。

2. 被动型　这种类型的特点是仅仅依靠反馈,缺乏自我暴露,是一种"面具式"的沟通。下属与被动型管理者的沟通开始时互相都较为满意,但久而久之下属易对其产生信任危机。

3. 强制型　此类型的特点是以自我暴露取代反馈,常认为自我"至高无上",轻视他人。管理者多采用灌输式的管理方式,下属会充满戒心,有时会忐忑不安,甚至怨愤。

4. 平衡型　此类型的特点是合理使用暴露与反馈,达到最佳沟通状态。管理者能够适度暴露自己的情感,注意与他人的互动,与上司坦诚交流,对下属平等相待,其管理沟通效果好,管理效率最高。

思考题

1. 在日常工作和生活中,你主要采用哪些沟通方式?如果遇到自己不喜欢的人,你将如何与他相处?
2. 联系实际谈谈管理沟通的原则。
3. 本周六你有一个很重要的聚会,但按照科室的排班表,这周六轮到你值班,你非常想参加这个聚会,需要找人调班,你将怎样和对方沟通呢?
   要求:运用至少两种不同的沟通方式,一人扮演请求者,一人扮演被请求者,两人轮流扮演不同角色,体会不同沟通方式的优缺点。

(尹　梅)

第二章　人际沟通的理论基础

　　在人的一生中，不论愿意或者不愿意，总是要和不同的人进行交往并建立各种各样的人际关系。人际关系的建立以社会认知的结果为基础，而人际认知是社会认知的一个重要组成部分。在人际关系心理学中，人际认知可被用来表达人际交往与人际关系中的认识活动。人际关系由认知、情感和行为三种相互关联的心理成分构成，情感反应是核心成分，其最直接的表现就是个体对他人的喜欢与厌恶、吸引与排斥，即人际吸引。人际吸引在人际交往和人际决策中具有重要的作用，是人际交往的第一步。个人成就、工作成效都与人际吸引有关。

第一节　人际交往理论

一、人际交往概述

（一）含义

　　人际交往（interpersonal communication）也称社会交往，是指人与人之间通过一定的方式进行接触，从而在心理和行为上相互影响的沟通过程。人际交往是人类社会的特有需求，在人际交往过程中，人们运用语言或非语言符号沟通信息、交流思想、表达情感与需要。

　　人际交往涵盖三个层面：物质交往、知识信息交流、心灵碰撞。

　　1. 物质交往　反映的是人与人之间金钱、货物、劳动力等经济利益的交换，是其他一切交往的基础。人必须通过经济交换行为解决衣食住行，但是人际交往绝不仅仅局限于经济领域。

　　2. 知识信息交流　是知识信息共享沟通的过程。英国作家萧伯纳曾经说过，"如果你有一个苹果，我有一个苹果，彼此交换，我们每个人仍只有一个苹果；如果你有一种思想，我有一种思想，彼此交换，我们每个人就有了两种思想，甚至多于两种思想。"知识信息交流的独特性，就在于其可以在交换过程中不断形成、发展和创新。

　　3. 心灵碰撞　主要体现了人与人在深入全面的交往中，会表明各自的人生目标和态度，彼此之间进行各自的人生观、价值观的沟通与交汇，体现了人的精神对他人的影响，是人际交往在价值塑造与行为协调方面的真正意义。

　　影响人际交往的心理因素包括认知、动机、情感、态度和行为等。人际交往首先从"相识"开始，认知是人际交往的起点，不相识相知，人与人之间就无法展开交往。动机是人际交往强大的驱动力，只要双方在相互交往中能够满足动机需要，人际交往就能继续和发展。情感是人际交往的纽带，情感投入体现了人在人际交往中的满意程度和亲密程度，是对交往的评价程度。态度是人际交往的重要变量，态度诚恳、尊重他人、对人忠诚，会成为良好人际交往的润滑剂。行为是人际交往的手段，是其他心理因素的外在表现。

（二）人际交往的功能

　　人际交往是个人生活的重要组成部分，甚至可以说人本身就是交往的产物。能否进行良好的人际交往，是衡量一个人身心健康、社会适应能力的重要标准。

　　1. 心理健康功能　良好的人际交往可以增强与他人的亲密感、信任感、安全感和依附感，是维护身心健康的"营养素"。一个人一旦不参与社会交往，就会产生严重的孤独感和恐惧感，给心理健康带来严重破坏。心理学研究表明，心理健康的人往往善于和他人交往，富有同情心，自信心强大，更容易成为情绪的主人。

2. 信息沟通功能　心理学研究证明，人类每天大约有 70% 的时间都是在进行相互交往和信息交流。人际交往也是一个信息输出和输入的双向过程，人既是信息的接受者也是传送者。当我们通过语言、眼神、表情、肢体动作表达我们的意见、情感和态度时，都是在进行信息传递。"听君一席话，胜读十年书。"一个人永远无法掌握全部的信息，人际交往是信息沟通的重要桥梁和渠道。

3. 自我认识功能　人需要通过人际交往，在与他人的比较过程中，形成对自我的认识。他人对自己的评价和态度，帮助我们认识自身的优缺点，选择最适合自己的行为模式，从而为自己设计最契合自身特性的发展方式。"独学而无友，则孤陋而寡闻"，与更多的人经常进行多层次的交往，就会对自我的认识更深刻，最终才能实现自我完善。

4. 社会化功能　人具有自然属性和社会属性，后者是人类的本质属性。社会化就是个人学习社会知识，学会与他人相处，获得他人的认可，在集体中建立自己的位置，习得社会规范，适应社会生活，完成个体的社会化。

（三）人际交往与人际关系

人际交往是人际关系的前提和基础，人际交往多次反复进行从而固化成相对稳定的人际关系。人际交往体现的是人与人之间相互联系的过程，人际关系是人际交往后建立的相互关系，是人际交往的结果和表现。

1. 人际关系的含义　人际关系是人际交往的结果，它以需要的满足为基础，以情感反应为特征，本质上是一种特殊的社会关系。具体可以通过以下四个方面来理解。

（1）人际关系是人际交往的结果：人际关系的优劣取决于人与人的交往状况和质量，有什么样的人际交往就会有什么样的人际关系。人际关系又以人际交往为媒介，人际交往是在人们直接或间接的交往过程中逐渐建立发展的，是连接人际关系的渠道和桥梁。因此，要建立良好的人际关系，就应该注意人际交往的质与量，讲究人际沟通的技巧与方法。

（2）人际关系是一种特殊的社会关系：社会关系（social relation）是指人们在共同的社会生活实践活动中形成的一切相互关系的总称。社会关系可以从纵、横两个方面理解，社会关系的纵面是以生产关系、经济关系、政治关系、伦理关系等形式表现出来的，而人际关系是社会关系的横面表现。

各种社会关系中都存在着人际关系。各种社会关系的形成、维持和发展，都是由具有一定情感、一定个性的个体实现的，个体之间的心理距离和心理关系必然会对社会活动和社会关系本身产生影响。因此，人际关系不仅受制于社会关系，反过来又深刻影响着社会关系，将人际关系仅仅看作一般的社会关系是不够的。

（3）满足需要是人际关系的基础：作为社会关系横面的人际关系，能清晰地反映出人与人之间彼此满意或不满意、吸引或排斥的程度，即彼此满足对方需要的程度。一般来说，人们会喜欢能够满足自己需要的他人，愿意与其建立良好的人际关系；而对不能够满足自己需要的他人态度冷淡，疏远给自己带来处罚或困境的他人，不愿与其建立良好的人际关系。

从广义上理解，人际关系的需要包括精神需要与物质需要，眼前需要与长远需要，以及他人的、群体的、社会的乃至整个人类的需要。因此，即使一个人的行为未必直接满足其他个体的需要，但当他所体现的思想、品质、情操等符合大众价值的需求和角色期待时，其他个体还是会愿意与其建立良好的人际关系。

（4）情感反应是人际关系的突出特征：在人际关系中，人与人之间的亲近或疏远、好感或反感、友好或敌对等，都反映个体需要是否得到满足时的情感体验。由于人际交往和个体本身的多元化和复杂性，实际生活中人们常以情感为前提来建立人际关系。因此，我们经常会发现某人喜欢或者厌恶另一个人，却又说不出明确的原因。一旦这种情感得到确定，又反过来对人际关系的形成与发展产生影响，如"爱屋及乌"现象。不同的情感体验还可以形成一个连续分布的区间，表示个体间不同的心理距离，比如很喜欢、喜欢、不喜欢、厌恶、敌对、仇视等。由此可见，人际关系具有突出的情感反应特征。

2. 人际关系的特点

（1）角色的明确性：在人际交往初期，由于关系尚未确定，所以人们的角色并不明确。随着关系的确定，交往双方就依据关系确定自己的角色，并选定适当的交往行为，在出现的交往信息中接纳或赞同某种信息，而拒绝接受其他的信息。

一个人可能会同时充当不同角色，存在多种人际关系。但在与某人的关系中往往只能充当或主要充当一个角色，依据一种准则行事。一旦关系确立，角色就明确了。例如一个人在家庭人际关系中充当儿子的角色，同时在夫妻关系中是丈夫，在单位里是医生，在朋友关系中是朋友，无论是家庭、夫妻、上下级或者朋友关系中他都充当一个角色，按一种准则行事。在单位里如果他不按已经确立的医患关系准则行事，就会最终毁掉自己的职业生涯。人际关系不明确，角色错乱，会导致人际关系的恶化直至破裂，因为在任何一种人际关系中，角色都是存在差异的。

（2）认识的阶段性：人际关系的发展按照一定的顺序和阶段进行。在交往过程中，人际关系一般先从注意阶段开始，向彼此吸引阶段、相互适应阶段、相互依附阶段过渡，而后进入稳定阶段，或是恶化阶段。这种阶段性是客观存在且不可逾越的。

（3）多元性：从某种意义上讲，每个人都是多元的个体，有自己的气质个性、社会背景、生活经历、理想与价值观。同时，人际关系本身也存在多元性。当我们在交往中同他人建立人际关系时，双方人际交往中的相互作用与相互影响是多元的。例如在上下级关系中，可能存在朋友关系、亲戚关系、同学关系等，这些关系会在彼此人际交往的过程中增加关系的复杂性与不稳定性。此外，人际关系的情感也具有客观存在的多元性，例如领导看待某位下属时，一方面欣赏其才能，另一方面又对其工作态度不满。这种多元性在一定限度内能促进或不影响双方的关系，若是超出一定范围，则会破坏人际关系的建立和发展，导致人际关系的恶化。

人际关系的多元性普遍存在，这提示我们，有效适应人际关系中人、场合、情景以及交际准则的变化，才能维持和发展良好的人际关系。不能因人而异、因地制宜、适时变通地处理不同的人际关系，因为可能会造成人际关系的僵化。例如长期在单位中任领导职位的人，可能在处理家庭关系时也容易带入工作中的行为方式，以命令或领导者的口吻和姿态与家人交流，这就可能会造成某些矛盾。同理，在某一人际关系的处理中，也应避免由于缺乏更新技巧和变通能力，而始终重复同一行为而进行人际交往。如上下级的关系中，如果在交往中不断沟通交流，加深理解，就可以在某种程度上避免上下级关系的僵化。

（4）动态性：一切事物都是不断变化发展的，人际关系亦如此。美国人际传播学家朱迪·C.皮尔逊曾说过："同人类发展的过程相似，一个人从出生起，要经过少年、青年、成年等阶段，直到最后死去。在此期间，无论是人还是人际关系，都不会是停滞不前的。相反，人在变，他们之间的关系也在变，他们的环境也在变。"

认识人际关系动态性的意义在于：首先，以发展变化的眼光看待人际关系，防止我们思想僵化，犯形而上学的错误；其次，提示我们正确地分析和估计人际关系变化发展的可能性，从而调整人际关系向预想的方向发展，优化人际关系。

（5）复杂性：初看起来，人际关系是极为简单的社会现象，对每个人来说，似乎是与生俱来、司空见惯的。然而仔细研究可发现，人际关系有很强的复杂性。

1）人际关系角色的复杂性：同一关系主体会表现出不同的人际角色，不同的人际角色会形成不同的人际关系。

2）人际关系构成要素的复杂性：从心理学上看，人际关系的心理要素分为认知、情感和行为三大成分，而每一种成分又分为不同的方面。在人际关系学中，人际关系的构成要素又可以分为交往动机，交往媒介，交往方式，交往频率，交往地点、时间、环境、内容、效果等。

3）人际关系具体表现的复杂性：在现实生活中，人际关系多种多样、纵横交错，从不同角度可区分为性质不同、程度不同、作用不同等各有区别的人际关系。

导致人际关系复杂性的原因主要有以下两点：其一，人际关系主体的复杂性。朱迪·C.皮尔逊说过："人并不是简单的、单面的。每个人都有各种特点，有一系列竞争的欲望，有众多的经历，还有各不相同的抱负。当我们同他人建立联系时，我们的多面性同其他人的多面性相互发生着影响和作用。"理解了关系主体有着情绪性、主观性与时空性等，也就很容易认识到人际关系何以带有如此的复杂性。其二，人际关系的外在条件与影响因素的复杂性，包括客观的社会环境及自然环境、社会历史文化背景等。认识人际关系的复杂性是十分重要的，它可以帮助我们具体地分析和把握人际关系，避免犯简单化的错误。

二、人际交往的需要与动机

需要（need）指环境与个体之间出现某种生理或心理的不平衡时，为了恢复平衡而产生的心理活动。它是个体为了生存和繁衍种族所必需的客观条件在脑中的反映。动机（motive）是激励人去行动的主观原因，是个体发动和维持其行动，并使该行动朝向一定目标进行的一种心理状态。动机是促使人们去行动的动力，这种动力是以人的需要为基础的。在人际交往的需要理论中，涉及管理者如何满足员工需求进而调动其积极性的理论，又称内容型激励理论，包括马斯洛的需要层次论、奥尔德弗的 ERG 理论和麦克利兰的成就需要理论等；围绕动机形成过程的研究即人际交往的动机理论，又称过程型激励理论，包括弗鲁姆的期望理论、亚当斯的公平理论、波特和劳勒的期望模式等。

（一）人际交往的需要理论

1. 马斯洛的需要层次论　心理学家马斯洛是美国人本主义心理学的主要创始人，他在《调动人的积极性理论》一书中提出了需要层次理论。该理论把人的需要分为生理需要、安全需要、爱和归属需要、尊重需要和自我实现需要这五个层次。马斯洛需要层次论的主要观点如下。

（1）每个人都有不同的需要：在卫生管理工作中，爱和归属需要与尊重需要得到满足时，工作团体内会营造出和谐的人际关系。事实上在卫生管理实践中，任何层次的需要的满足都有利于人际关系的形成与维持。不同时期、不同年龄阶段表现出来的对各种需要的迫切程度不同，但在各种需要中占统治地位或者说最迫切的需要称为主导需要或优势需要，这种需要的满足，是激励人的行为的直接原因和动力。

（2）同一时期内可能会存在几种需要：人的各层次需要是相互依赖和重叠的，低层次的需要不会因为高层次需要的发展而消失，只是对个人影响力的比重降低而已。因此，管理者必须充分了解人在同一时期的不同需要，并采用多种手段和方法去满足这些需要，每种需要都不应当被忽视。

（3）需要的满足次序为从低级到高级：但如果有颠倒或超越的情况，也是正常的。正如马斯洛提醒人们不要过于拘泥地理解各层需要的顺序，因为往往人的个性、教育和外界环境会发挥作用。管理者必须认识到，随着社会的不断进步，人对金钱等物质需要的比重越来越低，而对获得尊重、自我实现等精神需要越来越重视。与此同时，不同人会因成长环境和岗位分工不同而存在需要次序的差异，但是每一种需要几乎都是健康积极的，管理者必须及时发现这些需要并采取相应的措施加以满足，从而达到激励的效果。

马斯洛的需要层次论在一定程度上反映了人类心理与行为的共同规律，对人际关系具有指导价值：人际关系的建立和发展需要考虑个体需要满足的情况，如果人们最迫切的需要得到满足，就可以促进人际关系向良好方向发展。作为一种激励理论，它对正确评估、认识人的需要，帮助管理者有针对性地激励员工、与人相处，都有重大的启发和指导作用。

2. 奥尔德弗的 ERG 理论　美国耶鲁大学的克雷顿·奥尔德弗在马斯洛提出的需要层次论的基础上，在大量的调查研究后，提出人存在着三种核心需要，即生存需要（existence need）、关系需要（relatedness need）和成长需要（growth need），因而这一理论被称为 ERG 理论。

（1）生存需要：这类需要类似于马斯洛需要层次论中的生理需要和安全需要，包括人的衣、食、住、报酬与福利、工作环境的需要等。

（2）关系需要：这类需要类似于马斯洛需要层次论中的安全需要、爱和归属与尊重需要，包括人与人之间的关系、联系的需要。关系需要作为人的核心需要之一，它的满足可以促进人际关系的建立与维护、人际交往的顺利进行。

（3）成长需要：这类需要类似于马斯洛需要层次论中的尊重需要的内在部分以及自我实现的需要。它是一种要求得到提高和发展的内在欲望，表现在人不仅要充分发挥潜能，而且需要发展新的能力。奥尔德弗认为，这种需要是个人对工作创造性和成长发展的追求，主要通过事业成功、前途发展得到满足。

奥尔德弗认为，三种需要在一定时间内可以对行为同时起作用，因而卫生管理者在考虑员工需要时，激励措施可以多样化。

3. 麦克利兰的成就需要理论　哈佛大学教授戴维·麦克利兰是当代权威的心理学家。他提出的著名的"三种需要理论"认为，个体在生理需要得到满足后，在工作情境中有三种重要的需要，即成就需要、权力需要和亲和需要。

（1）成就需要（need for achievement）：麦克利兰认为，具有强烈的成就需要的人往往是进取的现实主义者，对胜利和成功有强烈的要求，力图将事情做得完美，同时保证工作效率。他们有较强的事业心和责任感，喜欢设立具有适度挑战性的目标并享受克服困难的过程；喜欢得到有关工作绩效的及时明确的反馈信息，从而了解自己是否有所进步。他们把个人成就看得比金钱更重要，从成功中得到的鼓励远高于物质激励的作用。管理者要尊重并设法满足员工的目前需要，但更重要的是按照组织目标重塑员工需要。一个人成就需要的高低，直接影响他的进步和发展。高成就需要的人对一个组织甚至国家有很重要的作用，这样的人越多，组织越兴旺发达。强化成就动机，以培养更多的高成就需要人才，是管理者的一项重要任务。

（2）权力需要（need for power）：权力需要是指影响和控制别人的一种愿望或驱动力。不同人对权力的渴望程度也有所不同。权力需要较高的人一般喜欢寻求领导者职位，善于揽权，喜欢负责某事和支配影响他人，注重社会地位和影响力。他们也会追求出色的成绩，但他们这样做并不像高成就需要的人那样是为了个人的成就感，而是为了获得更高的地位和权力，或与自己已拥有的权力和地位相称。权力需要是管理成功的基本要素之一。

（3）亲和需要（need for affiliation）：亲和需要是寻求被他人喜爱和接纳的一种愿望。高亲和需要的人更倾向于与他人进行交往，渴望友谊，喜欢合作而不是竞争的工作环境，寻求彼此之间的沟通与理解。他们把人际关系看得比权力和成就更重要。有时亲和需要也表现为对失去某些亲密关系的恐惧和对人际冲突的回避。亲和需要是保持人与人之间社会交往和人际关系和谐的重要条件。在调配人力资源时，管理者应当考虑到员工的亲和需要对工作效率的影响。

（二）人际交往的动机理论

1. 弗鲁姆的期望理论　著名心理学家、行为科学家和管理大师弗鲁姆率先提出了"期望理论"，也称为"效价 - 手段期望理论"。该理论主要认为：人尚未实现个体目标之前的状态，称为动机期望。这种期望反过来也会对目标的达成起到动机激发的作用，该激发作用规模的大小受期望的价值和能达到目标的概率两个因素的影响。也可以说，人们采取某项行为的动机强度取决于其对行动结果的价值评价和预期达成该结果可能性的估计。用公式表示为：$M=V\times E$。

M（motive force）是指动机强度，即激发个体内部潜力的程度，反映一个人的积极性和努力程度。V（valence）是指目标价值（效价），即目标达到对满足个人需要的价值。E（expectancy）是指期望值，即人们判断付出努力而达到的可能性大小。

为了使动机强度达到最佳值，期望理论认为必须处理好以下三种关系。

（1）努力与工作成绩的关系：预期的工作成绩目标如果经过努力就能实现，员工就会信心十足，工作热情和积极性也会变得强烈；员工会努力取得工作成绩，同时产生强大的内驱力。

（2）工作成绩与奖励的关系：人们总是期望在取得工作成绩之后，能获得适当、合理的奖励。如果工作成绩与奖励没有任何关联，无法获得物质报酬和精神奖励，员工的积极性就不会长久保持下去。管理者必须设计合理的奖励制度，并严格贯彻执行，才能充分调动员工的积极性。

（3）奖励与满足个人需要的关系：个人需要总是因人而异，同一种奖励方法对于不同的人，会产生不同的满足需要程度，激发的工作动力也大相径庭。因此必须设立多种形式的奖励才能满足个体需要的差异，最大限度地挖掘每一个个体的潜能。

2. 亚当斯的公平理论　正所谓"不患寡而患不均"，美国心理学家亚当斯提出公平理论，专门研究报酬分配合理性、公平性对员工积极性的影响。

公平理论认为，员工获得报酬的同时，会与相类似的他人进行横向比较。当自己的所得与自己的付出的比值和别人的所得与别人的付出的比值这二者相比较的结果是公平的，员工就会心理平衡、心情舒畅，工作积极性就高。人们同时还会进行纵向比较，把现在自己的所得与付出的比值，和自己过去的所得与付出的比值相比较，如果二者相等，就会有公平感，从而激发工作的积极性。

公平本身是一个极其复杂的问题，它受多种因素的影响，比如个人的主观感受、个人持有的公平的标准、绩效评定的方法、评定的主体等，都会引起对公平的不同感受。公平理论要求管理者力求创造公平的工作环境，为员工提供均等的机会，并积极引导员工树立正确的公平观，切忌盲目攀比和追求绝对公平。

3. 波特和劳勒的期望模式　在期望理论的基础上，美国行为学家波特和劳勒融合公平理论和其他学说的观点，提出了更加完善的期望模式。

该模式构建"努力→绩效→奖励→满意→努力"的逻辑循环模式。人们努力工作达到绩效，因为绩效获得奖励（包括工作本身带来个人价值体现的内部奖励和工作之外如获得晋升等的外部奖励），奖励使得个人得到满意，从而又继续努力工作，形成良性循环。

首先，个人的努力受到报酬和奖励的价值，以及个人认为努力能获得奖励的可能性等因素的影响。根据以往的经验，个人相信自己能够完成工作并取得有价值的奖励，就会愿意付出相应的努力。

其次，个人取得绩效除了努力之外，还受个人能力大小、对工作任务理解程度和工作环境的影响。特别是对于难度较大的复杂工作，个人工作技能越高超，对工作了解程度越精深，工作环境越舒适，就越会更加顺利地完成工作任务，实现工作绩效。

再次，奖励应当根据个人实际达到的工作绩效为依据，尽量剔除主观因素。奖励与绩效挂钩，先完成工作绩效再获得奖励，才能激发员工的工作积极性。

最后，个人对奖励的满意度受奖励公平性的影响，体现了亚当斯的公平理论的观点。而且个人对奖励的满意度，会反馈到新一轮的工作中，促使其决定是否投入与之前相当或更高程度的努力去工作。

三、人际交往理论在卫生管理工作中的应用

一名优秀的管理者拥有良好的人际关系,不仅对调节组织的工作环境有着积极影响,同时也是提高工作效能的重要保障。人际交往的理论内容颇为丰富,其中与人际交往中需求和动机相关的理论对于卫生管理者来说尤为重要。如何满足员工的需求,激发员工的动机或工作积极性,有效地管理和激励,从而建立和维持组织内良好的人际关系,是管理工作中的重要问题。管理者应在这些理论的基础上,注重人际交往过程中需要的满足和动机的激发,只有注意分析激励的策略方法,方能构建良好的人际关系。

1. 物质激励 马斯洛的需要层次论告诉我们,物质需要是需要的基础。物质激励就是通过满足个人物质利益需要来调动组织成员的积极性,管理者必须建立公平合理的绩效考核制度和工作监督制度,同时要善于引导员工将短期经济利益与长远经济利益结合起来,将物质激励与荣誉激励融合起来,因为只有广义上需要的满足,才能让人际关系更加持久稳固。

2. 荣誉激励 荣誉作为一种精神奖励,是一个人存在社会价值的表现。荣誉激励是化消极因素为积极因素、调动员工积极性和工作热情的有效方法,具体方式包括发放奖状、奖旗,记功,授予称号,公开表扬等;通过满足员工的自尊需要或自我实现需要,为人际关系的稳定和发展奠定基础。

3. 信任激励 信任的作用是巨大的。信任,包括不怀疑和放手启用两个方面。由于员工拥有专业知识和技能,往往对自身领域的现状和存在的问题最为了解,能提出建设性且合理的改进方式。予以信任,意味着应尽可能让员工参与组织的管理和成长,参与组织发展战略的拟定、相关决策的制定等。同时应充分授权,委以重任,而非用行政命令的方式发布指令,或进行过细的监督指导。参与感和自主性会大大增加员工的使命感和责任感,同时也满足了人际关系的情感需要,使组织内的人际关系更加和谐紧密。

4. 成就激励 麦克利兰的成就需要理论告诉我们,成就需要是员工强大的行为内驱力。管理者应关注员工成就感的培养和满足,如为员工提供适度挑战性工作,明确个人责任和工作目标,增强员工自信心和自主权,营造透明的工作业绩比较平台等。

5. 机会激励 关注员工的发展需要,评估员工对自身职业生涯的定位和规划,了解他们实现职业生涯目标的具体需要,明确他们的职业兴趣和定位。这就要求管理者注意人员与岗位的匹配度,加强员工的培养教育和选拔工作,并积极提供促进员工成长发展的阶梯。

6. 情感激励 越是具有浓厚情感的管理,越能带来最佳的管理效果。在管理过程中,管理者要善于把激励化作温情、理解和关怀,提高非权力影响力,从各个方面关心、理解和引导员工,创造愉快融洽的工作环境,以情感为纽带凝聚力量和人心,在良好的人际关系中激发员工的工作热情。

第二节 人际认知理论

一、人际认知概述

(一)含义

人际认知(interpersonal cognition),即个体推测和判断他人的心理状态、动机或意向的过程,具体包括对他人仪态表情、思想性格、心理特点、人际关系(他人与自己的关系、他人与他人的关系)等方面的认知。人际关系中既包含许多复杂的心理活动,同时也受许多心理因素的制约,不

同人对同一件事情、个体的认知因个体主观性会有千差万别。知人者智，知己者明。正确合理的人际认知可以提高人际交往的有效性，帮助建立良好的人际关系。

（二）人际认知过程中的三个成分

人际认知过程中包含三个成分，它们是知觉主体、认知对象、交往情境。当然，认知对象与知觉主体的角色是可以互换的。

1. 知觉主体 人际认知具有主观能动性，知觉主体的人格特征、知识经验、情绪状态、思维习惯等诸多因素都会影响知觉主体的认知结果。

首先，人际认知往往会存在"以己之心度人之腹"的现象，因此自己的人格特征等信息会投射到对他人的认知过程中；其次，人生阅历是练就"慧眼"的必要条件，经验老到的人能知人善任，涉世未深的人则容易上当受骗；再次，情绪色彩的掺入是人际认知的一个明显特点，心情愉快的个体倾向对他人的行为进行积极、褒义的解释，而心情糟糕的个体倾向对他人的交往行为反应过激；最后，人们往往存在思维定式，即知觉者以连续一贯的、相同的方式感知不同的人或事物的一种心理倾向，这种心理倾向也会影响最终认知印象的形成。因此，在卫生管理工作中，要建立良好的人际关系，就不能忽视对认知对象社会文化背景的了解与分析。

2. 认知对象 即被形成印象的人，又称行动者。知觉主体往往根据所获得的语言或非语言线索信息来综合和概括对认知对象的印象。认知对象的人际魅力、知名度、印象管理水平等都是人际认知的影响因素。

首先，认知对象的人际魅力，包括外貌特征、谈吐举止、表情体态以及性格特征等均为知觉主体提供了形成印象的一定信息；其次，认知对象的知名度会让知觉主体产生先入为主的印象，影响知觉主体对其所获得的信息的理解；再次，认知对象的印象管理水平也会影响知觉主体的印象形成。"印象管理"是心理学家库利、戈夫曼等人提出的，他们认为一个个体总是希望获得别人或社会的赞同，并想控制社会交往的结果。他把印象管理称作"舞台演出艺术"，认为社会交往如同戏剧舞台，每个人都在表演，努力扮演好自己的角色，以赢得别人的赞扬与尊重。所以，我们每个人都非常注意自己在他人面前和社交场合中的形象，试图管理和控制自己在他人眼中的印象。

3. 交往情境 人际认知总是在一定的交往情境中展开的，这种情境能帮助知觉主体了解认知对象的线索。例如中餐宴会中坐上席的人会被认为是贵宾。另外，交往的情境会对印象形成产生影响。在足球场上，许多观众在观看比赛时大声地吼叫，但是这种行为并不会令人产生深刻的印象，因为足球爱好者在看球时大声吼叫是极为普遍和正常的现象。但是，当人们在图书馆看书时，一个人突然大声地吼叫就非常引人注目了，会给人留下一个很深的印象。由此可见，同一种行为，在不同的交往情境中对印象形成有不同的作用。因此，在卫生管理工作中，尤其是人际交往过程中，选择和设计适宜的交往情境是十分重要的。

二、认知印象的形成与心理效应

在生活与工作中，我们时刻都面临着如何快速准确地形成对他人的印象，以及如何给他人留下良好印象这两大人际认知的任务。因此，印象形成和印象管理对人际关系的形成与发展具有重要意义，因为认知双方的一切人际交往都是建立在这两者之上的。

（一）认知印象的形成

认知印象的形成一般是以个体对他人掌握的有限信息资料为基础，个体倾向于将认知对象看成一个完整的、综合的印象。当个体掌握的某人的信息资料存在矛盾时，个体通常也会重新整合信息资料，从而保持认知印象的一致性。

在认知印象形成的过程中，个人好恶评价对印象形成的影响是最为重要的。奥斯古德等人采用语义差别法研究好恶评价对印象形成的影响，结果发现，一旦个体把认知对象放在喜欢或不喜欢的范围内，对这个人的其他认知评价就会归入相应的范围，一时的好恶印象也会扩大到其他不同时间的情境中。

此外，信息特征对认知印象形成也有影响：首先，信息的先后顺序会影响认知印象的形成。试想，当你初次与某人打交道时，是想先知道他是否善良正直，还是想先知道他的工作能力呢？多数人会选择前者。同样，如果了解到某个冷淡、粗鲁的人是聪明的，可能会认为此人有威胁性，有潜在敌意或者有破坏性；但如果了解到某个热情细心的人是聪明的，可能就会提升对他的好感和赞许。其次，个体在印象形成中会更注重消极否定的信息。在其他方面都相同的情况下，消极否定的品质比积极肯定的品质对印象形成的影响更大。不管一个人其他品质如何，一种极端的消极品质如同一张"黑票"，使人产生极端消极的坏印象，甚至掩盖其好的品质。例如当听到某位教师有家庭暴力行为，不管听到他还有其他什么品质，个体对他的评价都持否定态度。因此，个体在对他人的品质估价时，要考虑到消极否定信息的作用，坚持实事求是，以免形成不该属于该认知对象的负面印象。

（二）认知印象形成中的心理效应

1. 首因效应　首因，即首先被反映的信息。两个素不相识的人第一次见面所形成的印象即第一印象。首因效应的结果即第一印象效应。在信息呈现顺序中，首先呈现的信息比后来呈现的信息在印象形成中有更大的权重。在现实生活中，首因效应经常影响着人们对他人的判断，即"先入为主"现象。面对单位新来的员工、领导，班级新来的老师、同学，刚刚认识的朋友，以及招聘面试遇到的人等情况时，都存在第一印象的问题。所以，在人际交往中，留给人们的第一印象是十分重要的，它不一定是正确的，但却是最鲜明和牢固的。然而，绝对地根据第一印象去判断和解释一个人未来的行为，也会使人发生认知偏差。

首因效应给管理者带来两方面的启示：一方面，首因效应是一种偏见，是对人不全面的认识。管理者在工作中应避免这种负面效应对自己认知的影响，防止偏激的错误认知。另一方面，管理者应充分利用首因效应的影响为管理工作服务，在人际交往中，尤其是初次交往中应注意管理者自己给他人的第一印象。这样，在以后的工作中容易得到同事和领导的信任与支持，融洽的人际关系会促进工作的进展。

2. 近因效应　近因效应是指我们所获得的最新信息对印象形成的强烈的影响。当在最初获得的信息与最后获得的信息之间有较长时间的间隔，或者在间隔时插入其他的与形成印象无关的事情会削弱首因效应而显示出近因效应。近因效应的作用也与人际交往的时间和熟悉程度有关。当两个陌生人初次接触，那么首因效应起的作用大一些；随着交往次数的增加，熟悉程度的增加，近因效应可能有更大的影响，甚至可以颠覆第一印象，这就是人们常说的"日久见人心"。

3. 晕轮效应　在生活中，我们对一个人形成了某种印象后，这种印象有可能影响我们对他的其他特质的判断。这就是说，一旦我们对一个人形成了大体上的印象后，我们往往会以印象一致的方式去估价他所有的特征或特点，这就叫作晕轮效应，又称光环效应，如同月亮周围的月晕，把月亮烘托得分外美好。

在实际工作中，晕轮效应非常常见，如我们常说的"爱屋及乌""情人眼里出西施"等。晕轮效应实际上是对别人的一种认知偏差现象，是个人主观推断泛化的结果。例如有两个应聘者，招聘者对其中一个有着良好的第一印象，那么招聘者往往倾向于认为有良好第一印象的应聘者比另一个应聘者有更多的技能和发展的可能性，更适合被聘任。由此看出，晕轮效应常常会促使人们作出不公平的行为，然而我们却很难认识到它的存在。因此，晕轮效应值得我们警觉，要注意防止人际认知中的以点代面、以偏概全。

4. 投射效应　投射效应是指个体在对他人形成印象时，总是倾向于将自己的感情、意志、特性等投射到他人身上并强加于人，即以自己的认知标准去衡量他人。具体分为两种类型：一种类型是个体没有意识到自己的特性，而把这些特性投射到别人身上。如一个人对另一人存有敌意，那么他总是会感觉对方对他自己也"不怀好意"。另一种类型是个体意识到自己某些负面的特性，而把这些特性投射于他人。如喜欢撒谎的人，也不容易相信别人的话；想作弊的考生，总感觉他人也在作弊。

心理学家指出，投射效应在任何人内心都是存在的，而且它是阻碍人们有效接受他人观点、想法、意见和行为的最大障碍。因此，在处理人际关系中一定要提防投射效应，防止以自我为中心去衡量和评价他人，要培养设身处地、真诚沟通、客观判别和认知事物的能力与习惯。

5. 定势效应　定势是认为某个特定社会群体拥有同样的某些特质或特点的信念。定势效应形成的社会印象称为社会刻板印象。在认识他人时，我们常常会不自觉地处于一种有准备的心理状态，也就是对某一类人有比较固定的、笼统的看法。定势效应发生在各个不同的职业、年龄、种族、民族、性别、地域等方面。例如我们通常认为，商人"奸诈狡猾"；老年人"墨守成规"或者"老谋深算"；年轻人富有朝气、敢于创新；男子更理性、有决断力和独立性，善于处理危机；女子更感性、乐于助人、有耐心、敏感、温柔等。

定势效应简化了人际认知过程，也容易产生偏差，造成"先入为主"的偏见。因此，当我们形成有关某个人的印象时，不应仅仅从该个体从属的那个群体的特征出发，因为定势的存在有时会形成不准确的印象；应该更加全面、客观地进行分析和评价。只有这样，才能对个体形成正确的印象。

三、人际认知理论在卫生管理工作中的应用

印象的形成与管理是人际认知理论探讨的重要问题，在理论基础上我们可以归纳出一些策略来影响或控制他人的印象形成，提高自己的印象管理水平，并将其合理运用于卫生管理实践中，从而促进良好人际关系网的形成与维持。

1. 自我美化　即通过努力增加自己对他人的吸引力，主要包括两方面的措施，即自我表现策略和自我表露策略。

（1）自我表现策略：自我表现即我们在人际交往过程中，有意识地在外部形象与行为中表现出自己好的方面，使自己给他人留下一个自己期望形成的印象，获得积极的认知评价。自我表现策略运用了首因效应，更多的是运用于初次接触的人当中。具体包括：通过得体的穿着、整洁的外表和合适的装饰来美化外表；以肯定的评语来描述自己，如诉说自己曾经如何战胜困难、获得成就的经历等。然而，在日常生活中，很多人在陌生环境中面对初次接触的人，会表现得非常拘谨或者过于冷漠，甚至有的言行不符合自己的角色身份、特性或者情境要求，很难给别人留下自己所期望的印象。因此，作为管理者应克服首因效应的负面作用，既要善于欣赏他人良好的自我表现，也要分析和考虑造成他人表现欠缺的深层原因。

（2）自我表露策略：自我表露是指个体与他人交往时自愿在他人面前真实地展示自己的内心世界或背景经历。假如一个人总是隐藏自己的真实想法，从不表露自己，那么他永远都没有知心朋友，也不能与他人建立亲密的人际关系；当他遇到困难时会无处求助，容易被挫折击倒。反之，如果一个人将自己的烦恼一股脑儿地倾诉给他人，也会使他人感到不适，甚至会采取敬而远之的防卫态度，也得不到真正的朋友。因此，恰当、理想的自我表露方法应该是对少数亲密的朋友相对多地表露，而对一般亲密关系的人保持中等的自我表露，这样会使他人感到与你的交往很真诚。在卫生管理实践中，管理者运用恰当的自我表露可以拉近与员工之间的感情，融洽气氛，增加管理者的亲和力，从而得到他人良好的认知评价。

2. 他人美化　印象管理的一个重要方法是运用策略，引发他人积极的心理状态和反应。最常见的他人美化策略是表扬和赞美他人。其他的方法还有认同他人的观点，对他人表现出感兴

趣,对他人施予帮助或者恩惠,询问他人意见并给予及时且积极的反馈,用喜爱或敬佩等积极评价的口头语言表达,或者目光传递、点头、微笑等非语言方式的表达。这些方式都可以使对方对管理者产生好感并形成良好的印象,是管理者赢得员工支持和喜爱的有效方式。

3. 改变印象　假如他人对我们形成了不好的印象,我们该如何通过印象管理来改变他人的认知,将不好的印象转化为良好的印象呢?这里有一些常用的积极措施,包括道歉、说明和补偿性自我呈现。一个人给他人留下的印象越糟糕,就意味着他对这一结果承担的责任越重大,那么他就越应该主动且真诚地道歉,在请求原谅的同时,应表示要为自己的过失行为负责,甚至为受到伤害或损失的人提供帮助或补偿。所谓说明,是指个体对非他人期望的、难以接受的和不满意的行为作出解释,从而改变自己在他人眼中的形象,减少消极印象。常用方法包括拒绝、申辩和开脱。补偿性自我呈现是指当他人对我们形成消极印象后,我们通过展示自己其他方面的积极特性来弥补这种消极印象。

为了维持正常的人际关系,我们应根据各种印象管理策略制造出有利于自己的印象,同时对他人印象的形成也要客观理性。良好的印象仅仅是人际交往中的一张名片,双方交换名片之后,人际关系的维持还有赖于内在素质和品德等方面的人际吸引。

第三节　人际吸引理论

一、人际吸引的含义与过程

(一)含义

人际吸引(interpersonal attraction),又称人际魅力,是人与人之间产生的彼此注意、欣赏、倾慕等心理上的好感,从而促进人与人之间的接近以建立感情的过程。由此可见:首先,人际吸引是以情感为主导的,情感投入的深浅是人际吸引程度的重要标志;其次,人际吸引具有对他人作出肯定性评价的倾向。肯定性评价是人际吸引的前提和基础,喜欢、尊重和信任等都是在肯定性评价的基础上发展起来的。人际吸引力越大,人与人之间的心理距离越小,越容易建立亲密关系;反之,人际关系会疏远甚至出现排斥。

(二)过程

1. 动态结构　心理学家倾向于将人际吸引的过程看成一个由三大心理因素,即认知、情感和行为构成的动态结构。认知是人际吸引的前提,情感是人际交往的调控因素,行为是人际吸引的沟通手段。

(1)人际吸引中的认知:人际认知是人际吸引的首要因素和最初过程,是个体对他人的心理状态、动机或意向的推测和判断,这种认知主要来源于第一印象,如人的仪表、举止、谈吐、气质等。人际吸引中的认知与交往双方的心理距离有关,因此我们应不断调整并及时纠正认知偏差,增强人际吸引力。

(2)人际吸引中的情感:人际吸引是基于人与人之间的情感形成的。人际吸引的情感分为两种,即联合性情感和分离性情感。联合性情感促使人们相互接近和相容,在这种情感的基础上,个体愿意与对方合作或联合行动,并形成人际吸引;分离性情感则促使人们疏远和排斥,形成否定消极的人际关系。

(3)人际吸引中的行为:人际吸引中的行为体现了一个人的为人处世品德。品德高尚的人往往对他人有吸引力和支配力。

人际吸引中的认知、情感、行为相互联系、相互促进、互为因果,这三个要素相互作用构成了一个完整的人际吸引的动态过程。

2. 步骤 将以上三个要素细化和具体化后，人际吸引过程还可分为以下四个步骤。

（1）注意：初次见面时与对方有关的某一件事情、某一句话等都可能会引起个体的兴趣与关注。注意实际上是个体根据自己的需要、喜好、价值观等对交往对象的筛选，是对他人感兴趣的标志。这一步会缩小人与人之间的心理距离，增强彼此间的人际吸引力。

（2）认同：注意作为人际吸引的第一步，迈出之后，会产生认知层面的活动，通过知觉、思维、记忆等方式内化并接纳交往对象的行为和表现。当个体专注于交往对象的行为表现并产生好感时，我们就会接近他，关注他，并逐渐增加对他的了解和认同。

（3）相容：当我们捕捉到对方的很多信息，在认知层面产生认同感后，便会产生喜欢、想要接近的情感。情感相融，是人际吸引形成的关键阶段，主要以喜欢、亲近、同情等形式表现出来。联合性情感越强烈，越会产生钦佩、接近的感情，人与人就会越相容，也就越相互吸引。

（4）交往：交往属于人际关系形成中的意向或行为层面。在交往初期，交往双方一般会通过行为来显示自己的诚意，与对方竭诚合作、友好相处。当双方产生人际吸引之后，便会设法进行进一步的交往。随着交往时间的推移、交往水平的提高，交往双方的关系会逐渐发展，产生心理依附，这时良好的人际关系便建立了。

由此可见，人际交往是人际吸引产生的前提，人们只有在交往过程中，才能产生彼此认知层面上的认同及情感层面的相容；人际交往又是人际吸引的外化，人际吸引是否形成会对人际交往的状态产生显著影响，而人际交往水平的提高又会促进人际吸引的发展。人际交往和人际吸引这二者之间的交互关系是我们在分析人际吸引时经常涉及的。

二、人际吸引的影响因素

每个人都想与他人建立良好的人际关系，提高自身的人际吸引力。1961 年美国社会心理学家奥尔波特对一群素不相识的陌生人的首次集会进行了人际吸引的研究，研究结果发现，人际吸引受多种因素的影响。在这里，我们将影响人际吸引的主要因素概括为三类，即情境因素、个人特质与文化背景因素以及相互性吸引因素。

（一）情境因素

人际交往是在一定的情境因素下展开的，这些情境因素包括人际的时空距离、交往的集群性和个体的体验性等。

1. 时空距离 时空距离是影响人际吸引的重要因素之一。如果在其他一切条件不变的情况下，人与人之间、群体与群体之间，距离越接近，交往的频率可能就越高，越容易建立良好的人际关系。一般来说，我们与自己的同学、同乡、近邻、朋友等接近的机会多，交往的机会也多，较易建立友谊。

（1）空间距离：所谓"近水楼台先得月，向阳花木早逢春"，空间距离是导致人际吸引的重要条件之一。空间距离的邻近能产生人际吸引是因为：首先，邻近的人们会因频繁的人际交往而增加彼此之间的熟悉程度，简单的人际互动也会提高彼此的好感。人们对连续相互作用的期望也是一个因素，人们期望自己常常面对的人际关系是和谐愉快的，这种期望会让其努力与邻近空间的人友好相处并倾向于对他们给予积极的评价。其次，经常接触、互相了解有利于在人际交往中预测他人的行为，从而常常能产生适宜的反应性行为，以促进相互关系的发展。再次，邻近的人们彼此之间有更多的机会去相互照顾与帮助，更容易成为朋友。最后，人际交往总是倾向于用最小的代价获得最大的报酬。在邻近的人际交往时距离接近可以节约时间和精力，随着交往机会的增多、人际熟悉程度的提高，人际吸引就会增加。

当然，并非所有邻近的空间距离都会导致人际吸引，人际吸引的产生还有赖于邻近对象本身的性质。如果邻近的人并不对个体产生人际吸引，邻近只能增加不喜欢的程度，现实中也常常发生"以邻为壑"的现象。邻近是空间的、物理性因素，而人际吸引属于心理范畴，二者之间的作用不是简单的线性关系。因此，空间邻近对人际吸引的作用不能被任意地夸大，只有当个体对邻近者有积极性评价时，邻近性才会增加吸引力。

（2）交往频率：这是伴随着空间距离出现的因素之一。一般情况下，人们彼此之间交往频率越高，越容易形成较密切的关系。在人际关系形成的初期，交往频率对素不相识的人来说起着重要的作用。

1968 年，美国心理学家扎乔尼克做了一项探讨交往频率与人际吸引之间的关系的研究。他将 12 张受试者不认识的人的照片随机分为 6 组，每组 2 张，按以下的方式展示给受试者：第一组的 2 张照片只看 1 次，第二组的 2 张照片看 2 次，第三组的 2 张照片看 5 次，第四组的 2 张照片看 10 次，第五组的 2 张照片看 25 次，第六组的 2 张照片受试者从未看过。结束后将全部 12 张照片对受试者出示，并要求所有受试者按自己的喜欢程度由高到低将照片排序。结果发现，那些被看次数愈多的照片，被选择排在前面的机会也愈大。然而，我们也要认识到上述研究过于专注于交往的频率对吸引的作用，而淡化了人们之间交往的内容、交往的性质、交往对象的特征等。实际上，交往频率对人际吸引的作用也是在一定范围内的，受很多复杂因素的影响。

2. 交往的集群性　人是群居性动物，自人类社会诞生起，人们就开始结成群体进行活动，共同努力奋斗以满足各种需要。结群的需求是一种很普遍的现象，而且这种需求有相当大的个体差异。有人喜欢孤独，有人喜欢社交；有人喜欢安静，有人喜欢活动。同一个人在不同的场合和时间所表现出来的结群需求也有所变化。因此，在交往过程中，当彼此的时空距离较近且有结群需要时，双方会对彼此交往产生渴望，拥有积极性和主动性，给予对方热情的回馈，形成良好的人际关系；反之，如果双方没有结群需要，即使时空距离很近也会形同陌路。

3. 个体的体验性　人际交往中的体验是导致人际吸引的一个重要因素，人们往往更加喜欢那些令人愉快或让人拥有惬意体验的人。体验着重表现在交往者对待交往对象的态度上。个体体验具有浓厚的主观色彩，受个人的知识、经验、个性等因素的影响，影响着我们对一个人的评价。在人际交往中，我们的确在有意无意地对交往对象进行评价和选择。我们应不断提醒和控制自己，尽量客观地评价交往对象。一般来说，人们较喜欢积极向上的乐天派，从他们那里可以感染轻松愉快的情绪，如果这样的交往过程不断强化，将会增加交往对象的吸引力。然而，如果遇到忧愁、悲伤或焦虑的人，人们的情绪也会受到感染，往往人们宁愿选择"退避三舍"并消除与他继续交往的动机，这样的人际交往就产生不了人际吸引力。由此可见，交往动机决定交往行为，交往体验决定交往效果。

（二）个人特质与文化背景因素

包括个体的外表和容貌、才华和能力、信念和价值观以及个性品质与文化背景、情感等。

1. 外表和容貌　对方的外表和容貌可能会影响人际交往，尤其对初次交往的人来说，特别是在与异性交往时表现得尤为显著。人与人之间在进行交谈以前，往往是根据交往者的外貌特征来估价交往者，从而形成"肯定"或"否定"的印象，进而影响以后人际关系的发展。究其原因，一方面可能是因为晕轮效应；另一方面可能源于外貌的辐射效应。但外貌对人际吸引的增进作用不应被过分高估。当很多人热衷于外貌的扩展作用而在外貌上花费大量的时间、金钱和精力时，外表的吸引力已经在贬值。外貌对人际吸引的作用并非唯一的也并不是最重要的，还有许多其他因素决定着人与人之间的吸引力。

2. 才华和能力　外表和容貌魅力是直接的人际吸引信息，更多地作用于人际交往的初期；而个人内在特质，如才华能力对人际吸引的作用却更为重要。如今充满竞争的现代化社会尤其如此，在其他条件都相同的情况下，聪明能干的人较容易受到人们的喜欢。

如果交往对象是有能力和有才华的人，可以帮助促进自身能力的提高和发展；人们欣赏具有才华和能力的人，产生钦佩感，愿意与之接近。但心理学家的研究还发现，有才能的人即使暴露出弱点也并不会妨碍人们对他们的喜爱程度，相反有时还会增加人际吸引的程度。在群体中最受人喜爱的人往往不是最完美、最有才能的人，因为这类人会让人们感受一种可望而不可即的压力。人们往往喜欢那些才华卓越、能力超群却略有瑕疵的人。总之，才华和能力与人际吸引之间在一定范围内成正比关系；超出这个范围，才华和能力将造成压力，导致他人倾向于逃避或拒绝与其的人际交往。

3. 信念和价值观　人们在初次交往时，外在的年龄、社会地位、外貌往往起主要作用，而较少涉及内在的信念、价值观、态度等较深的层次。随着人际交往的加深，内在的信念、价值观和个性特征的作用就得到凸显。"物以类聚，人以群分""酒逢知己千杯少，话不投机半句多"就是对这种现象的描述。人的外在吸引力（外在的年龄、社会地位、外貌等）和内在吸引力（信念、价值观、态度等）在人际交往中会随着时间的增加而发生变化，内在吸引力会在人际交往中逐渐得到凸显。

4. 个性品质与文化背景　一个人的个性品质对人际吸引的影响持久、稳定且深刻，而个性品质与文化背景又有着密切的联系。有心理学家认为，热情是决定一个人是否有吸引力的非常重要的特征；也有学者通过调查发现，自信、忠诚、乐于助人、热情、直率、幽默、独立等个性品质在人们交朋友时最受重视。对于男性来说，吸引人的个性品质可能是勇敢、冒险、创造、坚韧不拔、不屈不挠、襟怀坦白、正直、忠诚、有思想、思维灵活、事业心强等；而对于女性来说，吸引人的个性品质可能是温柔、体贴、善解人意、富有同情心、为人随和、情操高尚、开朗活泼等。

5. 情感　情感是人际吸引的感情基础。总的来说，在其他条件相当的情况下，当个体情绪处于积极状态时，倾向于对他人作出积极的评价并产生人际吸引；反之，处于消极情绪状态的个体倾向于对他人作出消极评价，同时人际吸引降低。学者梅和汉密尔顿于1977年研究了音乐对人际吸引的影响。首先他们通过测试确定了受试的女大学生喜欢和不喜欢的音乐，然后在给定的音乐背景中给受试者分发陌生男性的照片，并请她们对照片中的人作出吸引力评价。结果发现，受试者在自己喜欢的背景音乐下，对照片中的人的吸引力评价较高；在自己不喜欢的背景音乐下，对照片中的人的吸引力评价较低；而在无背景音乐情况下的评价则介于两种情况之间。由此可见，音乐影响情感状态，而情感状态又影响人际吸引。

情感对人际吸引的影响可以分为直接和间接两种情况。直接影响是指他人说了或者做了令你高兴或者不高兴的事情，从而你决定积极或消极地评价对方。换个视角看，如果你做了令他人高兴或者不高兴的事情，就会相应地提高或者降低你对他人的吸引力。间接影响是指一个人当时所处的情感状态会影响对他人吸引力的评价。大量实验，包括上文提到的梅和汉密尔顿的实验，都证明积极情感会促进积极评价的产生，而消极情感则会促进消极评价的产生。另有研究发现，情感对吸引力的影响具有连锁效应。比如，你很喜欢甲，那么与甲的好朋友乙接触后，也可能会喜欢乙，尽管你与乙是第一次见面。可见，好的心情和情感状态有利于人际吸引的形成。

（三）相互性吸引因素

导致人际吸引的因素除上述之外，还包括交往对象的类似性、互补性、对等性以及相悦性等，这些都会影响人际吸引力。

1. 类似性吸引　"物以类聚，人以群分"，同年龄、同学历、同性别或同经历的人往往容易相处；此外，人们在人际交往中通常喜欢在各个方面与自己存在某种程度相似的人，如兴趣、爱好、信念、价值观等的相似会让人产生"志同道合"之感。总之，人们喜欢和自己类似的人交往。美国心理学家纽科姆采用现场研究法也为类似性吸引提供了较明确的解释。纽科姆为互不相识的17名密歇根大学的学生提供了免费公寓，通过问卷调查对他们的政治、经济、审美、社会福利等方面的态度和价值观、人格特征及亲密化过程，进行了为期一个学期的追踪研究。结果发现，学期开始时，价值观及人格特征相似的大学生，在研究结束时互相之间的喜爱程度也较高。

类似的价值体系和社会文化背景往往是产生相互性吸引的因素。1955年，社会心理学家柯尔等人进行了一项研究发现，我们最要好的朋友大部分是与自己有着同等的经济条件、教育水平、社会价值等方面的人。现实生活中，我们也经常可以看到宗教信仰、世界观、价值观一致或类似的人比较谈得来，容易成为好朋友。还有研究发现，类似性引起吸引关系的最重要因素是类似的比例或程度，而非类似的绝对数。举例来说，即某人的 4 个观点有 3 个与自己相似，另一个人的 10 个观点有 5 个与自己类似，那么我们更喜欢的往往是前者。这就说明，类似的程度越高，越会相互吸引。

值得注意的是，类似性是我们认为的或我们发现的，即类似性在很大程度上是主观层面上的。这些主观层面的类似性是与交往活动密不可分的，所以要与对方有强烈的相互吸引，积极的人际交往是一条有效的途径。

2. 互补性吸引 尽管交往双方的类似性吸引现象得到充分的证实，但日常生活中我们又会发现，交往双方在态度、性格等方面大相径庭，但若一方所具备的特质与行为恰好可以满足另一方的心理需要时，也会产生人际吸引。人们需求或个性的互补性是指双方在交往过程中获得互相满足的心理状态，这是构成人际关系的重要因素之一。我们在生活中会发现，一个独断专横的人和一个优柔寡断的人会成为好朋友，有支配性格的人易和被动型的人相处愉快，活泼健谈的人和沉默寡言的人会结成亲密的伙伴甚至夫妻。这些现象都是因为彼此双方可以在交往中取长补短，互相满足需求。

人际吸引中的互补多发生在交情较深的朋友、恋人、夫妻间。心理学家克切霍夫和戴维斯等人曾对一些男、女大学生进行调查研究，研究这些人从朋友到夫妻关系的演变过程。研究结果发现，在交往的开始阶段，距离因素、外貌因素及社会资源（如职业、学历、经济地位、社会文化背景等）都是构成人际吸引的重要因素，而人际关系形成之后，交往双方的信仰、兴趣、人生观、价值观、世界观等方面的类似性在人际吸引中显得更为重要。在友谊和婚姻的前期阶段，双方在需求和人格特质上的互补对人际关系的维持具有举足轻重的作用。所以说，短期人际关系的维持有赖于类似性吸引，而长期密切关系的动力则来自互补性吸引。

3. 对等性吸引 《礼记·曲礼上》中写道："往而不来，非礼也；来而不往，亦非礼也。"人际吸引是一个"互动"的过程，对等性吸引普遍存在。人们总是喜欢那些同样也喜欢自己的人。被他人喜欢、需要、了解，获得他人的认可和尊重，是每个人内心都渴望的，我们喜欢被人喜爱。如果你想与他人建立良好的人际关系，就要主动表现出可靠积极、真诚热情；因为喜欢通常是相互的，我们很可能被那些喜欢我们的人所吸引，从而与之结交。当然，相较于一直对自己持肯定态度的人而言，我们更喜欢对自己先否定后肯定的人。因此一旦人际关系建立，就需要积极地维护和巩固，不断地增加彼此的喜欢程度。我们喜欢的是那些对我们的喜欢不断增加的人，不喜欢的是那些对我们的喜欢不断减少的人。

4. 相悦性吸引 相悦性是指在人际关系中能够使人感受到精神及心理上的满足及愉悦的感觉。相悦性主要表现为人际关系情感上的相互接纳、赞同、肯定及频繁的接触。双方在心理上的接近与相互肯定减少了人际的摩擦与心理冲突，相互间的赞同与接纳是彼此间建立良好人际关系的前提。

三、人际吸引理论在卫生管理工作中的应用

提升人际吸引力，对于管理者提高管理的有效性至关重要。人际吸引理论可以帮助管理者不断关注影响人际吸引的主要因素，在卫生管理工作中与团队成员建立和谐的亲密关系，进而促进工作效率的提高。

1. 空间接近 空间距离越小，双方越容易接近，越利于形成人际吸引。在实际生活中，越经常深入群众的领导者，在群众中的威信就越高；反之，若领导者高高在上，不与群众接近，其讲

话也就没有力度。因此,管理者应缩短与他人的空间距离,增加与他人交往的频率,增强人际吸引力。空间距离近,会让彼此拥有频繁的接触机会,但更为重要的是,要避免给他人留下不良的印象。

当然,空间距离吸引只是人际吸引的必要条件而非充分条件;所以,它能促进良好人际关系的建立和发展,但是如果经过一段时间的交往,若人们认为某人与自己没有共同语言,即使空间距离近也不会互相吸引,或者如果对某人原本的印象不好,那么空间距离越近可能会导致更多的反感。因此,空间的吸引作用只是在初期交往中才十分明显。另外,不能绝对排除远距离空间的吸引,往往有的人是"墙内开花墙外香"。所以管理者应当正确认识空间距离接近对人际吸引作用的条件性——伴随时间的推移,它对人际吸引的作用会逐渐减弱。

2. 求同存异　通过利用类似性吸引的效应,我们可以拓展我们的工作策略。在配备人员时,可以把有相似性的人组织在一起,这将有利于团结发展,产生集体合力;在调节人际纠纷时,要善于挖掘双方的共同性和一致性,先注重一致性,后注重差异性,这样才有利于矛盾的解决和关系的缓和。

在管理工作中,管理者要加强与员工的沟通,及时发现自己与员工的相似之处,增进吸引,融洽关系。当管理者的角色行为与员工对管理者的角色期望相吻合时,彼此之间就很容易产生相似性的吸引。例如某些管理者在与员工沟通时会注意挖掘自己与对方的相似之处,找到共同语言,搭建沟通的心理桥梁,这样的管理者在员工眼里会显得更有亲和力和说服力。

3. 情境效应　这里所讲的情境可以理解为两个方面,即情感状态和环境状况。首先,情感是人际吸引的基础,个体对他人的情感是什么类型、什么程度、是否达到共情状态,都会影响彼此之间人际吸引的产生。孟子说:"爱人者,人恒爱之;敬人者,人恒敬之。"因此,管理者在与他人交往过程中,应注意真挚情感的投入以及共情能力的强化。其次,外界环境会影响人际吸引的产生,这里既包括空间距离等物理环境,也包括工作氛围等人文环境。管理者除了注意更多地与他人接触、增加交往频率之外,也要注意工作氛围和工作团队的精神风貌的建设和维护;与员工在精神上的交流,对不良情绪的安慰和疏导,这些都有利于彼此之间信任的建立和发展。

4. 主动互补　人类的行为是受动机驱使的,而动机又建立在人类需要的基础上。心理学家的研究表明,当一方的需要与对方的期望正好形成互补关系时,人与人就会产生一种强烈的吸引力。需要的满足与否会影响人的情绪和行为,以及人际吸引力的大小。如提供员工进修或深造的机会,对员工来说,是自我发展需要的满足,对管理者来说,也是组织发展需要的满足,双方的互补性需要都得到满足,因而也使得双方关系更加融洽。我们要注意,由于每个人的个性不同,能与其所互补的人的类型亦不同。因此,在管理工作中,管理者要及时了解员工的个性特征、需求和动机,进行有的放矢的管理和协调,促进组织内形成和谐融洽的关系。

了解互惠互补吸引的原则,并不是为了在工作中利用各种关系,"互开方便之门";管理者要深入员工,切切实实地为员工解决后顾之忧。

5. 注重仪表　人的仪表在一定程度上反映了其内心境界和情操。仪表吸引是客观存在的,尤其是与人初次打交道时。管理者应该注重容貌修饰,仪表端庄、落落大方的形象不仅能提高管理者个人的自信心,培养责任感;而且能使他人感到亲近,产生愉快的情绪,增强自身对他人的吸引力,这无异于同时增强了自己无声的说服力,使自己的管理工作更富有成效。但仪表美要以心灵美为基础,对他人的态度要和蔼可亲、彬彬有礼,举手投足间,动作与语言和谐统一,要达到仪表美与心灵美的和谐统一。

6. 不断提高自己的综合能力　具有较强的能力、多方面的特长和良好的品德,是个体人际交往中引人注意、令人欣赏的重要条件,由此建立起来的良好人际关系,又是个体事业成功的首要因素。某人品德高尚、才华出众或在比赛中名列前茅,都会引起众人的羡慕眼光和由衷的欣赏,形成良好的人际吸引力。卫生管理人员要通过学习、培训、进修等各种方式,注重各方面能力和素质的培养与提高，增强对他人的吸引力，完善自己的人际关系。卫生管理者不但要具备一定的理论基础，还应当具备较强的沟通能力、管理能力、协调能力、教育能力、科研能力等。品质、能力和方法的有机统一是我们做好卫生管理工作的关键。

思考题

1. 简述人际交往的含义与功能。
2. 试析在印象形成过程中存在哪些心理效应。
3. 任选你认识的某个人，分析他吸引你或者不吸引你的原因；想一想在人际吸引理论的指导下，自己还应该学习哪些方面。

（杜　萱）

第三章　人际沟通原理

沟通是人与人相互了解、增进感情的重要途径，是一切人际关系赖以建立与发展的基础。人际沟通的效果如何，不仅取决于沟通者与沟通对象双方对信息的传递与理解能力，更取决于双方情感的交流。卫生管理实践中良好的人际沟通不仅有助于解决冲突，还有利于提高管理者的决策能力，协调组织行动，促进组织变革与创新。

第一节　人际沟通的过程与基本准则

一、人际沟通的过程

人际沟通的过程非常复杂，不仅包括传递信息的内容，还包括判断信息的意义以及传递彼此的观念、情感、思想和意见。在人际沟通过程中，人既是信息的发起者，也是信息的反应者。这种反应更强调思想、情感等成分的参与。信息的传递、交流过程是由语言性沟通和非语言性沟通等多种形式和渠道共同完成的。人际沟通的过程包括信息策划、信息编码、信息传输、信息解码、信息反馈和沟通干扰等。

（一）信息策划

信息策划就是大脑对信息进行收集、整理和分析的过程。信息策划过程反映信息发出者逻辑思维能力的强弱，例如有些人在会议发言之后感到自己没有表达出自己原本想表达的初衷。

做好信息策划，首先要确定信息范围，即在多大范围内，对什么内容的信息进行搜索；其次要收集所需信息，除了要收集综合性、整体性的信息外，还要注意收集关乎细节的信息，以便支持论证；再次要评估信息，去伪存真，提出对信息分析不利的影响因素；最后要进行整理分析，把真实有效、合理的信息整理、归纳，获得高质量的信息。

（二）信息编码

信息编码是指发送者将信息转化成可以传输的信号的过程。这些信号或符号可以是文字、数字、图画、声音或身体语言。编码是信息交流中关键的一环，编码信号不清楚，将会影响接收者对信息的理解。评价信息发送者的编码能力主要从以下三个方面进行：首先从认知上，编码内容是否正确；其次从逻辑上，是否符合逻辑；最后从修辞上，是否具有美感。因此，人们所拥有的知识结构、逻辑能力和语言水平对编码能力有着非常重要的影响。

（三）信息传输

信息传输是指通过一定的途径将信息从发送者传递到接收者。传送信息的形式可以多样，包含口头传输和书面传输。不同类型的信息，所用的传递方式不同。正确选用信息传输方式对沟通十分重要。在卫生实践及管理工作中，对传递方式的选择必须尽可能符合信息的性质。如对医务人员服务的评价可以通过口头表达，也可以通过书面形式传递。但如果遇到紧急医疗情况，用书面形式传递就不太符合现实情景，不仅效率低，而且很可能延误宝贵的抢救时间，此时应在准确规范的原则上进行口头传输，以最高效率完成医疗抢救工作；而员工绩效评估结果的公布，若采用口头传输形式就会失去严肃性和权威性，这时宜采用书面形式。

（四）信息解码

信息解码是指接收者将获得的信号翻译还原为原来的含义，通过理解用自己的思维方式去表达。在解码过程中，接收者需要利用自己原有的知识、经验和文化背景，将获得的信息转换为发送者想要传输的信息。只有当接收者对信息的理解与发出者的信息全文完全相同或相近时，才能实现有效的信息解码。沟通的目的就是信息发送者希望接收者对所发出的信息作出真实的反应，以及采取正确的行动；如果达不到这一目的，则会产生沟通障碍。

（五）信息反馈

信息反馈是指接收者在获得信息后根据理解、感受和判断，将信息返回给发送者，并对信息是否被接收和理解进行核实。反馈是沟通的核心，也是沟通过程的最后一个环节。通过反馈，沟通双方才能真正地把握沟通的有效性。在没有得到反馈之前，发送者无法确认自己发出的信息是否得到有效的编码、传递和解码。如果反馈显示接收者正确接收并理解了所传递的信息，这种反馈称为正反馈，反之，则称为负反馈。通过反馈，信息交流变成双向的动态过程，即沟通的过程。获得反馈的方式很多，可以直接向接收者提问，或者通过观察接收者的面部表情获得；但只借助观察来获得反馈并不能确保沟通的真实效果，将观察法与直接提问法相结合，可以获得更为可靠、完整的反馈信息。

（六）沟通干扰

在沟通过程中难免遇到一些干扰因素。这些干扰因素中有些是有意的，有些是无意的。如沟通者语言表达能力较差、方言过重或者不自觉地频繁出现干扰对方的眼神、姿态等，这些属于非故意干扰；相反，沟通一方为达到某一目的，故意把某些内容说得含混不清，或用肢体语言分散对方注意力等，这些属于有意干扰。当然，外界环境的干扰也不容忽视，如沟通现场的噪声、湿度、温度、光线等，对沟通效果都会有不同程度的干扰。

二、人际沟通的基本准则

人们在社会生活中进行人际沟通和交往时，不仅要有良好、正当的动机，遵循普遍的社会道德规范，还要采取正确的沟通方法，并遵循一定的准则。

（一）尊重与平等

1. 尊重意味着平等　尊重与平等是人际沟通中最重要的准则。尊重是指敬重、重视。尊重他人是个人内在修养的外在表现，是建立良好人际关系的基础。尊重他人人格是一个人良好的修养和道德水准的体现。人与人的交往需要建立在彼此尊重的基础上，而尊重的前提是承认人与人本质上的平等。在人际沟通中，沟通者把沟通对象作为有思想感情、内心体验、生活追求、独特性与自主性的个体来看待，在价值、尊严、人格等方面对其平等相待。

2. 尊重意味着接纳　尊重差异性，不仅有利于人际沟通，同时也是社会进步的标志。沟通者应该了解沟通对象与自己是两个不同的独立个体，双方不仅存在独立人格、价值观与态度等方面的差异，还存在着不同的沟通动机，而这些差异还将引起沟通双方对沟通态度和理解方面的差异。沟通者在向沟通对象传递信息的同时，也在传递自己的观念、情感和态度；这种观念或态度也可能不被对方理解。例如，管理者为员工定制了一套客观可行的职业生涯管理方案，却并未被员工接受；其原因是员工认为管理者只是为了公司发展考虑，而非顾及自身前途，因此而产生抵触情绪。于是，员工宁可选择一个不太客观的职业生涯发展方案，也不愿接受管理者的建议。这时就需要管理者站在员工的角度理解这样的选择。可见，承认人与人之间的不同，并求同存异，才可能真正接纳对方，避免用自己的标准要求他人。

（二）理解与宽容

1. 理解是人际沟通的前提　理解原则要求沟通者要善于换位思考，要站在对方的处境设身处地考虑，体会对方的心理状态与感受，同时还要耐心、仔细地倾听对方的意见，准确领会对方的观点和意图，产生与对方本意一致的正向反馈。沟通不仅是信息的传递，更是对信息的理解和把握。由于人们在社会环境中所处的地位不同，其思想观念、性格爱好、价值观念、行为方式也各不相同，所以在沟通中，人们对同一事物常会表现出不同的认知、情感和态度，尤其在涉及自身利益的问题上，更能反映出从特定地位和立场出发的自身观念和利益追求，进而给沟通带来复杂的矛盾和冲突。同时，理解可以提升人际沟通的效果。如果双方缺乏相互理解，各执一词，互不相让，就极容易造成沟通失败。

2. 宽容是人际沟通的桥梁　　人际沟通的双方要心胸开阔，既要把握原则，又不失灵活变通。只要不是原则性的重大问题，应力求以谦恭容忍、豁达超然的风度来对待各种分歧、误会和矛盾，以诙谐幽默、委婉劝导等与人为善的方式来缓解紧张气氛、消除隔阂。事实证明，沟通时心胸开阔、态度宽容、谦虚得体、诱导得法，才会使沟通更加顺畅，并赢得对方的配合和尊重。宽容是理解的延伸；要做到理解且宽容，首先要学会将心比心，设身处地地去思考他人行为背后的原因。其次要学会"大事讲原则，小事讲风格"。"人非圣贤，孰能无过"，做事有尺，为人有度。最后要严于律己，宽以待人。人们常常犯的错误就是对自己过于宽容，对他人过于苛刻。在人际交往中，要遵循一定的道德准则和行为规范并严格要求自己、约束自己，用宽宏大量的胸怀对待他人。

（三）准确与及时

1. 准确是良好人际沟通的基石　　所谓准确，是指沟通所用的符号和传递方式能被接收者正确理解。在沟通中，典型的不准确信息有数据不足、资料解释错误、对关键因素不了解、存在没有意识到的偏见以及对信息的夸张等。传递的信息不准确、不真实，不仅会给沟通造成极大的障碍，还会失去对方的信任和理解。因此，为了保证沟通的准确性，在信息收集过程中应注意选择可靠的信息来源，用准确的语言或准确的数字客观地记录原始信息。同时，在信息加工过程中，应采用科学的方法，尽可能排除人为因素（如加工者的主观偏见、智力或技术水平的不足）对信息内容及其价值的主观干扰。

2. 及时是保证沟通效果的方式　　任何信息都有特定的时空适用范围，离开特定的时间和空间限制，原本重要的信息将变得毫无意义。坚持沟通的及时性原则，就是要求在信息传递和交流过程中，注意信息的时效性。既要注意传递信息的主要内容，又要注意传递信息产生与起效的时间范围和条件，做到信息及时传递、及时反馈，才能确保信息不因时间问题而失真。

（四）真诚与互动

1. 语言沟通时要尊重和真诚　　真诚在沟通中通常表现为肯于表达自己的观点、坚持实事求是的态度等方面。只有抱着真诚的态度与他人互动，才会得到意想不到的沟通效果。首先，真诚地表达自己是最有效的沟通方式。在表达观点时，沟通者要注意做到对事不对人，特别要尊重沟通对象的人格。在表明态度时，沟通者最好说明原因，例如"我不能答应你的请求，因为这是损害组织利益的事情"。如果换一种说法，"你这个人也太不顾全大局了，我认为你是个自私的人"，虽然沟通者表明了自己的态度，但同时也否定了沟通对象的人格，是不当的沟通表达。其次，真诚的表达应依据事实或逻辑推理。作为管理者在与下属沟通时，如果涉及组织纪律或者原则问题，可以保持沉默或直接向下属说明不能告知的原因。例如，当一名符合晋升条件的医生向科室主任询问有关晋升名额的事情时，科室主任可以正面客观地告知其在竞争中所处的位置，而不是笼统地断言他有希望评上或者没有希望评上。最好，互动是真诚的具体体现。有效的沟通必然是一个适时反馈、双向互动的过程。语言沟道作为一种交换思想、交换信息的双向沟通活动，通常发生于沟通双方相互的交流活动中。语言沟通中的互动往往从互相问候开始，将谈话主题转入正题后，可通过提问的方式，将交流引向深处发展。

2. 用好非语言沟通的辅助作用　　沟通者的真诚不仅体现在语言上，还应体现在非语言信息的沟通上。非语言信息包括身体语言和辅助语言系统,如沟通者的语音、语调,对语速、重音、停顿、气息等的把控。在交流中,沟通者关注的目光与笑容、倾听时平和的表情都是真诚的表现。同时,被沟通者在沟通者表达过程中,用赞许的目光、眼神、频频点头、抚触等非语言行为进行互动,也是体现真诚的方式。与之相反,无论哪一方表现出目光的游移、接听电话等行为,都会令沟通对象感到不够真诚。例如,有些管理者在下属前来办理事务时,或是忙着接听电话,或是不打招呼就将前来办事的下属留在办公室而自己离开,这都会给下属不礼貌、不真诚的感觉。此外,对于同样的沟通内容,沟通者使用不同的非语言沟通方式也会出现不同的沟通效果。例如,在接待患者时,医务人员温和的面部表情、得体的身体姿势、亲切的眼神关注更易产生和谐的医患沟通效果。因此,在沟通中要注重非语言沟通对语言沟通的辅助作用。

第二节　影响人际沟通的相关理论

一、人际需要的三维理论

美国社会心理学家威廉·舒茨(W. Schutz,1958 年)提出人际需要三维理论,认为每个个体都有进行人际交往的愿望和需要,且这种愿望和需要存在个体差异。根据个体对他人基本反应倾向、需求方式的不同,将人际需要分为三个方面,即情感的需求、包容的需求以及控制的需求。根据三种基本的人际需要,以及个体在表现需要时的主动性和被动性,将人的社会行为划分为六种基本的人际行为倾向。尽管人与人之间的需求会随着环境、文化的变化而改变,但是理解人际需要会帮助我们更好地了解沟通对象,理解人际需要影响沟通以及促进沟通的原理和机制。

(一)三种基本的人际需要

1. 情感的需求　情感的需求是指个体在与他人的关系中建立并维持亲密情感联系的需要。威廉·舒茨将这种需要定义为受人喜爱和爱的需要。具备这种需求的人,希望在情感方面与他人建立并维持良好的关系,由此形成人际交往主动取向的人格特质,即对他人表现出喜爱、亲密、友善、同情、热心等;被动取向的行为特征则表现为厌恶、憎恨、冷漠、避免亲密人际关系等。当个体在早期经验中没有获得足够的情感需求满足时,个体就会倾向于低个人行为,即表面上对人友好,内心却希望与他人保持一定的心理距离,并希望对方也这么做。

人们无时无刻不在努力地满足自己对情感的需求。例如,加入社会团体或者参加聚会的就是在寻求满足自己的归属感和情感需求。根据威廉·舒茨的理论,一个人若看起来被很多人喜欢,那么他的情感需求是被满足的,这样的人被认为是有亲和力的。传播学家科里·弗洛伊德在研究有关沟通情感的文献时发现,给予并得到情感的人通常要比很少给予或很少得到情感的人更加健康、快乐。

2. 包容的需求　包容的需求是指个体需要被接触、交往并隶属于某个群体。在该群体中,个体需要感觉自己很重要,并且有价值。具有这种需求的人希望与他人交往,并与他人建立和维持满意的相互关系。基于这种动机所形成的主动取向的人际反应特质包括交往、沟通、出席、参与等,被动取向的人际反应特质包括排斥、对立、疏远、回避、孤立等。

根据个人对归属感的需求差异,将人分为三类,分别为非社交型和过于社交型、社交型。非社交型的人不喜欢周围有其他人,他们很惧怕与他人沟通,这类人通常很害羞,也很难与他人进行深入、亲密的交流。过于社交型的人会不停地与他人交流,试图掌控整个谈话过程,且常常处于讲话状态,很难安静地倾听他人说话;此类型的人喜欢那种由他们控制整个进程的谈话方式。社交型的人可以满足自己对归属感的需求,他们能应对各种场合。在他们认为必要的时候,他们会自信且坚定地说出自己的想法。研究表明,在包容需求没能被满足的时候,大多数人会感到沮丧；因此，为了满足对归属感的需求，需要主动与他人进行交流。

3. 控制的需求 控制的需求是个体在权力关系上与他人建立或维持满意人际关系的需求，是个体控制他人或被他人控制的需要。双方对在关系当中所发生的事情都有一定的话语权；也就是说，双方对关系的控制力是均衡分配的。在一段关系中，我们要是没有话语权，或者话语权很少，就很难满意，而且这种关系通常都是单方面的。有时候，拥有过多的控制权，担负过多的责任，会让人感觉压力过大；然而，当我们对自己的决策权不够自信的时候，也会如此。出于这种动机所形成的主动取向的人际反应特质表现为使用权力、威信以影响、支配、控制、领导他人；被动取向的人际反应特质表现为反抗权威或追随他人、受人支配、模仿他人等。控制需求是每个社会成员所共有的，它是社会成员相互交往的特点之一，体现在社会生产生活的各个方面。

（二）六种基本的人际行为倾向

威廉·舒茨认为，上述三种基本的人际需要都可以转化为行为动机，使个体产生行为倾向，而个体在表现三种基本人际需要时，又分为主动性和被动性两种情况。于是，个体的人际行为倾向就可以划分为六种（表3-1）。

表3-1 威廉·舒茨提出的人际行为倾向

需求	主动性	被动性
情感需求	主动表示友好	期待他人情感表达
包容需求	主动与他人交往	期待与他人交往
控制需求	主动支配他人	期待他人引导

威廉·舒茨的人际行为倾向分类，不仅有助于我们了解个体人格特征对人际关系的作用和影响，还可以帮助我们正确评估不同的人际关系行为。一个包容动机较强且行为较主动的人，必然是一个喜欢与人交往、乐于参与活动的外向性格的人；如果他同时又具备很强的情感动机，如主动关心他人，那么受欢迎程度自然更高，也会拥有更好的人际关系。

（三）在卫生管理工作中的应用

在卫生管理工作的人际关系中，管理者和员工可以互为主体和交往对象。主动表现取向具体包括：主体在与交往对象互动过程中是积极的外向者，互动中喜欢支配交往对象，对交往对象表示好感和喜爱；而被动期待取向则表现为：主体期待交往对象能包容自己、接纳并引导自己，期待交往对象对自己表示关系亲密等。管理者通过观察下属的人际行为倾向特征，可以了解并预测其交往需求；同时，针对不同的行为模式，采用对应的管理方式。

二、乔哈里窗口理论

乔哈里窗口（Johari Window）理论由美国心理学家约瑟夫·勒夫特（J. Luft）和哈里·英厄姆（H. Ingham）于1955年提出，是一个研究人际互动的理想模式。该理论能够帮助我们理解信息沟通的进程，展现及提高个人与组织的自我意识，也可以用来改变动态信息沟通系统。

（一）乔哈里窗口理论的内容

乔哈里窗口理论也被称为"自我意识的发展-反馈模型"或"信息交流过程管理工具"。包含的交流信息有情感、经验、观点、态度、技能、目的、动机等，作为这些信息主体的个人往往与某个组织有一定的联系。具体而言，该理论将个人和他人对自己的认知信息分为二维四象限（图3-1）。

第一象限：开放区（open area），是面对公众的自我塑造范畴，即自己知道，别人也知道的信息，如姓名、职务、家庭情况、穿着等。

第二象限：盲目区（blind spot），是被公众获知但自我无意识的范畴，即自己不知道，而别人却知道的盲点，如你的行为方式、别人对你的看法等。

第三象限：隐蔽区（hidden area），是自我有意识在公众面前保留的范畴，即自己知道、别人不知道的秘密，也是自己不愿意向他人透露的情感、动机或行为等信息，如你的隐私、心愿等。

第四象限：未知区（unknown area），是公众及自我都无意识的范畴，即自己和别人都不了解的信息。这是个人未能知觉的潜力部分，是尚待挖掘的"黑洞"，对其他区域有潜在影响。

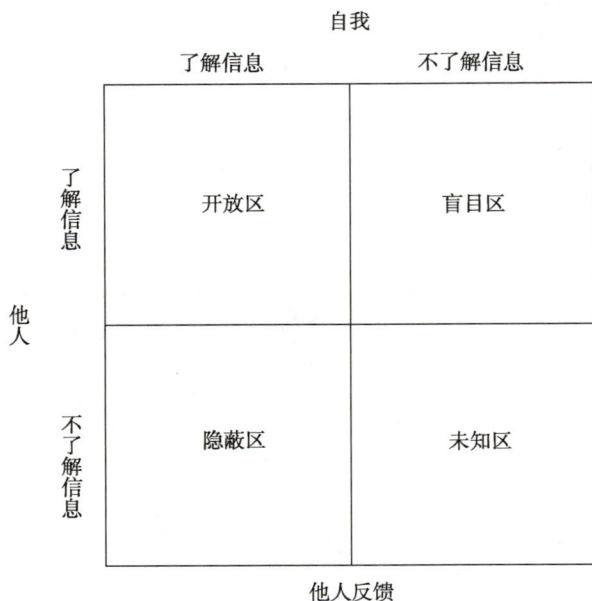

图 3-1　乔哈里窗口

（二）乔哈里窗口理论的内涵

乔哈里窗口理论的四个部分是相互关联的，当第一个象限（开放区）扩大时，第二个象限（盲目区）就会缩小，意味着对自己多了一些了解。同时，与别人扩大交流的信息越多，第四个象限（未知区）也会缩小，沟通也就越顺畅。乔哈里窗口理论被广泛应用于管理领域，用于分析和训练个人发展的自我意识，增强信息沟通、人际关系、团队发展、组织动力和组织间关系。

1. 开放区　开放区是沟通的安全区域，是所谓"当事者清，旁观者也清"的区域。双方交流的信息是可以共享的，是双方都知道的。开放区的大小取决于自我心灵开放的程度、个性张扬的力度、人际交往的广度、他人的关注度、开放信息的利害关系等。在人际沟通中，共同的开放区越大，工作关系越倾向于高回报、高效率和高生产力。

2. 盲目区　盲目区与隐蔽区都只是单方认知，存在潜在冲突，往往会因为信息不对等而导致沟通冲突。盲目区是自己不知道而别人知道的部分，即所谓"当局者迷，旁观者清"的区域。盲目区的大小与自我观察、自我反省的能力有关。内省特质比较强的人，盲点比较少。比如古代社会，有些官员越是位高权重，越难听到别人所了解的关于自己的真实信息，主要原因是沟通单向而闭塞，别人对自己的真实信息很难反馈。作为管理者，如果没有博大开放的胸怀接纳敢于对自己讲真话的朋友或善于直言的下属，他的盲目区就可能越来越大，进而影响沟通效果。同时，如果一个人夸夸其谈，不拘小节，"说得多，问得少"，这样也会造成盲目区过大。因此，在沟通中，除了自我暴露，还应该学会提问和倾听，在不断反馈中了解并理解他人对自己的评价。

3. 隐蔽区　完全没有隐蔽区的人是心智不成熟的人，一个真诚的人也需要有一定的隐蔽区。但是如果一个人的隐蔽区过大，关于他的信息，别人都不知道，说明这是一个内心封闭的人。这样的人往往"说的少"，容易引起别人的防范心理，也就很难取得别人的信任。在管理中，如果管理者表现得过于含蓄，未对他人敞开心扉，那么他人并不知道关于管理者的工作能力，也就很难争取到他人的支持和帮助。在沟通中，适度地打开隐蔽区（如把自己较为隐蔽的信息告诉合适的对方），未知区面积也会减少；因此适度"化隐蔽为开放"是提高沟通成功率的捷径。

4. 未知区　未知区是自己和别人都不知道的信息。这是个有潜力和创造力的区域，有待挖掘和发现。未知区通常包括一些潜在能力或特性，如经过训练或学习后获得的知识与技能，或者在特定的机会里展示出来的才干，也包含弗洛伊德提出的潜意识层面。对未知区进行探索和发现，才能更全面而深入地认识自我、激励自我、发展自我、超越自我。学着尝试一些全新的领域，通过自我学习与团队学习来激发自我潜能，将潜意识与愿望变成美好的现实。

（三）在卫生管理工作中的应用

乔哈里窗口是管理领域广泛使用的理论模型，用于分析以及训练个人发展的自我意识，增强信息交流、人际沟通、团队发展以及组织关系。选择沟通策略的原则就是扩大开放区，增加真实度、透明度和诚信度，缩小隐蔽区、盲目区和未知区。管理者在沟通之前需要对开放区的信息进行收集，沟通过程中要对自己的隐蔽区给予表达和展示，对自己的盲目区、对方的隐蔽区信息进行挖掘，并对未知区进行合理的预测。

三、不确定性降低理论

不确定性降低理论（uncertainty reduction theory，URT）又称初次互动理论，最早由查尔斯·伯格和理查德·卡拉布利兹于1975年提出。该理论指出，人们经常对自己不认识的人感到不确定，并有动力进行交流以减少这种不确定性。

（一）不确定性降低理论的内容

不确定性降低理论基于的核心假设是不确定性会产生认知不适，人们会试图减少这种不适。不确定性降低理论主要通过观察和互动收集信息来实现。预测和解释是不确定性降低理论的两个基本概念，即个体在互动之前通过获取相应信息以预测自己和他人的交流行为，并在互动之后解释对方的行为动机。信息寻求的过程经历了可预测性发展阶段，表明个体之间共享的信息内容和类型会随着互动发生变化。

查尔斯·伯格和理查德·卡拉布利兹将陌生人的初始互动定义为三个阶段。

（1）入门阶段：该阶段的特点是使用行为规范，包括愉快地问候或微笑，然后就年龄、社会地位、经济地位或其他受文化影响的因素交换信息。

（2）个人阶段：该阶段涉及价值观和道德等深层次信息的披露，即交换有关态度和信念的信息，沟通形式较为自由，行为规范约束较少，但在此之前可能需要多次入门阶段的互动。

（3）退出阶段：是初始互动的最后阶段，交换信息减少，双方要决定是否需要进一步发展。如果双方都接受，则可以制订进一步沟通计划。

（二）不确定性降低理论的核心概念

伯格和卡拉布利兹概述了与不确定性降低理论假设相关的七个概念。

1. 语言传播　高水平的语言传播可以降低不确定性程度，提升沟通亲密度；个体间的相似性和喜好与此呈正相关。

2. 温暖的非语言传播　指非语言的沟通方式，如个体的眼神交流、微笑、手势以及积极的肢体语言，均可表明沟通者有愿意进一步交流或建立关系。

3. 信息搜索　发生于个体希望更多地了解彼此时，随着不确定性的降低，个体搜索对方信息的需求便会降低。信息可以通过观察被动获得，也可以通过语言交流互动获得。

4. 自我暴露 个体愿意透露自己的信息以减少对方的不确定性,随着不确定性水平的降低,个体开始逐渐暴露更私密的信息。

5. 互惠互利 那些希望减少不确定性或对开始一段关系感兴趣的个体,通常会采取降低不确定性的行为,例如提出问题。个体之间的不确定性越高,可以期待的互惠性就越大。

6. 相似性 相似或有共同兴趣的人对彼此的不确定性会减少,并能更快达到沟通亲密的程度。即互动双方意识到他们有共同的利益时,不确定性就会降低;相反,互动双方的差异性越大,不确定性越高。

7. 喜好 与相似性相关,共同利益导致认同感趋同,即个体之间的认可和偏好会促进减少不确定性。相反,个体之间不喜欢的感觉则阻碍了良好人际关系的形成。

(三)在卫生管理工作中的应用

在卫生管理工作中,管理者可以通过分析员工所经历的不确定性水平,确定信息收集和披露的程度,进而预测和解释对方的行为。在管理者与员工关系建立的初始阶段,互动双方具有很高的不确定性;随着语言传播的增加,人际关系的不确定性会降低,进而进一步增加语言传播的数量。即互动双方交谈得越多,彼此关系越紧密,进而产生强化作用,促进双方进一步交谈和了解。此外,非语言表达也会影响不确定性;当交往双方非语言表达的亲密性增加时,初次互动的不确定性就会降低,而不确定性降低会进一步导致非语言表达的亲密性增加。

第三节 和谐人际关系的实践路径

一、人际关系的发展过程

人际关系是人与人之间由于交往而产生的一种心理关系,主要体现在交往过程中人与人之间的心理距离,反映了个人或群体在寻求满足社会心理需要、事业发展需要的心理状态。人际关系的产生、变化和发展决定了双方心理需要满足的程度。整个人际关系的建立与发展过程,实际上是一个"情感卷入"和交往不断深入的过程。在这个过程中,交往双方通过自我暴露的方式来增加相互间的接纳性和信任感。因此,人际关系的深入程度就是交往双方自我暴露水平的反映。

奥尔特曼和泰勒(I. Altman & D. A. Taylor,1973年)认为,良好的人际关系的建立和发展,从"情感卷入"和自我暴露由浅入深的角度看,一般可以分为四个阶段。

(一)定向阶段

定向阶段包含交往对象的注意、选择和初步沟通等多方面的心理活动。这种注意是自发的选择,它反映着交往双方的某种需要倾向。当两个人彼此没有注意到对方存在的时候,双方关系处于零接触状态,此时双方是完全无关的,谈不上任何个人意义的情感联系;如果此时一方开始注意到另一方,或双方彼此产生了相互注意,则人与人之间的相互作用就已经开始了。人们发现,在聚会或集体活动等场合,虽然有很多人参加,但是能够建立人际交往关系的,往往只有少数几个人。主要原因是人们在确定交往对象及建立人际关系时,要经过选择的过程。

初步的沟通是人们在选定一定的交往对象之后,试图与这一对象建立某种联系的实际行动。对于社交主动型的人而言,就会表现为主动与目标交往对象打招呼,并与之攀谈。在定向阶段,交往双方暴露的自我信息仅仅是浅表层面的,如对方的一般信息等。

(二)情感探索阶段

这一阶段的目的是了解彼此探索双方在哪些方面可以建立真实的情感联系,而不是停留在一般的正式交往模式。随着双方共同心理或情感领域的发展,双方沟通的内容越来越广泛,自我暴露的深度和广度也逐渐增加。但在这一阶段,人们的话题仍然避免谈及他人隐私领域,自我暴露也不会涉及自己的"根本"方面。

（三）感情交流阶段

人际关系发展到感情交流阶段，双方关系的性质开始出现实质性变化。此时双方在人际关系上的信任感、安全感已经得到确立，因而沟通开始广泛涉及自我的很多方面，并有较深的情感卷入。

（四）稳定交往阶段

在这一阶段，交往双方的心理相容性会进一步增强，自我暴露也更为广泛和深刻。此时，人们已经允许对方进入高私密性的个人领域，分享自己的生活空间。但在实际生活中，达到这一层次的人际关系并不多，许多人同别人深入交往都处于第三阶段，而没有向更深一层的发展。

二、和谐人际关系的实践原则

和谐人际关系是社会个体的共同需求。尽管个体由于动机不同，会产生不同的需要和期望，但是人们追求和谐人际关系的渴望是毋庸置疑的。建立和谐人际关系应遵循以下原则。

1. 诚信原则 诚信是建立和谐人际关系最基本的要求。"人无信不立"，诚信原则要求人与人交往中真诚相待、遵守承诺、讲究信义。在人际交往中，和谐的人际关系需要双方都抱着善意诚恳的动机和态度，减少自我防卫，不去盲目怀疑，相互理解、接纳，进而产生信任感。越是和谐的人际关系越需要关系双方暴露一部分自我，也就是把自己的真实想法与人交流。当然，这样做或许会冒一定的风险，但是完全把自我包装起来是无法获得别人的信任的。

2. 尊重原则 每个人都有自尊心，都希望别人的言行不要伤及自己的自尊心。自尊心的高低是以自我价值感来衡量的。人的自我价值感主要来自人际交往过程中他人对自己的反馈。肯定的反馈会增强人们的自我价值感，而否定的反馈则会直接威胁到人们的自我价值感。因此，人们对来自人际关系世界的否定性信息特别敏感，通常会激起强烈的自我价值保护倾向，表现为逃避他人（以维持自尊心）或者否定自己。所以，在人际交往中，增强他人的自我价值感、维护其自尊心，是构建和谐人际关系的重要途径。

3. 交互原则 古人云："爱人者，人恒爱之；敬人者，人恒敬之。"人与人之间的相互重视、相互支持是和谐人际关系的基础。人际交往中的喜爱与憎恶、接近与疏远、善意和恶意都是相互的，一般情况下，真诚换来亲近，敌意招致疏远。任何人都不会无缘无故地接纳、喜欢他人。只有对真心接纳、喜欢自己的人，人们才愿意与其建立和维持良好的人际关系。反之，对疏远自己，甚至心怀恶意的人，人们也会与之疏远，这就是人际交往的交互原则。因此，与人交往应以良好的动机为出发点。

4. 互惠原则 人际交往中的互惠与人们的交往动机和交往目的分不开。人际交往的本质是一种社会交换，是人与人之间物质与精神交换的过程，人际交往所追求的就是通过交换达到互惠互利。交往一方若在满足对方需要的同时，也能得到回报，人际关系就能继续发展；若交往只想获得而不给予，人际关系就会减弱甚至中断。事实上，我们和他人交往都是"有目的"的，有些交往是为了让自己获得更多的物质利益，也有些是为了得到精神上的慰藉，我们常说的"多个朋友多条路"就是人际交往互惠原则的现实体现。互惠互利性越高，交往双方的关系就会越为稳定和密切；相反，交往双方就会疏远。

5. 宽容原则 海纳百川，有容乃大。宽容原则是指在人际交往中对于非原则的问题保持耐心、宽容、忍让的态度。当发生冲突和矛盾时，将问题聚焦到当下的问题上，以豁达、宽容的态度和开阔的胸襟来容纳对方的缺点，而不应将对方的不足放大，甚至纠结于冲突之外的问题。随着社会发展及价值体系多元化，人的个性发展越来越丰富，因而更容易产生人际文化与价值观的冲突。求大同、存小异，兼收并蓄，才能维持良好的人际关系。

三、和谐人际关系的实践策略

建立和谐人际关系的具体方法很多,在日常生活中,较为重要、有效的实践策略有以下几种。

(一)提升人际吸引力的策略

1. 加强修养,扩展爱好 人际交往是交往双方互动的过程,也是互相选择交往对象的过程。如何展现自身的魅力,提高交往中的吸引力,关键在于自身的修养。一个具有良好修养的人,一定具备健康的心理素养;而健康的心理素养能使我们在纷繁复杂的社会交往活动中更好地把握自己。人们常说,高尚的人品和远大的理想是心理活动的灯塔和动力,引导着心理活动的方向;坚定的信念是判断是非的标准和积极活动的支柱,规范着人们的行为。具有崇高理想和坚定信念的人,行为自觉而有力,个性稳定而持久,在社会交往中具有较强的吸引力。此外,兴趣爱好是人们从事实践活动的一种动力,当人们对某事感兴趣时,就会主动了解相关的知识。广泛的兴趣爱好有助于交往双方扩大共同的心理领域和话题;而爱好贫乏往往使人孤陋寡闻、思维呆板、生活单调,不利于完善个性,更不利于在人际交往中争取主动。

2. 重视印象整饰 印象整饰又称印象管理(impression management),是指有意识地修饰、主动而适度地展现自己的形象,使自己在别人的心目中形成良好的第一印象。在人际交往中,由于首因效应和晕轮效应的存在,我们需要在与人初次交往时重视印象整饰的作用。行为者选择适当的言辞、得体的表情和动作,可使知觉者对其产生较好的看法。美国社会学家戈夫曼(Goffman)认为,"人在生活舞台上演出的种种行为与戏剧表演一样,分台前和幕后。台前是展现于交往对象面前的一种情景,个人台前专指印象整饰。一旦人们进入台前,就应使自己的种种外表和举止同他人的期望相一致。要想做到这一点,位于台前的人必须以理想化的形象、对表达的控制及一定的社会距离等手段来取得观众的信任和尊重。"

印象整饰与印象形成的区别:印象形成是信息输入,是形成对他人的印象;印象整饰则是信息输出,是对他人印象形成施加影响,其意义在于控制他人的行为,特别是他人对自己的回应方式。

在与他人交往时,既要对自己进行印象整饰,也要根据对方的特征、交往的目的和交往的情境,做好选择。有些情况下甚至要事先对交往中的知识、言辞、表情和动作做一番必要的准备,以保证交往活动顺利进行,给对方留下一个美好的印象。当然,进行印象整饰还要充分考虑自身条件,扬长避短,尽力显露自己优秀的一面,但切不可修饰成分过多。

3. 主动交往 在人际交往中,总有一方居于相对主动的地位,如先与人打招呼,主动与他人说话等。这些看似简单的小事却常常因个性原因而被忽视,结果使我们丢弃了许多原本可能对我们有重要意义的交往机会。可见,树立主动与人交往的意识,掌握主动交往的技巧,是建立和谐人际关系的策略之一。

心理学家研究发现,在人际交往中,许多人不是主动发起交往活动,而是被动地等待别人接纳,甚至处处试图去吸引别人的注意;他们只能做交往的响应者,而不能做始动者。然而,根据人际关系的交往原则,主动与他人交往才能有利于他人了解自己,认可自己,进而营造良好的人际交往氛围。

4. 提供帮助 人际关系的互利原则告诉我们,任何一个人,只有当一种关系对他来说是值得的,才会愿意并试图去建立、去维持。只有当一种人际关系对人们有帮助时,才是有益的人际关系。因此,要想同别人建立良好的人际关系,主动帮助别人是十分重要的;这里的"帮助",并不单纯指物质上的支持;人与人之间的相互帮助首先是富有情感的,其次才是物质的。帮助应是广泛的,既包括情感上的支持(如对于痛苦的分担、观点的赞同及建设性的建议),也包括解决困难问题时的协助和物质上的支持。

以帮助为开端的人际关系，不仅容易给对方留下良好的第一印象，而且能迅速缩短人与人的心理距离。当别人在情感、生活以及工作上遇到困难或危机时，及时给予帮助，可以很快赢得别人的信任。试图帮助别人并学会如何帮助别人，是建立和谐人际关系不可缺少的条件。

5. 关注对方兴趣　交往的双方往往处于两个不同的情感和理解基点，有不同的兴趣和关注点，只有在交谈过程中双方的兴趣和关注点汇聚在一起时，交谈才能成为双方情感卷入的过程，才能真正起到有效沟通和加强相互联系的作用。谈话兴趣和关注点的汇聚是一个渐进的过程，需要谈话双方将注意力投向对方，而不仅仅集中于自己身上。

（二）加深情感联系的策略

1. 经常互相问候　人际关系是以情感联系为纽带的，双方之间的交往是维持和增进情感联系的手段。人们常说"远亲不如近邻"，这是由于远亲之间虽然有血缘等亲情关系，但是因为距离相隔较远，交往可及性相对较差，造成双方之间的熟悉、亲密程度甚至不如交往频率较高的邻居。可见经常交往对维持和加强人际关系至关重要。

2. 肯定对方价值　荀子言："与人善言，暖于布帛；伤人之言，深于矛戟。"每个人都有强烈的自我价值保护倾向。当人们的自我价值面临危机时，人们常常会处于强烈的自我防卫状态。这是一种焦虑状态，与人们的不愉快情绪直接相关联。因此，人们对否定自我价值的人，常常有着强烈的排斥情绪。此外，称赞是对他人肯定的具体方式之一；每个人都有得到他人肯定和尊重的需要；选择恰当的时机和适当的方式表达对对方的赞许是增进彼此情感的催化剂。

3. 避免直接指责或争论　若要保持与他人友好的相处，应避免直接指责他人，尽量减少争论。卡耐基认为：既然我们在关系融洽的时候去使人改变主意、承认错误都那么困难，又为什么要用指责的方法使其变得更不容易呢？同样一句话，站在不同的角度说，效果是不一样的。如管理者在对下属进行培训后询问："你们听懂了吗？"不如问其："我讲清楚了吗？"更好。这两句话的意思看似差不多，但前一句话把不懂的责任推给了下属，而后一句话则把责任留给了自己。我们在与人相处时，要处处避免以直接的或隐含的方式去否定别人。

4. 表现真实自我　每个人都希望能最大限度地表现自己的优点，尽量掩饰自己的缺点，以便给别人留下美好的印象。但是如果过于掩饰自己，往往会使自己表现得过于拘谨，结果适得其反，给别人以过于保守的印象。实际上，真实地表现自己（包括自己的缺点和不足），非但无损自己的形象，反而使人们对其产生一种真实感和亲切感，这称为"白璧微瑕"效应，即小小的错误反而会使有才能的人的人际吸引力提高。

5. 有意求助他人　在自己有难处时向别人求援，请别人帮忙，这看起来似乎是将自己置于被动位置的一种无奈之举；但在人际交往中，有意求助他人不失为一种主动与人交往的策略和技巧。求助他人本身表达了你对他人知识、能力和品性的肯定，而他人对你的帮助本身又隐含了对你给予他认可的回应，这就在双方心灵中建立起了一座沟通的桥梁。当一个新进的员工，在某工作项目上遇到了困难，无法顺利完成任务时，向经验更丰富的同事寻求帮助。这不仅解决了问题，还加强了与同事之间的联系，展示了员工的积极态度和主动性。

6. 常怀感恩之心　我国古人有"受人滴水之恩，定当涌泉相报"的说法。得到别人的帮助是否需要回报、应当怎样回报暂且不说，但记住别人的馈赠与帮助并心存感激应当是最基本的情感道义。朋友之间相互帮助本是平常事，只要在能力范围都会鼎力相助，而且不会追求报答。但作为受益人却应当记住别人对自己的帮助，在适当的时候以适当的方式反馈。这样一方面表达了自己对朋友的尊敬和感激，另一方面也显示了自己是位重情重义的可交之人。

7. 保守对方秘密　一般来说，对方向我们吐露秘密是因为他认为我们值得信任。因价值观不同，有些"秘密"可能会威胁对方的自我价值。因此，为对方保密不仅是我们为人处世的原则之一，也是作为朋友应尽的责任和义务。

（三）弥补情感裂痕的策略

1. 谅解　谅解是指"了解实情后原谅或消除意见"。交往双方因知识结构或文化背景差异会产生不同的意见，甚至会因价值观差异或看问题的角度不同而产生矛盾。在这种情况下，交往双方都有义务体谅对方，以维护双方的关系。当双方出现不同意见和看法时，切勿急躁和草率处理；应通过坦诚的交谈、主动了解对方的看法、主动表露自己的看法等方式理性解决矛盾。

2. 批评的"艺术"　"金无足赤，人无完人。"在人际交往中，对成绩和优点要加以肯定，对错误和缺点也要善意地指出；尤其是出现关系裂痕时，保持人与人之间的协调，为别人的错误提供必要的反馈是十分重要的。避开他人自我防卫心理的作用，有效地提醒他人注意自己的错误可从以下几个方面入手。

（1）批评前先表达肯定的方面或致谢：要让别人承认自己的错误和不足，意味着别人要忍受某种程度上的自我否定。而这种自我否定的威胁，可以通过诚挚的称赞或感谢所带来的愉快情绪而冲淡，甚至抵消。称赞和感谢也是对人们自我价值的支持。在人们刚刚感受到被支持的愉快时，对批评的接受程度也会明显增加。

（2）批评前可以先展示自己的错误：批评者在被批评者面前往往给人一种拥有"优越感"的错觉，因此，容易引起对方产生抵触心理。如果我们在批评之前先提到自己的不足，可以弱化人们的这种意识，使别人更容易接受批评。

（3）间接地提醒他人注意自己的错误：人们不能轻易承认自己不足的根本心理障碍是不愿面对自我遭到否定的事实。如果在批评时选择间接暗示，而非直接批评，则可能使人避免陷入自我否定的恐惧，从而使人更顺利地接受批评。

（4）顾及对方的自尊心：人们在遭受挫折时，其自我价值也会面临危机；如果我们为他们的挫折找到更合理的理由，或在其他方面强调他们的失败并不说明能力不足，即可使其挫折感得到某种补偿。

思考题

1. 列举身边的事例，说明沟通的过程并分析人际沟通需要遵守的基本准则。
2. 结合自身学习和工作实际，简要陈述乔哈里窗口理论的内容，并思考如何运用该理论更好地认识自我。
3. 观察身边一位善于沟通的朋友，分析如何构建和谐的人际关系。

（赵文婷）

第四章　人际沟通障碍

　　人际沟通不同于两套设备间简单的"信息传输"，要想达成人与人积极有效的沟通，每一个参与者都需要是积极的主体，愿意开放性地接收对方的信息，并能接纳因此而引发的改变。作为信息交流的结果，沟通影响只有在信息发出者和信息接收者使用双方都熟悉的同种语言说话时才能实现。在沟通过程中，任何一个环节出现问题，都会出现人际交流与传递信息的困难，导致人际沟通障碍的发生，使正常沟通和交往受阻。在组织中，团队整体效率的提高和凝聚力、合作力的形成也深受人际沟通障碍的影响。

第一节　人际沟通障碍概述

一、人际沟通障碍的含义与特点

（一）人际沟通障碍的含义

　　所谓沟通障碍（communication disorder）是指信息在传递和交换过程中，由于信息意图受到干扰或误解而出现的沟通失真的现象。人际沟通障碍是指在人们沟通信息的复杂过程中，由于沟通双方的个性、性别、情绪、认知、态度、角色、身体等个人因素方面的差异，或者受文化、语言等因素的影响，或者由于信息沟通发生的物理与心理环境因素引起沟通者不适与紧张，或者由于信息传递的媒介选择不当，或者因庞大繁多的组织因素导致信息传递失真等，都会使沟通受阻，影响沟通的效果。

（二）人际沟通障碍的特点

　　1. 信息过滤　信息发出者有意操纵信息，只发送对自己有利或者无害的信息，使信息显得对信息接收者有利。排除信息发出者的有意操纵和误导，组织规模越大、层级越多，信息过滤的机会也越多。

　　2. 选择性知觉　信息接收者依据自己的需要、动机、经验、背景以及个人的特点选择性地接收信息。接收者对信息发出者的信任以及对信息的感兴趣程度也会影响信息的接收。

　　3. 曲解　信息接收者不能厘清实际接收的信息和自己的观点、感受、情绪的界限，常常依据自己的观点、价值观念、意见和背景对信息进行解码，因而不能对信息进行全面客观的解释。

　　4. 歧义　使用行话、方言等特殊用语，不同文化、不同民族、不同地域存在特定的表达习惯，或是信息发出者有意采用模糊性语言，都会导致所传递的信息常常存在语义理解上的差异。

二、人际沟通障碍的来源

　　基于人际沟通的过程，人际沟通障碍发生的来源主要有三个方面：信息发出者、信息接收者和信息传递途径。

（一）信息发出者

　　信息发出者传递信息时，采用语言文字、口语、肢体语言等不同的表达方式，如果表达不当，就会引发误会，可能出现"言者无意，听者有心"的情况。信息发出者的状态，诸如自信、尊重对方、竭力使对方对沟通感兴趣，以及情绪表达同样至关重要。如果一个人苦着脸说自己高兴，没有人会相信他真的高兴。信息发出者的知识水平、经验阅历、人情世故等在沟通表达中也十分重要。信息发出者引发的交流偏差，会导致沟通障碍从沟通一开始便顽固地表现出来。

源自信息发出者的沟通障碍的主要表现有信息传递的方式不佳、信息传递能力不佳、信息发送无目的或目的混乱、信息传递不完整、信息传递不及时或不适时、知识经验的局限、对信息的过滤不当、信息可信度不高等。

（二）信息接收者

信息接收者的心理选择性常常影响信息接收，如有些信息其乐意接收，而有些信息则不愿意接收。接收者可能有着先入为主、根深蒂固的观念，无法动摇，导致沟通难以顺利进行，甚至引发争端。接收者的心理状态对于沟通的影响也十分显著，如处于喜悦情绪状态的人容易接受他人提出的要求，而情绪不佳时，时常有抵触心理。文化背景的不同对沟通带来的障碍同样不言而喻，如语言不通带来的沟通困难，社会风俗、规范的差异引起的误解等，在社会生活中屡见不鲜。因为信息接收者的理解能力有限，也时常导致发生误解。在实际沟通过程中，这些因素通常联合并发生作用，导致沟通障碍。

源自信息接收者的沟通障碍表现有信息接收者的不良情绪或心理障碍、对信息的理解力不够、接收者译码不对称、信息不符合接收者的习惯、接收者对信息的选择接收、接收者的承受力有限、偏见与成见等。

（三）信息传递途径

信息传递途径的问题也会影响沟通的效果，主要表现在以下几个方面。

1. 媒介选择不当　同一信息经过不同的渠道传递，效果常常大不一样。与人交流信息一定要选对信息传递途径，不然就会导致表达不清、误传信息，发生沟通障碍。例如对于重要的事情，口头传达效果较差，因为接收者会认为"口说无凭""随便说说"，而不加以重视。

2. 形式相互冲突　当信息用多种形式传送时，如果相互之间不协调，接收者会难以理解传递的信息内容，如领导表扬下属时面部表情很严肃甚至皱着眉头，就会让下属感到困惑。

3. 渠道损失信息　由于组织机构比较庞大，内部层次多；从最高层传递信息到最低层，或从最低层汇总情况到最高层，由于中间环节太多，容易使信息损失较大。

4. 环境干扰效果　信息沟通过程中，时常会受到自然界各种物理噪声、机器故障的影响或被其他事物干扰，也会因双方距离太远、沟通不便，影响沟通效果。

三、人际沟通障碍的影响因素

任何人际沟通都发生在一定的情境中，情境因素始终对人际沟通产生制约作用。信息沟通中双方在文化背景方面的差异，在经验水平、知识结构、社会阶层上的差异，性别、年龄、身体功能状态等生理因素以及性格、气质、态度、情绪、沟通习惯等心理特征等都对人际沟通有着显著的影响。这些个体性、情境性、社会性的因素常常导致人际沟通障碍的发生。

（一）个体因素导致沟通障碍

1. 个性特征不合　个性特征不合是沟通失败最常见的心理原因之一，例如面对一个傲慢霸道的人，常常很难心平气和地进行沟通。自我概念是我们每个人对自己的看法和评价，如觉得自己是美丽的、丑的，讨人喜欢的、惹人厌的，聪明的、愚笨的等。在进行人际互动沟通时，这些对自己的评价判断会时时刻刻影响着沟通过程的进行，甚至带来无意识的干扰。

2. 沟通动机缺失　在日常生活中，人们因为各种需要而进行沟通。人际沟通双方出现某种观点不一致时，沟通动机就是要通过信息的传递使沟通双方的意见最终达成一致；但如果信息接收者没有明显的沟通动机，期望达成态度一致的沟通就会受阻。

3. 信息过滤失真　信息发出者与接收者有着不同的角色或地位，各自具有一定的生活、工作与人际关系经验，这些在沟通时就给沟通双方提供了不同的脚本。信息发出者会依据自己的脚本对信息进行过滤，在信息传递之初就丧失了信息的客观性。例如在组织中，下级向上级传达的信息往往"报喜不报忧"就是一种过滤行为，如果每个层级的信息都被过滤，高层管理者则不能获取真实的信息。

4. 选择接收狭隘　在沟通过程中，信息接收者依据自己的脚本，常常不能"一视同仁""不偏不倚"地接收全部信息。接收者可能出现以下选择倾向性：选择自己赞同的或喜欢的信息，排斥自己不赞同的或厌恶的信息；面对两种截然相反的信息时，可能会没有明显的选择性；越是难以接触的信息，有可能越想选择；经常接收到的、可获得的、有用的、可信的和有趣味的信息容易被接收。

5. 兴趣关注不当　在沟通过程中接收者对信息发出者传递的信息兴趣缺失或者过度关切，都有可能导致沟通障碍的发生。

6. 情绪冲突　在沟通过程中，信息发出者和接收者的主观情绪都会影响沟通效果。吵架是一种形式较为激烈的沟通方式，吵架的双方常常在这种过程中夸大用语，放大情绪，从而使正常沟通受到阻碍，影响真实信息的传递。

7. 认知差异　人们如何认识和看待这个世界，大部分取决于过去的经验和因此而形成的人生观。不同年龄、文化、教育经历、职业、性别、地位、个性的人，对于相同的信息会有不同的感受、认知与理解，常常导致沟通障碍的发生。沟通双方差异越大时，就越不容易预测彼此的行为。在信息内容本身不明时，人们无法预期他人会有何种行为反应，接收者更有可能根据以往的经验、当时的需要和社会情境来加以理解，甚至可能产生不安、恐惧的心理，这些都会对沟通造成阻碍。

8. 思维定式僵化　思维定式常常导致人们对他人形成刻板印象，倾向于把他人归类在特定的框架中，表现出先入为主的偏见，无法完整接收信息，导致"捕风捉影"、妄下结论，从而影响沟通。偏见常常基于过去对他人的态度、概念和观点（一直潜藏在人们心中）而产生，常常是冲突、矛盾等人际沟通障碍的根源。

9. 言语表达困难　在沟通时，无论是找不到恰当的字眼来表达自己的想法，还是缺乏自信造成的表达困难，都势必会影响沟通的过程，导致沟通障碍。在教育中，人们有机会学习表达思想和情感的语言和沟通技巧；有着较高受教育程度的人可能比受教育少的人显得更会表达自己，而且多数情况会间接地表达。人们常说的"沉默是金""清者自清"，有可能与"不表达"相混淆；适当的沉默有助于提升个人的内在力量。但在关键的时候不懂得恰当地表达自己的想法，不表达客观的观点，不重视表达、不敢表达，都会在生活与工作中造成误会，在沟通的过程中造成障碍。

10. 有效反馈缺乏　反馈是信息发出者与接收者相互间的反应，信息发出者发送一个信息，接收者回应信息，促使发出者进一步调整沟通内容，从而使沟通成为一个连贯的相互的过程。沟通中如果不及时地进行有效反馈，就可能增加沟通中的误会，导致信息传递失效或重复传递，以及信息拥堵。

（二）意义建构造成信息歧义

人与人之间的沟通，经由传递和接收信息而产生意义。信息传递并非一个人将文字传递到另一个人那样简单。当信息发出者向外传递信息时，常常通过有意义的语言进行表达，同时伴随着面部表情、目光接触、身体姿势和音调等非语言的线索。接收者在倾听时，根据语言符号和非语言线索来了解信息的内涵。

在信息传递的过程中，所传递信息的意义由沟通双方共同建构，即使信息发出者谨慎选择所使用的文字，接收者也有可能有不同的意义解读，信息歧义常常影响沟通的进行。传递信息过多、信息传递的形式不合适导致接收者难以理解与接收信息，以及社会文化的差异造成符号的误用和误解，都会导致沟通障碍的发生。

（三）沟通情境干扰沟通成效

1. 环境干扰沟通　环境中的噪声、光线不足、温度过高或过低等都会影响沟通者的心情以及沟通的效果；信息发出者和接收者因距离太远或接触太少使沟通效率降低，也会造成沟通障碍。

2. 组织降低效率　信息传递会因为信息发出者在组织中的地位、信息的传递链、团体规模等因素对沟通所需的时间产生影响，从而影响沟通的有效性。信息传递层次越多，到达目的地的时间就越长，信息的失真率则越大，越不利于沟通。因此，组织机构过于庞大，中间层次繁多，增加了沟通所需的时间，影响信息沟通的及时性和真实性，可造成沟通效率降低。

3. 文化影响互动　文化是沟通历程中不可分割的部分，具有共同信仰、价值观和生活规范的体系常常经由象征、习俗和人们的行为显现出来。文化中的生活规范或沟通规则影响着人们互动关系的建立。沟通规则为人们提供了在某一特定的物理或社会情境中发生沟通行为与解释他人行为的准则，例如送礼、请客吃饭的行为等。文化背景的差异导致在人际沟通时有着不同的沟通规则，因而来自不同文化背景的人在沟通时更容易发生沟通障碍。例如在跨文化沟通中，东方人更崇尚合作精神和共同责任；西方人更注重个人价值的实现，奖励创新，崇尚竞争，由此一来，不同的管理模式和管理方法会导致跨文化沟通障碍的出现。

第二节　常见的人际沟通障碍

一、常见的沟通心理障碍

信息沟通在很大程度上受个体心理因素的制约，如个体的修养、气质、态度、情绪、见解、记忆等差别，都会在信息传递中不同程度地影响沟通效果。任何一个有目的的沟通都源自个体的内在自我，沟通的效果是否能够达到预期取决于沟通双方的自我意识，个体心理因素对沟通的影响可以汇总到自我意识这一话题下加以探讨。

（一）自我意识的定义与发展

1. 自我意识的定义　自我意识（self consciousness）是个体对自己的身心状况，以及自己与他人和周围世界关系的认识，是一个人人格结构的核心部分。自我意识包含着自我认识、自我体验和自我调控三个维度。自我认识是自我意识的认知成分，集中反映了个体自我认识与自我意识的发展水平，是自我体验和自我调控的前提。自我体验是自我意识的情感成分，在自我认识的基础上产生，反映个体对自己与他人关系所持的态度。自我调控是自我意识的意志成分，指个体对自己行为与心理活动进行调节的过程。自我体验和自我调控强化自我认识，扩展自我认识的深度和广度。

从自我意识指向的对象和内容上看，自我意识结构可分为生理自我、社会自我和心理自我三个方面。生理自我是指个人对自己的生理特征的认识，包括个体对自己的身材、外貌、体质、体能等方面的理解和概观。社会自我是指个人对自己社会属性的意识，包括对自己在各种社会关系中的角色、地位、权利、人际距离等的信念与观点。心理自我是个人对自己心理属性的感知，包括个人对自己的人格特征、心理状态、心理过程、需要动机以及行为表现等方面的认知与体验。自我意识统合个体的认知、情绪情感、意志、行为，对个体的成长和社会活动产生影响。

2. 自我意识的发展　自我意识不是生来就有的，是个体在成长过程中与周围的人和环境相互作用后逐渐形成的，这一过程是个体由一个自然的人向社会人发展的社会化过程，呈现一种螺旋式上升的趋势。自我意识需要经由自我分化、自我矛盾和在一定条件下的自我统一而不断向前发展。

（1）自我分化：个体在青春期后，明显地分化出两个"我"，即主我（I）和客我（me），前者是处于主动观察地位的主体我，后者是处于被观察地位的对象我。

（2）自我矛盾：自我内心活动在自我分化后日趋复杂，自我观察、自我沉思明显增多。主我在认识和评价客我时，发觉现实自我与理想自我、想象自我之间往往有着较大的差距，于是出现内心的冲突与不安、痛苦，自我矛盾不断加深。自我矛盾既是推动自我发展的内在动力，也可能是导致心理疾病的重要原因。

自我矛盾适度时可以有效调节社会生活中与自我不一致的部分，但是过强的自我矛盾则表明个体对外在环境处于适应不良的状态，易受环境中轻微线索的干扰，从而容易轻易激活自我矛盾状态。

（3）自我统一：自我矛盾的产生虽然给个体带来不安与焦虑，但正是这种矛盾和冲突激发了个体奋发进取的积极性，促使个体去恰当地认识自己，实事求是地修正理想自我中某些不切实际的过高标准，并且学习有效地控制自我，改善现实自我，使理想自我与现实自我互相趋近，达成自我的和谐统一。

（二）自我意识与人际沟通

自我意识在青春期后快速地发展，在社会化适应过程中，个体对自己的思想、愿望、行为和个性特点、优点和缺点逐渐形成肯定性或否定性的自我评价。自我评价是自我意识的核心要素，直接影响着个体在实际生活情境中人际交往方面的行为表现、情绪体验和社会适应状况。

在人际沟通中，每个个体以自我评价为基础，表达自己的需求、想法、感受或观点。自信是个体在自我认识中积极肯定的体验；相反，自卑则是个体消极否定的自我体验。在自信的状态下，每一种经验都有可能被赋予积极的意义，在沟通中就会勇于表达，不哗众取宠，不刻意讨好，促进有效沟通的达成。在自卑的状态下，则会害怕不被对方接受，不敢主动表达，甚至沉默寡言，并且倾向于对各种情境进行消极的理解，常常导致沟通受阻。

（三）自我评价偏差与沟通障碍的关联性

沟通是发出者与接收者之间"给予"与"接收"的过程，沟通双方是否能相互信任与积极互动，直接关系到沟通效果的达成。若沟通双方存在自我评价偏差，自我评价过高或过低，心怀芥蒂，就容易激发沟通中的抵触情绪，减少坦诚交谈的机会，导致人与人之间的心理疏远，势必会导致沟通障碍的发生。

1. 自我评价过高

（1）自我评价过高的表现：自我评价过高是指个体对自己的身体状况、认识、知识和能力的评价超出其实际水平的自我感知状况。自我评价过高的个体，常表现出夸夸其谈，凡事都爱发表各种"高见"，但认识问题较为偏激，优越感强，爱在公众面前自我表现，自以为是，夸大自己的某些优点或过高地估计自己的某些能力，例如认为自己比别人聪明，能力比别人强。与人相处时，自我评价过高的人常以自我为中心，自尊心、虚荣心和好胜心很强，固执己见，缺乏自我反思和自我批判，拒绝接受批评，受到质疑时好争论，但评价别人时又责备求全，甚至容易出现冲动或攻击行为。自我评价过高的人容易引发人际冲突，缺少知心朋友，严重者还可能发展为偏执人格和躁狂情绪。

那些在既往人生经历中具有较多的成功经验，并受到父母和社会各种肯定赞誉的个体，容易过高估计自己的能力，对完成新任务的困难估计不足，甚至盲目自大和自信，表现出冲动和敢于冒险的行为倾向。自我评价过高的人往往缺乏挫折和失败的社会经历，缺乏对他人、人生和社会的深刻认识。

（2）沟通障碍的表现：自我评价过高者在人际沟通中注重的仅仅是把信息传递出去，常常忽视信息接收者的感受，对信息接收者是否理解与接受这一信息置之不顾，无法达成有效沟通。自我评价过高者常常有以下沟通障碍的表现：①自我中心。在人际沟通中过分地表达个人的意见、情感，忽视接收者的想法，目中无人，只站在自己的角度看待事情，只考虑自己的利益。②缺乏共情能力。不尊重他人，漠视他人的处境，不顾他人的感受，无法真正从他人的角度去理解和评价事物，对别人的快乐和痛苦不能感同身受，不能引发情感的共鸣。③边界不清。不高兴时会不分场合地乱发脾气，高兴时则海阔天空、手舞足蹈，全然不考虑别人的情绪和别人的态度。在对自己与别人的关系上，过高地估计了彼此的亲密度，讲一些不该讲的话；这种过于亲昵的行为，反而会使他人出于心理防范而与之疏远。④嫉妒猜疑。当看到与自己有某种联系的人取得了比自己优越的地位或成绩时，产生一种嫉恨心理；当对方面临或陷入"灾难"时，则隔岸观火、幸灾乐祸，甚至借助造谣、中伤、刁难等手段贬低他人，宽慰自己。

2. 自我评价过低

（1）自我评价过低的表现：自我评价过低，也称自卑，是指个体对自己的身体状况、认识、知识和能力进行自我贬抑的心理状况。自我评价过低的人常表现出对自己的身材相貌、身体素质、知识能力水平以及所取得成绩的不满意，往往夸大自己的错误和缺点，看不到自己的优势和长处，认为自己处处不如别人，自怨自艾、自愧无能。在行为上常表现为寡言少语，行为退缩，自我效能感低，害怕失败，行动时前思后想，决策时犹豫不决，缺少决断的勇气。自卑的人会对自己诸多方面不满意，但内心并不想向优秀的人学习模仿，也并不会因自觉能力不足而表现得谦虚好学，相反，可能表现出鄙视别人，通过逃避社交来掩饰自己的不足和缺点。

自我评价过低的原因：①内隐自卑普遍。人本主义心理学家阿德勒认为，人类普遍存在着自卑感，这种自卑感起源于婴儿时期对成人抚育的依赖与无助感，并随着后来对需要满足的追求力不从心而加重。②既往经历影响。生长在家庭结构残缺、家庭功能不全、家庭经济贫困环境中的儿童容易产生不如他人的自卑感；在父母打骂、指责、否定等不良的家庭教养方式中成长的儿童常缺乏自信；既往的学习、交朋友、谈恋爱等方面的挫折经历也会造成当事人的自卑感。③身体因素影响。个体不能悦纳自己天生的身材容貌，偏执地认为身高、相貌、身体不健康这些因素是自己一切挫折和失败的不可变、不可控的原因，而不愿承认是自卑导致自己的不努力。④不恰当的比较。自卑者常常将自己的缺点与他人的优点进行比较，或者夸大自己的不足，仰视别人的优点。有自卑情结的人往往有过高的"理想自我"的愿景，因而对现实中的自我很不满意。但事实上，他们又不愿意为此付出应有的努力，表现出"眼高手低"的现象。

（2）沟通障碍的表现：①自我封闭。沉浸在自己的世界里，对任何事情都不感兴趣，不愿与他人交流协作，不愿意参加集体活动，以防止暴露自身缺陷和丧失竞争力。②恐惧羞怯。在与他人或群体沟通时感到恐惧、焦虑不安，羞于启齿，不知道如何与人沟通交流，在言语上支支吾吾，行动上手足失措，阻碍进一步的沟通，严重者甚至无法与人交谈。这种沟通上的心理障碍除直接对沟通产生影响外，还会因为沟通者不能获得人际沟通所带来的积极反馈，使其社会功能发展受到严重影响。例如，在生活习惯上比较孤独封闭，在工作学习态度上比较消极退缩，在人际接触中选择逃避，因此减少了被认识与被赏识的机会，增加了被误解与被排斥的可能。沟通恐惧的长期经验会进一步降低个人的自尊与自信程度。在现代社会中，沟通恐惧感会造成个人丧失许多工作发展的机会。③多疑敌视。往往先在主观上设定他人对自己不满，然后在生活中寻找证据，以以邻为壑的心理，把无中生有的事实强加于人，甚至把别人的善意曲解为恶意。在成长经历中受到过严重虐待的人还有可能产生"别人仇视我，我仇视一切人"的心理，因而总是以仇视的目光对待别人，对不如自己的人用不宽容的态度来表示敌视，对比自己强的人用敢怒不敢言的方式表示敌视，对处境与自己类似的人则用攻击、中伤的方式来表示敌视。

二、常见的社会文化障碍

（一）社会障碍

1. 地位身份障碍　社会中每个个体都处于一定的社会地位，具有一定的社会身份，由于地位、身份各异，人们通常具有不同的意识、价值观念和道德标准，从而造成沟通的困难。例如，不同社会阶层的人对同一政治、经济事件往往持有不同看法；职业差别也有可能造成沟通的鸿沟，正所谓"隔行如隔山"。

讲话适应理论认为，人们在人际互动过程中倾向于适应彼此的讲话风格（双趋同）以改善沟通，并通过互惠和提高相似性来增强吸引。在沟通过程中，具有较高威望讲话风格的人常常强调自己的讲话风格，力求差异性的表现；具有较低威望讲话风格的人会显示出向高威望讲话风格靠拢的倾向，表现出迎合的姿态，但是当他们力图维护或增强自我的稳定感时，就有可能坚持自己的讲话风格，沟通障碍便有可能发生。

2. 组织结构障碍　组织庞大、层次重叠，信息传递的中间环节过多，容易造成信息的损耗失真。组织结构不健全、沟通渠道堵塞、缺乏信息反馈，会导致信息无法传递。另外，不鼓励表达不同意见的组织氛围、组织内信息泛滥、处于不同层次的成员对沟通的积极性不尽相同均容易导致沟通障碍的发生。

3. 时空距离障碍　时间距离障碍是常见的人际沟通障碍，人际沟通并不是某个时间片段中的独立事件，它与未来的事件有必然的关联。在不能与他人面对面沟通的情况下，空间距离也是一种障碍，一个人与另一个人之间的空间距离遥远，彼此间的中间环节随之增多，在信息传递过程中造成的信息量的消耗及对信息的歪曲也必然增多。

（二）文化障碍

文化背景差异对沟通造成的障碍不言而喻，如语言交流的不通带来的困难，社会风俗、规范的差异引起的误解等，在我们的社会生活中屡见不鲜。

1. 文化背景障碍　每个人出生后所处的文化圈不一样，从小到大经历的事件不同，接受的教育也不可能完全一致，这些都成为一个人与他人沟通的背景。两个人沟通就像两个圆试行交合，两个圆重叠的部分越多，沟通的流畅度也就越高。朋友、亲人之间因为一起经历过许多生活事件，又多处于同样的风俗人情、民族、宗教、价值体系乃至流行风尚之中，因而沟通就会相对顺畅。陌生人之间的沟通则很可能因为缺少共性而非常吃力。

在跨文化沟通中，沟通双方来自不同的文化背景，各自文化中的认知、规范、语言和非语言符号系统的相似与不同混淆在一起，导致文化共享性差。当双方对文化信息加以编码并进行交流时，就会发生障碍。特定文化团体中的成员易于将自己的生活方式、信仰、价值观、行为规范看成最好、最优的，表现出文化中心主义。一般来说，文化中心主义的习得常常是无意识的，在意识的层次上难以追查根源，但这种偏见会无意识地造成跨文化沟通的障碍。

阻碍沟通的跨文化障碍主要来自三个方面。首先是认知障碍，即沟通双方持有不同的世界观和不同的问题意识，这个层次的障碍最难克服。其次是行为障碍，即不同的文化对在不同场合中什么样的行为是合适的都有不同的规定。比如，在西方一些国家，人们在正式场合中通常会直接称呼对方的名字，甚至在初次见面时也可能如此。这被视为一种友好和开放的方式，有助于建立更紧密的关系。然而，在一些东方国家，初次见面时称呼对方的名字可能被视为过于亲近和不礼貌，人们更倾向于使用姓氏或敬语来表示尊重和距离。最后是情绪障碍，不同的文化对不同场合中情绪的表露程度同样是有限制的。

2. 语言沟通障碍　在沟通过程中人们必须借助语言符号系统，不同的国家有不同的语言，不同的地区有不同的方言，不同的群体有不同的语言风格，如医生、律师、科学家等群体都使用各自的专业术语。当双方都听不懂对方的语言时，尽管也可以通过手势或其他动作来表达信息，但效果将大大削弱。即使人们使用了同一种语言，由于每个人的"信息 - 符号储存系统"各不相同，对同一符号常存在不同的理解，语言沟通的障碍仍可能发生：一方面可能是信息发出者表达不清，或是信息接收者的理解能力不够；另一方面则是由于语言如同生活中的其他方面一样在不断创新，如一些专业词汇和一些市井俚语用于特定范围的小群体沟通没有问题，甚至在表达某些特殊的意义上会更加明白，但一旦超出这个群体的范围，这些词汇的使用就会造成沟通障碍。此外，语言沟通障碍还容易因具体语言环境的差异而产生，甚至同词不同义，都会导致曲解的产生。

3. 非语言沟通障碍 每种文化背景都有着特定的非语言行为体系，同样的非语言行为在不同的文化体系中所表达的意思存在着差异，常常造成非语言沟通障碍。非语言行为通常在无意识状态下发生，人们在交往中往往更倾向于信赖非语言行为传递的信息，因此如果使用不当，非语言行为更容易在人际沟通中引起文化冲突。在跨文化沟通中，容易产生沟通障碍的非语言行为如下。

（1）手势：人们在沟通过程中常使用手势来强调和补充所要表达的信息，来自不同文化背景的人对手势的使用各有差异，同样的手势往往表达不同的意思。以最常见的"OK"手势为例：在美国表示"好的""没问题"；在中国也有类似的意思；在日本和韩国表示"钱"的意思；在法国表示"微不足道"或"一钱不值"。

（2）面部表情：面部表情是非语言沟通中非常重要的组成部分，也是最容易产生文化冲突的非语言沟通形式之一。以微笑为例：美国人面露微笑的频率比较高，在面对陌生人的时候也常常如此；法国人则对微笑和大笑的表情态度谨慎；德国人通常只对朋友和熟人微笑；在日本，微笑往往不是开心愉快的表现，而是经常用来掩饰尴尬、悲伤以及生气的情绪。

（3）眼神：眼神是传递信息的一个重要手段，有时一个眼神胜过千言万语，因此眼神交流也是容易造成沟通障碍的一个方面。在中国，人们一般不会长时间地盯着别人的眼睛看，这样会被认为不礼貌。美国人则认为，在谈话时直视对方的眼睛是真诚的表现。在沟通过程中，西方人常常因为中国人回看他们的时间太短而感到不舒服；中国人则会觉得西方人喜欢盯着别人看，让人很不自在。眼神的使用在中西方演讲者和听众之间的交流中也有差异。在西方国家，当演讲者在讲话过程中环视全场，听众都会报以回应，回看演讲者以表示自己在认真听；而在中国，听众有时会回避与演讲者的眼神交流。

（4）沉默：沉默有时能够传递比语言更多的信息，沉默的表达有可能被理解为默认、缺乏兴趣、不屑一顾等。沉默的意义在不同的文化当中有明显的差异。如在回答"你愿意和我结婚吗？"这个问题的时候，如果对方保持沉默，在英国会被理解为不确定，在日本会被理解为同意。通常来说，东方人更看重沉默所表达的意思。在中国，人们在交际中使用沉默的频率比较高。

三、常见的环境障碍及其他干扰因素

环境障碍主要指噪声、高温或寒冷、空气质量不佳、空气气味不好等造成人际沟通难以顺利进行的物理因素。在面对面沟通过程中受到干扰而突然中断，会形成沟通障碍。日常工作环境中的噪声，如电脑终端机发出的声音、电话与手机铃声、其他同事的交谈声等，都有可能打断沟通。这类干扰无处不在，容易被人忽略。要想达到一个良好的沟通效果，在沟通的过程中也需尽量排除各种干扰。

除了面对面沟通中的环境因素外，以互联网为中介的沟通中也存在着不少障碍，例如计算机网络速度以及信息承载量等也会对沟通产生影响。

物理空间的设计导致上下级之间的物理距离，以及互联网沟通方式的常规化使用，减少了人们面对面的沟通。较少的面对面的沟通可能会导致所传递的信息被误解，甚至误解发生后不易澄清。

第三节　人际沟通障碍的解决策略

人际沟通障碍对个体的身心健康与社会化发展产生负面的影响，对组织的团队合作甚至人类社会的团结协作造成阻碍。克服人际沟通障碍，有助于维护个体健康发展，促进组织中团队合作效率的提升与社会的和谐发展。

一、克服沟通的心理障碍

（一）自我评价过高的调适

自我评价过高的信息发出者需要弱化以自己为中心的状态，只有在把对方看成合作伙伴的前提下，才能进行有效的沟通。自我评价过高可以通过以下方式进行调整。

1. 加强内省　自我评价过高者往往不会主动在自身寻找问题的原因，常常把成功内归因为自己的能力，把问题外归因为他人或环境的原因。出现沟通障碍后，自我评价过高者没有及时从自身寻找原因加以调整改变，就有可能导致类似的沟通障碍重复发生，影响工作效率与个人发展。因此当相似的沟通障碍重复发生后，自我评价过高的人需加强内省，从自身的语言与非语言等方面寻找是否存在无意识的不恰当表达，例如不耐烦的口吻、斜眼打量人的眼神、粗暴打断别人说话等常常在人际沟通过程中引起对方不满，导致沟通受阻，使沟通效率大打折扣。

2. 恰当比较　自我评价过高的人常常停留在自恋的幻想中，不能恰当地认识自我。如果要合理恰当地认识自我，可以采用纵向比较法，即将现在的自己与以往的自己进行比较，看看自己在哪些方面有所进步；也可以采用"见贤思齐焉，见不贤而内自省也"的横向比较法，通过比较变得更加谦虚谨慎。比较也不能只是在想象中进行，需要在多种社会实践活动中去检视自己。

3. 善用反馈　自我评价过高的个体如果能够积极主动地利用他人对自己评价的反馈信息纠正或补充自我认识，将有助于避免自我认知的偏差。首先，要学习处理好自知与知人的关系。老子曰："知人者智，自知者明。胜人者有力，自胜者强。"只有知己知人，内外明智，才是真正的聪慧强大。其次，要处理好自尊与尊人的关系。自尊心过强的人容易自以为是，认为自己什么都比别人强，不愿倾听和尊重别人的意见。事实上，自尊和尊重他人相辅相成，只有尊重他人的人，才会受到别人的尊重，发展出恰当的自尊。

4. 换位思考　无论是自负还是忌妒心强的人，都要学会换位思考或进行"角色置换"的练习。试想如果自己是一个听众，自己乐意听一个自负的人自顾自地夸夸其谈吗？自己愿意与这样的人做朋友吗？自己会相信他所说的所谓的道理吗？如果自己真的什么都比别人强，别人还会喜欢自己吗？

（二）自我评价过低的调适

自我评价过低的信息发出者需要作出调整，弱化过强的敏感、多疑与戒备心理，才能进行有效的心理沟通。自我评价过低可以通过以下方式进行调整。

1. 悦纳自我　悦纳自我是自我评价过低的人解决人际沟通障碍的根本。自我评价过低的人的问题在于过分在乎别人的看法，而且常常先入为主地认为别人对自己的评价一定是负面的；或者为了得到他人的认可和接纳，勉为其难地参与一些自己并不擅长的事情，自然也不会得到理想的结果和期待的评价。自我评价过低的人在人际沟通中常常缺少自信。因此，要想解决人际沟通障碍，自我评价过低的人首先需要学会悦纳自我，接纳自己的出身、性别、爱好、身材相貌、性格等各个方面的优缺点和过去经历的影响，肯定自己独一无二的存在价值，建立自身内部的评价标准，基于自己的成长与现实，对自己进行合理的评价，避免采用源自外部的通用标准对自己进行苛刻的评价。

2. 打破循环 当要与特别重要的人或是初次见面的人沟通时，自我评价过低的人常常担心他人对自己有不好的评价，越想给对方留下不错的印象，就越会想"我刚才说的话是不是不合适，对方会不会讨厌我"。这样的想法越多，对自己语言和行动的负担感就越大，就越会反复回想自己说过的话，不断地懊恼自己说了不该说的话，甚至会讨厌在这种时刻处于担忧状态的自己。在这种害怕对方拒绝、讨厌自己表现的状态下，就越发无法从容应对与他人的沟通，严重时会出现社交恐惧症等极端逃避与他人沟通的现象，还没等对方开口说话，就会因为害怕而"逃之夭夭"，或是因为缺乏自信而无法正常与人说话，不敢与他人有眼神交流，导致低自尊感，陷入"不良适应行为的循环"。要打破这种循环，需要铭记，所有人对于沟通中的拒绝都有恐惧感，在很多情况下，真正导致拒绝的人不是对方，而是自己；遭到拒绝的原因不是自己的出身、背景，而是沟通中畏缩的态度。此外需要了解，他人并不像自己想象的那样关注自己说的每一句话和每一个举动。

3. 扬长避短 自我评价过低的人之所以逃避沟通，往往有维持较高自尊的需要，过分强调自尊，会更加害怕被对方拒绝，但适度的自尊对于沟通有正向效应。悦纳自我有助于发展适度的自尊，悦纳自我不代表安于现状，而是能学会用正确、积极的心态去面对和接受自己的不足，并能寻找到实现自我。通过自己的努力，可以以某一方面的优势来补偿另一些方面的缺陷。例如在人际沟通中，有的人擅长面对面的交流，有的人擅长书面沟通。在互联网发达的当下，网络沟通成为内向敏感的人表达自己的最佳方式。因此在进行人际沟通时，选择自己擅长的方式进行沟通可以降低自己的不安，得到更多的正向反馈，发展适度的自尊。

4. 渐进发展 如果在过往的人际沟通中，因为屡屡受挫，已经对自己的人际沟通能力产生怀疑且有了较强的自卑感，就需要克服自卑，重塑自信。但是自信心的恢复需要一个过程，可以多进行一些力所能及、把握较大的沟通练习，从一连串小小的进步开始，循序渐进地锻炼自己的沟通能力，有了更多的"小成功"后会收获自我实现的喜悦和对自信心的强化，从而消除对自己沟通能力的怀疑。这种方法在心理学上被称为系统脱敏法（systematic desensitization），即在个体要克服某种焦虑或恐惧反应时，按照由弱到强、由易到难的方式，逐渐给个体施加令其焦虑和恐惧的一系列同类刺激，让个体通过心理的放松对抗这些刺激导致的焦虑、恐惧情绪，从而不再对这些刺激产生焦虑、恐惧等"过敏"反应。例如，如果一个人在与人沟通时不敢直视别人的眼睛，可以按照以下五个步骤实施系统"脱敏法"：①找朋友或家人进行眼神接触练习，每次只看对方的一只眼睛，并逐次延长眼神接触的时间。②在街上和路人进行短时间的眼神接触，看清楚对方眼睛的时候即可移开视线。③和服务生、收银员对话的时候进行眼神接触，时间以 3～4 分钟为宜。④在与朋友、家人、同事等关系比较亲密的人对话时，进行有实质意义的眼神交流，努力通过眼神传达自己的感情。⑤与刚刚接触的人进行有实质意义的眼神交流。

二、克服社会文化的障碍

（一）地位身份障碍的应对
具有不同身份地位的人在对话时，可以通过以下方式增进沟通。

1. 整饰印象 按社会公认的标准或按沟通对象熟悉的方式，在着装与外貌修饰方面对自己进行必要的准备，遵守约定的时间，创造良好的沟通环境。

2. 适应彼此　基于互惠原则，沟通双方要分析对方的状态，适应彼此的讲话风格，运用对方可以理解和接受的语言方式表达，通过趋同、提高相似性增进沟通。在必要时可以赞扬欣赏沟通对象的优点，表达与其相同的意见、观念，分享共同关心的信息，对沟通对象进行积极回馈。

3. 理性服从　依据实际情况，对上级领导的指令、专业人士或其他有经验人士的建议和意见等进行理性的判断与服从，如有不同的想法，可以委婉地表达自己的观点，既要避免盲目服从，也要避免形成针尖对麦芒的局面。

（二）社会组织障碍的应对

在管理实践中，沟通的成败主要取决于组织内部上级与下级、领导与员工之间的信息传递是否顺畅，减少沟通障碍的发生需加强组织内部的合作。从组织结构的角度考虑，可以通过以下方式进行调整。

1. 营造氛围　管理者要不断提高自身的思想道德修养和道德情操，摒弃地位、身份观念，倡导领导和员工在人格上平等，认真听取不同的声音。面对员工提出的建议悉心听取，及时采纳可借鉴意见；对于员工指出的不足，虚心接受。一个宽松的氛围能够打破传统的"上级领导下级，下级无条件服从上级"的观念，使组织内部成员与管理者沟通时没有心理压力，畅所欲言，敢于提出自己的意见与建议，促进信息的畅通传递，可及时发现和解决潜在问题。

2. 创建制度　建立并完善沟通制度和沟通培训体系，开展沟通技巧的培训。明确指出进行沟通之前应该做哪些方面的前期准备工作；指导沟通者沟通过程中应该怎样进行正确恰当的沟通，以避免低效或无效沟通；提醒沟通者在沟通之后应采取什么措施。

3. 完善反馈　及时反馈是沟通顺利完成的保障，能使沟通双方信息对称，减少判断理解的失误，避免浪费时间和精力，提高工作效率。反馈是相互的，不仅仅局限于下级给上级的反馈，要做到管理者主动寻求反馈、员工主动给予反馈，管理者不能只期待对方主动询问或者主动答复。

4. 整合渠道　沟通渠道的类型丰富多样，有书面的、口头的、常规的、非常规的，每种渠道都有各自的适用范围。在进行沟通时，要善于选择合适的沟通渠道，排除各项干扰，使沟通过程的信息传递渠道通畅。有时可能需要多种沟通渠道同时使用，灵活运用，打破成规。

（三）时空距离障碍的应对

时间限制与空间距离对沟通造成的不良影响可以通过以下方式尽量减少。

1. 及时表达　延误沟通可能会恶化沟通双方的感受，贻误解决问题的时机，及时表达与沟通可以让对方及时作出必要的调整。

2. 直接沟通　在互联网时代，网络渠道的便利性与及时性可以大大减少由于时空距离所导致的沟通中间环节。沟通双方可以充分利用电子邮件、社交软件等互联网交流工具，对不明晰的信息、问题等进行直接沟通，减少在信息传递过程中造成的信息量的消耗及对信息的歪曲。

（四）文化背景障碍的应对

由于文化的差异性，减弱跨文化沟通的障碍需要有意识地学习、接纳与融合源于不同文化背景的信仰、观念与行为规范等。在跨文化沟通中，可以通过以下策略进行调整。

1. 开放心态　坚持"属地原则"，即"入乡随俗"，迎合沟通所在地的文化习惯。在进行跨文化沟通时，从有利于沟通的角度出发，可以有选择地在饮食、着装、礼仪等方面考虑迎合属地文化。属地文化的选择可以使对方产生亲切感，有助于建立友谊与合作关系。但同时要坚持"适度原则"，力求在不同文化之间找到平衡点，避免"过犹不及"。

2. 加强学习　要做到对其他文化的正确认知，需要加强自身的学习。首先通过学习，能够流畅地运用其他文化的语言进行沟通。其次要学习该语言的语义和正确用法，了解在其他文化背景下所代表的特殊含义，只有这样才不会用错语境，避免错误的语义带来误解和损失。除此之外，还要学习该民族的文化、历史、人文等社会知识，全方位了解其他文化的丰富内涵，做到在其他文化背景下自如沟通。

3. 发展共感 承认不同的文化之间存在的差异；正确认识自己，消除优越感和文化中心主义的偏见；排除对异质文化各种成见的干扰，设身处地地站在他人的角度去理解文化现象。在沟通实施前了解文化差异，做好相应的准备；在沟通过程中尽可能地采取灵活、合适的沟通方式，避免或减少沟通障碍的发生；在沟通结束后，尽力总结经验和教训。

（五）语言沟通障碍的应对

为了避免沟通受阻，语言的运用要根据不同的对象和环境而改变。在沟通中，可通过以下策略来提升语言表达的效能。

1. 事前准备 如果事前没做任何准备，在沟通时就可能出现说话漫无目的、思路混乱的情况，会大大影响沟通效果。在沟通前要对传递的信息进行准备：清楚了解自己要传递什么信息，希望对方了解什么；分析对方的状态，对方可以理解和接受的语言和表达方式是什么；留意在什么场合和环境下表达。

2. 提升表达 表达能力的欠缺，会使沟通者在沟通中处于弱势的位置。要用对方可以理解和接受的语言和方式来表达，并且要用适于情境的方式进行表达。表达信息力求清晰准确、恰当及时，语言的使用要简单明了。

3. 善于倾听 听在沟通中具有十分重要的地位，善于倾听，指在沟通中不是简单地用耳朵听，而是要用心去"听"对方传递的信息。为了降低沟通中信息的失真度，经常向对方重述一遍自己听到的信息、感受到的情绪与理解的观点，并加以求证，可以最大限度地减少信息失真。

4. 积极提问 沟通过程中，在不确定所接收的信息是否与对方所传递的信息相一致时，可以通过积极提问加以澄清。

（六）非语言沟通障碍的应对

沟通的双方加强对对方文化的学习、认识与接纳，可以减少或避免非语言沟通障碍的发生。在沟通中，可以通过以下策略来提升非语言表达的效能。

1. 适度使用 在语言沟通中，适度使用面部表情、目光、身体姿势、肢体动作等非语言行为来增强沟通效果。

2. 加强学习 在跨文化沟通时，要加强对其他文化的非语言行为表达的学习，了解不同文化中的肢体语言以及国际商务的基本礼仪，掌握常用的问候方式，如握手、鞠躬、双手合十等的正确含义。

3. 识别差异 在跨文化沟通时，要及时发现与识别非语言行为表达的文化差异，不要想当然地进行解读，不确定时可以通过语言沟通进行及时的澄清。

4. 观察模仿 在不具备实践条件的情况下，观看相关具有指导性的影视作品是避免非语言沟通障碍产生的有效途径之一。在观看的过程中，注意观察影视作品中的人们如何使用非语言行为进行交流，以及在不同的场合以及面对不同的对象时，人们使用非语言行为的方式有什么不同。在沟通实践中也可以通过观察模仿沟通对象的非语言行为来加强沟通。

三、克服环境的障碍

选择适当的时间和空间，调整沟通环境的整洁度、内部座椅安排、周边装饰、室内温度等因素，增强沟通环境的舒适度，达到调整沟通的物理环境与心理环境的目的，促进沟通效果的达成。在应对不可避免的环境干扰时，可以进行必要的注意力管理。提高计算机网络速度以及信息承载量等，改善互联网沟通效果。

思考题

1. 在日常工作和生活中，你是否存在人际沟通障碍？有哪些具体表现？
2. 你对自己有何评价？别人对你有何评价？你眼中的自己和他人眼中的你有什么区别？你的自我评价对日常的人际沟通有何影响？
3. 联系实际谈谈人际沟通障碍的应对策略。
4. 举例说明在日常工作和生活中文化差异所导致的沟通障碍。
5. 如果小张很害怕在公众面前进行演讲，请采用系统"脱敏法"为他设计一个"脱敏"方案。

（江雪华）

第五章　人际沟通技能

相对于一般社交性人际沟通，医院管理者的沟通更具有复杂性，管理者需要运用一些恰当的沟通技能，如运用好语言和非语言沟通技能对于处理好人际关系、解决管理工作中的实际问题以及促进沟通的顺利开展均起到极其重要的作用。

第一节　人际沟通的策略

沟通是人与人之间进行信息交流的必要手段，每一个社会人都离不开沟通。人际沟通中经常会出现障碍，但是只要我们学会沟通的策略，这些障碍都会被克服。沟通是一门学问、一门艺术，良好的沟通技巧能让双方产生很好的共情，得到想要的信息，增进双方的了解，让双方在心情舒畅的状态下达成共识。管理沟通中的每个环节、每个阶段都存在干扰因素，运用有效沟通管理策略解决沟通中存在的问题，才能顺利实现有效沟通。

一、有效沟通策略

从管理过程看，管理者可以从沟通的发送者、编码、信道、译码、接收者方面入手，实现良好的沟通。其中沟通的主体策略主要是提高信息发送者的沟通意识和沟通技能。沟通的客体策略则侧重根据信息接收者的需要和特点来传递信息。信息策略的目的是信息发出者改进信息的编码，使信息接收者的译码更为容易。信道选择策略则是通过选择合理的沟通渠道来增强沟通的效果。

1. 沟通的主体策略　沟通的主体策略是指信息发出者明确沟通目标，并在该目标的指导下，结合自身的角色、地位、良好的意愿、专业知识、个人形象和价值取向，选择相应的沟通策略。

（1）增强信任感：信息发出者要让信息接收者感觉到自己值得对方信任，沟通的内容值得对方接受。有学者认为沟通者的可信度受其身份地位、良好意愿、专业知识、外表形象、共同价值五个因素的影响。因此，可以通过强调自身的地位和职称，突出信息接收者的利益，建立良好的沟通关系并作出合理的利益冲突评估；也可以通过强调自身的专业经历和技术水平，或把自己与信息接收者认为是专家的人联系起来，或引用专家的话，强调信息接收者认为有吸引力的特质；也可以在沟通开始时寻找与信息接收者的共同点和相似点，将信息和共同价值联系起来等，以提高信息发出者的可信任程度。

（2）明确沟通目标：信息发出者在沟通行为发生之前，必须明确自己的沟通目标。这种目标可以分为三个层次：第一，总体目标，即信息发出者希望实现的最根本的结果；第二，行动目标，指实现总体目标的具体的、可度量的、有时限的步骤；第三，沟通目标，指信息接收者对沟通起什么效果的期望。

（3）选择沟通形式：信息发出者应根据沟通内容的控制程度和沟通对象的参与程度不同，选择不同的沟通形式。

2. 沟通的客体策略　有效沟通的本质是换位思考，因此沟通客体分析是成功沟通的基础。

（1）分析沟通对象的特点。信息发出者必须弄清楚信息接收者是谁，根据是个人沟通还是群体沟通来区分主要听众和次要听众；分析信息接收者要了解的目的，即信息发出者要了解信息接收者对背景资料的了解情况和信息的需求程度；了解信息接收者的感觉如何，即分析信息接收者对信息的感兴趣程度。

（2）激发信息接收者的兴趣。可以通过以下三种方式：①强调某一事物的价值或重要性，或事业发展和完成过程中的利益，通过明确信息接收者利益来激发其倾听的兴趣；②通过提升自身的可信程度来激发信息接收者的兴趣；③充分利用信息结构来激发兴趣，即合理安排信息内容等来激发倾听兴趣。

3. 信息策略　信息策略的关键是在信息编码过程中如何完善沟通信息的组织结构。第一，要注意强调重点信息。一般信息的开头和结尾部分容易被信息接收者记住，因此在信息的组织上应将沟通的重点放在开头和结尾。第二，要合理组织信息。在沟通之前应拟定明确的目标，紧密围绕目标，运用简洁清晰的语言、严密的逻辑和丰富的事实依据，组织沟通信息内容，使沟通更生动和有说服力。

4. 信道选择策略　随着科学技术的发展，沟通信道不仅仅有口头和书面两种，还产生了更多的沟通方式，如传真、电子邮件、语音信箱、社交软件、电话会议、视频会议等。但是更多的选择也带来了更多的问题，不同的沟通信道对沟通的效果会产生不同的影响。管理者为了达到更好的沟通效果，应根据信息的常规性程度选择不同的沟通信道。

二、有效沟通策略在管理中的应用

1. 明确沟通目的　在进行沟通之前，信息发出者要明确进行沟通的目的。只有目的明确，才能在沟通时有的放矢，从而使信息接收者能更好地理解进而达到沟通的目的。但每次沟通的目的不能太多，沟通的范围集中，接收者才能注意力集中，达到有效的沟通。

2. 调整沟通风格　为了提升管理效率，在日常工作中，人们习惯使用某种沟通方式与人交往，会使人感到得心应手且游刃有余，并逐渐发展成一个人的沟通风格。如果是几个具有不同沟通风格的人在一起工作，而彼此不能协调与适应，那么彼此不仅不能有效沟通，还会造成许多无谓的冲突和矛盾，阻碍管理工作的顺利进行。因此，沟通双方首先要彼此尊重和适应对方的沟通风格，积极寻找双方利益相关的沟通内容。

3. 管理沟通因人而异　在管理沟通中沟通者要因人而异，充分考虑信息接收者的心理特点、知识背景、身份地位等来组织信息内容和调整沟通方式，慎重选择语言和非语言方式进行有效的沟通。

4. 利用信息反馈　充分利用反馈机制，在进行沟通时，要避免出现"只传递而没有反馈"的状况。许多沟通问题是由接收者未能把握发送者的信息意义而造成的，因此沟通双方应及时进行反馈，确保接收者能准确理解，这样就会减少这类问题的发生。管理者可以鼓励接收者积极反馈以取得信息意义，这样既加强了沟通效果，又可使管理人员了解和评价自己的沟通能力。

5. 避免沟通受到干扰　重要的信息应该在接收者能够全神贯注地倾听的时间段进行沟通，如果一个人在忙于工作、接听电话或情绪处于低落状态，就不利于其接收信息。因此在进行管理沟通时，应尽量避免外界环境的干扰，如组织召开重大会议时，一般都选择安静的场所，以避免被电话、请示工作打断。

第二节　语言沟通技能

语言是人类最重要的交际工具。语言沟通是人际沟通中最常见的沟通形式，是人们运用语言建构话语和理解话语的行为过程。语言沟通主要分为口头沟通、书面沟通和网络沟通，具体表现为人际活动中的听、说、读、写行为。演讲是口头和书面沟通相结合的一种重要的公共沟通方式。网络沟通是人际沟通的一种新的形式，是人们传统交友方式的一种延伸和补充，已逐渐成为现代生活、工作交流的一个重要组成部分。

一、口头沟通技能

口头沟通是建立在态度、情感、心理基础上的知识和观点的表达，是语言沟通的重要形式。口头沟通的主要方式是听和说，沟通的媒介是声音。

（一）口头沟通的含义与特点

1. 含义　口头沟通（oral communication）指人际交往中以口头言语表达的形式传递信息、交流思想和感情的过程。口头沟通是日常生活及工作中最常使用的沟通形式，是说者和听者在特定对话环境中的一种言语行为，是人际沟通过程中个人知识能力、理解能力、观察能力、反应能力、表达能力的具体展现，主要有会谈、讨论、口头汇报、辩论、演讲、电话沟通等形式。

2. 特点　口头沟通主要借助口头语言实现信息交流，形式灵活自由，沟通对象复杂，影响沟通的因素较多，主要表现为以下特点。

（1）情景性：任何口头的沟通都发生在一定的环境中，例如两个好朋友在咖啡厅闲谈，主管在办公室组织案例策划讨论会，领导在会议室对全体职工发表演讲。在很多情况下，环境变化时，沟通效果也随之发生变化，例如礼堂或会议室对演讲是一个好地方，但对两个好朋友交谈却并不理想。

口头沟通行为赖以表现的物质和社会环境称为语境。语境由诸多因素构成：性格、态度、性别、年龄、地点、社会角色、价值观念、社会文化、风俗习惯、行为准则、语言形式、语言风格等。环境伴随着口头沟通的始终，并对口头沟通效果起着重要的影响甚至起决定作用。在口头沟通中，性格、态度、性别、年龄、地点等属于显性语境，沟通双方易于把握；但社会角色、价值观念、社会文化、风俗习惯、语言形式、语言风格等属于隐性语境，沟通双方难以掌控，如社会角色在沟通过程中就不是一成不变的，社会角色控制着语词、语句表达方式的选择以及态度、语言风格等各个环节。

（2）直接性：在所有的沟通中，口头沟通的信息传递量大、速度快，也最直接。口头沟通一般是面对面的互动，信息在最短时间内被传送，双方通过听觉、视觉获取语言声音、体态语言等信息，并在最短时间得到对方的回复，确定沟通是否成功。如果接收者对信息有疑问，迅速的反馈能使发出者及时检查并进行修正、补救。由于交谈是直接接触，所以交谈者的言语可以相互影响、补充，口语表达时可以省略一些语词，如"请帮忙打开（窗户）"。同时交谈者较多使用带感情色彩的语言材料，语调丰富，常用疑问句、感叹句，如"真疼啊！"

患者："我每天都是白天不疼，晚上疼，后背也疼。"（用手指胃部）

医生："是放射性疼痛吗？"

患者："不知道。"（茫然的表情）

医生："胃痛的时候腰背也疼吗？两个地方疼有没有关系呢？"

患者："有关系，相互拉扯着痛。"

如上面的例子，由于医生习惯性地使用了专业医学术语"放射性疼痛"，患者虽然接收到这个语词，但却不能理解这个语词信息的内涵，所以医生观察患者的体态语言和接受语词反馈后，要及时变换问句，确保沟通顺畅。上面的例子还说明，口头沟通的直接性特点要求双方要对信息有很强的敏感性和反应能力，随时作出判断，补充信息或根据情况改变沟通内容和沟通方式。口头沟通的直接性还表现为语言与思维同步，所以口头沟通受个人情绪的影响较大。

（3）灵活性：口头沟通的优点之一是形式灵活。口头沟通既可以是两人之间的交谈，也可以是小组的讨论或辩论；既可以是正式的会谈，也可以是非正式的聊天；既可以有备而来，也可以即兴发挥。口头沟通的灵活性还表现为句式简单化、表达多样化。尤其是非正式的交谈，话题不固定，甚至语言不连贯，常以口语化的语言表达为主，没有严格的语法限制，有时使用双方熟知的俗语更能增强双方的情感和沟通的融洽。此外，口头沟通的灵活性还表现为沟通过程中多种沟通方式的并存。

口头沟通与其他沟通形式相比主要的缺点是沟通信息无法长期保存，信息传递过程中受客观环境的影响比较大，对不善言辞者不利。

语言和言语在一般情况下被人们通用，但语言和言语是有区别的。语言是一套音、义结合的语法和词汇系统。言语是交际者在特定的社会文化环境中为完成特定的交际任务对语言的使用。言语是个人说话的行为和结果，语言是从言语中概括出来的为社会所公认的符号系统和规则的总和。语言存在于言语中，言语是语言存在的具体表现形式。

（二）口头沟通的基本类型

1. 会谈　指两个或两个以上的人所进行的面对面的谈话，运用范围广，是一种最为寻常和普遍的口头沟通方式。按照性质和目的可以分为以下几种类型：聊天、谈话、问答、洽谈。

2. 电话　是个体之间的一种沟通，因为方便、经济、快捷，已成为现代生活和工作中的一种重要的口头沟通方式。

3. 发言　分为有准备的发言和即兴发言。有准备的发言，如单位每周的例会发言、有明确主题的会议发言、专题讲座等。即兴发言，如传递信息的发言、引荐发言、口头报告等。

4. 小组讨论　小型群体间的一种沟通，常发生在团体内部，是一种有计划、有组织、有明确的讨论主题，以解决问题为目的的较为正式的口头沟通。

5. 辩论　两人或小组之间对某一观点和问题进行考查分析后，用一定的事实、论据来证明自己对事物或问题的见解，揭露对方的矛盾，反驳对方的论点，确立自己观点的口头沟通方式，可分为日常辩论、学术争鸣、赛场辩论等。

6. 演讲　一种综合性、直观性、现实性、艺术性的公共场合的口头沟通方式，有多种分类方式：如从表达形式上分为命题演讲、即兴演讲、辩论演讲等；从内容上分为政治演讲、法庭演讲、生活演讲、学术演讲、外交演讲等；从目的上分为说服性演讲、鼓动性演讲、传授性演讲、娱乐性演讲等。

（三）口头沟通技巧

1. 自我介绍的技巧　熟悉是人际沟通的起始点，无论是正式的还是非正式的会谈，打招呼、自我介绍是会谈双方通常采用的第一步沟通方法。比较传统的常用招呼语是"你好！""你们好！""大家好！"等问候语。熟人之间非正式的会谈还常以提问方式打招呼，如："上哪去呀？""吃过饭了吗？""怎么这么忙啊？"等。这一类问候语并不表示提问，只是见面时交谈开始的媒介语，并不需要回答。具有中国传统古代汉语风格色彩的问候语主要有"幸会""久仰"等。这一类问候语的书面语风格比较鲜明，多用于比较正式庄重的场合。

2. 提问建立关系的技巧　陌生人之间的交谈绝大多数是通过闲聊开始的，闲聊是对不重要话题进行交谈的一种社交方式，因为交谈者不需要对话题内容负很大的责任，所以通过闲聊式的提问，陌生的交谈双方可以建立起初始的关系。不确定性是陌生的社交环境中最大的特点，因此减少不确定性是建立关系的基础。提问一是表明对对方的兴趣，二是通过提问可以发现信息，找到共同关注的话题。闲聊的提问以善解人意的心理素质为内因，以体贴入微的悟性为动力。

3. 小组沟通的技巧　小组沟通时，成员一般以5～10人为宜。有领导的小组沟通中，小组领导者是完成小组讨论工作的重要影响因素，因此要认真选择领导者。小组领导者在组织小组沟通活动时，首先要保持中立和客观的态度，要充分考虑所有成员的观点，不要轻易对小组成员的观点作出判断。其次要根据讨论的主题制订严密的议事日程,把讨论的事项列一个清单,引导小组成员按顺序解决问题,避免讨论漫无边际。最后,小组领导者要能根据组员的观点随时提出恰当的问题,引导讨论作出相对明确的结论。小组领导者还要尽量避免小组沟通时的冲突,主要技巧是通融、协作、妥协。无领导的小组沟通是从西方引进的一种发现具有良好领导潜能者的群体讨论方法。

4. 辩论的技巧 辩论是小组沟通的一种特殊形式,具有对抗性、逻辑性、应变性等显著特点,呈现出的是一种攻和守的对抗状态,是提升思维能力、培养口才的一种重要的方式。辩论的逻辑性尤为重要,只有核心概念正确、论据真实充足、逻辑线路清晰、表达层次鲜明,才能使自己的论点明确、牢不可破。辩论的一般技巧如下。

(1)明确核心概念,寻找攻守支点:概念是思维的起点,只有明确了自己的核心概念,厘清概念之间的关系,才能围绕概念寻找论据链,确立观点。也只有通过剖析对方的概念,找到对方对概念的理解偏误,才能寻找进攻的突破口。

(2)准备问题,做到攻守自如:提问是主动攻击的一种方式,每一位辩论者都应该对自己的论题进行深入分析,准备问题;通常可以从三个层面进行准备:一是事实层面的问题,如历史事件、现象现实、数据事实等;二是理论层面的问题,如推理论证、公理、哲学方法和观点等;三是价值层面的问题,如由某一观点带来的社会效应、文化价值取向、传统挑战等。

(3)运用多种技巧,增强感染力:辩论过程中的技巧有很多,如论证技巧有类比、归谬、引申、反证、二难推理等,语言技巧有短答、反问、反复、名言、幽默等,这些所谓的技巧都要根据辩论的需要和实际情况灵活运用。一般来说,辩论的目的是锻炼口才,因此辩论的语言要生动、形象。

二、书面沟通技能

书面沟通是一种较为正式的语言沟通形式,有一定的格式和规范,是管理工作的重要内容。书面沟通的主要方式是读和写,沟通的载体主要是纸张。书面沟通在人们的社会交往过程中,占据着重要的地位。

(一)书面沟通的含义与特点

1. 含义 书面沟通是指人们在互动过程中,发送者主要以书面文字形式表达传递信息、交换思想和情感的过程。书面沟通是相对于口头沟通而言,沟通的载体主要是纸张,形式主要是文字,但也可以是符号、表格或图片。书面沟通的形式比口头沟通更加丰富,包括各类平面媒体,如报纸、杂志、书籍、报告、标语、邮件、传真、电视、计算机屏幕上的文字说明等。

2. 特点

(1)规范性:书面沟通属于正式沟通,使用规范的书面语,书写格式有一定的要求,按规定的文体格式排版,沟通内容完整、准确、清晰,具有逻辑性和严密性。书面语的规范性能有效地保证沟通的顺利进行,因此一些复杂和困难的信息沟通常采用书面沟通的形式,如声明、通告等。正式场合中各种文件、法规或契约必然都是以书面文字形式记录和保存的。

(2)准确性:由于书面沟通的发送者可以在发送信息前反复思考,斟酌字句,减少信息的错误,所以书面沟通一般能做到语言表达准确严谨,信息全面具体。同时,由于书面沟通还可以采用附加表格、图片等形式,使得书面沟通传达的信息直观形象,有利于信息接收者全面接收信息,吸收并记住重要的信息,减少或避免了口头沟通过程中接收者不易记录完整信息的现象。

(3)间接性:书面沟通是间接的单向沟通,信息发送者和接收者都借助文字等来表达和理解,沟通者可以从容地表达自己的思想,还可以通过对词语仔细推敲,不断修改,表现出个人的沟通风格。书面沟通的间接性还表现为反馈慢,甚至有时不能得到反馈。

(4)保存性:书面沟通的内容具有可多次读取的特征,书面文本可以复制,同时发送给许多人，传达相同的信息；因此书面沟通传达的信息容易被记录、扩散和传播。在以书面方式传递信息的过程中，不容易发生信息丢失或失真现象，便于保存、查阅和引用。

（二）书面沟通技能

1. 书写工整规范　书面沟通以文字为媒介，汉字是象形文字，具有典型的表情达意的特点，因此中国有"字是人的第一张脸""字如其人，观字如见人"之说。虽然现在多采用电脑打字，但书写仍然是最方便、最常用、不能被替代的沟通形式。书写工整规范首先指文字书写结构匀称，不写错别字、简化字和不规范的字词；其次要熟练使用书面沟通常用的语词或语句。

2. 态度真诚务实　书面沟通虽然不像口头沟通那样能直接显现表情、态度，但文字语句仍然能透露出写作人的情感态度。一个重要的策略就是写作时根据以往与沟通者的交流经历对其进行个体分析，正确运用语气，实现有效沟通。语气受文化、习俗等因素的影响，语气可以揭示撰写者对待沟通者的态度，对书面沟通的有效性可起到制约的作用。

3. 内容满足需要　书面沟通的目的性非常明确，所以书写时文字要尽量简洁明了，但又不能漏掉任何信息。"SCRAP"写作结构可以帮助我们实现以上要求，它由五部分组成，即事件（situation）、复杂性（complication）、解决方案（resolution）、行动（action）、礼貌用语（politeness）。

4. 换位思考　是指设身处地为他人着想，理解至上的一种处理人际关系的思考方式。虽然书面沟通不像口头沟通反馈那么直接、及时，但书面写作的目的仍然是要得到对方的反馈，所以写作时能站在对方立场思考问题，就会多一些理解和宽容，改善和拉近人与人之间的关系。书面沟通中体现换位思考的主要策略：一是斟酌语句，改变表达方式，如一般用正面表达，不用间接表达；二是"一事一段"，用小标题突出中心，或者用文摘、摘要的方式突出主题。

三、网络沟通技能

随着互联网技术及其应用的快速发展，网络对人们的工作、生活和交往方式产生了巨大的影响，网络沟通成为现代人最热门和最方便的首选沟通方式，网络沟通能力成为现代管理者的基本能力要求之一。网络沟通丰富了传统管理的沟通模式，提高了管理工作的效率。

（一）网络沟通的含义与特点

1. 含义　网络沟通是指在计算机网络技术、电子技术和通信技术的支撑下，实现信息交流的一种人际沟通方式，主要方式有电子邮件、网络传真、网络电话、即时通信等。网络是计算机技术与现代通信技术的完美结合，网络沟通最突出的优势是：没有时间和空间的限制，信息传播的及时性强，沟通内容更加丰富和广泛。

2. 特点　网络沟通与传统沟通最大的区别在于沟通媒介的不同，网络沟通的媒介主要是信息技术，如电脑、数字式编辑机、丰富的联机数据库和可视化交互设备等现代化通信工具等。这些先进的传播媒介使得人们在沟通过程中可以进行实时编辑和报道，可以远距离获取所需信息，并能够快速地处理信息，其便捷程度之高、信息量之大、传输速度之快、传播范围之广是其他传统媒介无法比拟的。网络沟通主要有以下特点。

（1）及时性：互联网中的信息传递追求简洁、明了，因此网络沟通最大的特点是信息的直接传递，这种传递超越了时间、空间，不受地域、气候等的限制。网络沟通属于直接沟通，在直接沟通过程中互动双方可以直接得到反馈，并根据反馈及时了解对方的态度和情感，及时调整沟通内容，使沟通不断深入。

（2）开放性：沟通是网络空间的一个组成部分，网络空间属于公共领域，公共领域最根本的特性是公共性和开放性。网络沟通具有开放性和平等性等特点。

（3）交互性：网络沟通既承续了文字符号的沟通手段，又解决了快捷传递信息的问题，因而成为一种新兴的非口语互动方式。网络沟通凭借可视化交互设备，可以突破传统沟通的单向性模式,实现双向的交互式沟通。网络可以储存大量的信息,网络信息的特点是全方位、多层次、多渠道、多触角。

(二)网络沟通的形式

1. 即时通信 即时通信(instant messaging,IM)又称实时通信,是一种可实现即时通信的软件系统。借助这个系统,人们在互联网上可以实时地实现文字信息、档案文件、语音与视频等的交流与互动,该方式能有效节省沟通双方的时间与经济成本。即时通信的服务种类很多,主要有个人即时通信、企业即时通信、商务即时通信、网页即时通信、泛即时通信等类型。

2. 电子邮件 电子邮件(electronic mail,E-mail),又称电子信函,是利用互联网向交际对象发出信件。在网络沟通的各种方式中,电子邮件是一种非常方便和高效的交际方式,它正渐渐取代传统的书信,成为人们交流的重要手段。电子邮件可以作为文件保存,供日后查考利用,所以正式的电子邮件结构要规范。

3. 网络论坛 网络论坛(bulletin board system,BBS),又称"电子公告牌",是利用网络平台建立的在线互动交流场所。登录论坛之后,用户可以自由访问论坛各个版块,进行阅读和评论,也可以在上面发布信息,上传和下载文件。1978年芝加哥出现第一套BBS系统,20世纪90年代传入中国。截至2010年,中国约有200万个网络论坛,包括2 000万个分论坛版面。网络论坛根据内容可分为文化、生活、社会、时事、体育、娱乐等主题,包含的信息非常丰富广泛。

4. 个人网站 个人网站(personal website)是指个人或团体出于自身的兴趣爱好或价值取向在互联网上创建的非营利性网站,目的在于展示自我、与人交流。如今的个人网站极大地影响着人们的日常生活、学习和工作方式。

(三)网络沟通策略

1. 构建网络行为 规范是人际交往的基础。虽然网络社会是一个技术性、虚拟性的交往空间,但这个空间与我们现实生活并不是完全不相容的。在网络交往中,无论交往的对象是谁,交往的内容都来源于现实世界,现实生活中用以评价交往行为的道德规范在网络沟通中仍然存在,所以道德自律是保证这个空间正常运行必不可少的基本要求,如规范使用文字符号、不侵犯他人隐私等。网络交往要有正确的道德观念,自觉遵循这些准则,从而规范自己的网络交往行为。这些道德规范应涉及网络行为的各个方面,如发布消息的道德原则、网络交往目的纯化原则、不使用侮辱性语言的网络语言道德规范等。

2. 遵守网络行为的法律法规 网络行为法律规范主要指技术性法律规范,在制定与网络相关的法律制度时,应考虑如下几项原则:可操作性原则,兼顾全球趋同性原则,他律与自律相结合原则。逐步建立网络监督和规范制度、网络舆论评价机制、网络职业行为准则等,加强对网络行为的引导和监督,规范网络主体行为,增强人们对网络的信任感。

3. 加强传统沟通与网络沟通的融合 传统沟通与网络沟通的方式方法不同,但并不相互矛盾。网络沟通虽然可以做到同一时刻与不同地域的数百人(甚至更多人)一起对话,一起欣赏一篇文章或一首歌,并能立即知道他人的反应,但却不如传统沟通是通过言语、眼神、行为举止、表情甚至着装打扮等丰富的可视化的生活情感的信息建立的关系那么亲切、生动,也无法获得沟通后得到相应情感的满足感。单一使用网络沟通会使人际交往简单、肤浅,情感僵化淡漠,网络沟通只是社会沟通的一种方式,网络交友只是人们传统交友方式的一种延伸和补充,不可能也无法完全替代现实中的人际交往。所以,健全的现代人际交往应该是网络沟通和传统沟通相结合的、多方面拓展的人际交往模式。

四、演 讲 技 能

信息社会的人际交往越来越频繁,人们在很多公开场合需要发表自己的意见,表达自己的观点,展现自己的才华。演讲作为公开场合讲话中最正式的一种形式,在生活中运用广泛,从国外的总统竞选到班干部的选择,从大宗商品的竞标到小公司的年会发言,演讲随时发生在我们身边,运用频繁。演讲已成为一种重要的公共沟通方式,演讲能力也成为对一个人的素质、知识、能力、才干的考验标准。

(一)演讲的含义与类型

1. 含义 演讲是指演讲人在特定的时间、地点和场合中,面对一定的听众,以有声语言为主要手段,围绕一个中心话题,或发表自己的意见,或阐明某一事理,或抒发个人情感,从而进行宣传、鼓动和感召听众的一种言语交际活动。

2. 类型 演讲可以按照不同标准进行多种划分,这里重点从演讲者的表现形式上将演讲分为三种。

(1)命题演讲:命题演讲就是指预先确定了演讲题目或演讲范围、时间、地点、听众等,演讲人根据主题写出符合要求的演讲稿,并经过充分准备而进行的演讲。

(2)即兴演讲:即兴演讲是指在事先未做准备的情况下,就眼前的情境或者就某个问题临时发表的演讲。这种演讲最大的特点是突发性强,演讲人或因主观上受到眼前情境、人事的触动,或因客观上的安排需要,临时即兴发表演讲。

(3)提纲演讲:提纲演讲是指演讲人事先有所准备,但又不像命题演讲那样写出完整的演讲稿,而只是事先列出提纲要点,在此基础上临场发挥所进行的演讲。

(二)演讲的艺术技巧

1. 演讲的声音技巧

(1)规范发音:演讲要使用普通话,普通话的核心是"声韵调",所谓字正腔圆就是指发声正确、语音标准、清晰无误,这是对演讲声音的基本要求。

(2)适当的音量:演讲的目的是让人听,演讲时声音太小,给人的第一印象是不自信,声音过大、过高会使听众压抑,容易疲劳。适当的音量需要一定的技巧。首先要学会科学的发声方法,声音从声带发出时小而直,只有通过口腔、鼻腔、胸腔的共鸣后,才能放大,使声音变得洪亮、圆润,才会具有较强的穿透力和较远的传播力。其次要学会控制呼吸,运用气声发音。练声先练气,人的发音主要靠震动,震动靠气息,所以要使声音洪亮、中气十足,就要有饱满的气息。

(3)变化的语调:演讲以情动人的主要方式就是语调的变化,语调变化主要表现在语速、重音、升降调、停顿等方面。演讲者的语速要随着演讲内容的需要而变化,一般人的语速是每分钟120个字左右,播音员的语速是每分钟180个字左右(比较快)。演讲的语速一般为中速,不能太快,要给听众接受语词和思考的时间。

2. 演讲的表演技巧 演讲分为演和讲两个部分。讲,是有声语言,给人以听觉形象;演,是无声语言,给人以视觉形象。因此在做好语言准备和训练的基础上,演讲还要有美的演讲态势。态势指仪表、姿态、神情、动作等诸方面,它包括立与坐、眼神、手势、身体动作、步伐移动等。因此应做到:①仪表端庄大方;②巧妙运用手势;③目光接触;④重视其他的姿态语。

3. 处理演讲中失误的技巧

(1)忘词:演讲中忘词是经常发生的事,一旦出现这种情况,演讲者不能紧张。冷场的时间不要太长,要集中思想争取在两三秒内记起忘掉的词语或句子,如果实在想不起来,可根据上句意思另换语词或句子,或者直接转入下一内容的演讲。

(2)口误:在演讲过程中由于讲述太快,出现口误,或由于用语欠妥,出现一些小的纰漏和差错,引起听众哄笑、嬉闹时,演讲者要保持冷静、头脑清醒,既不能置若罔闻,我行我素,一味地讲下去,也没有必要声明"刚才我讲错了"。补救方法:一是把讲错的话搁置在一旁,按照正确的讲法再讲一遍;二是把讲错的话当作反面论题使用,并列举出一些事实来批驳它,借以纠正错误,挽回影响。

（3）突发事件：演讲者在演讲中经常会遇到一些"难堪"的事情,如听众人数少,忘带演讲稿,不小心摔倒等;这些都是难以完全避免的,关键是要具有应变能力,善于摆脱窘境。

第三节　非语言沟通技能

一、非语言沟通的含义与特点

非语言沟通普遍存在于各类人际沟通过程中,是人际沟通的重要形式,许多不能用语言来形容和表达的思想感情,都可以通过非语言沟通形式来表达。比如一个人捶胸顿足、痛哭流涕,以此来表达自己的难过与悲痛;相反眉开眼笑、手舞足蹈,则表示兴奋和快乐;再如宴席上主人频频敬酒是对客人的尊敬与欢迎,久别的朋友相见时紧紧拥抱表示二人之间深厚的情谊。非语言沟通既可以融洽关系,也可以疏远关系。对于卫生管理者来讲,了解非语言沟通的含义、特点和作用,有助于在管理沟通过程中,把握自己非语言沟通的行为方式对沟通含义的表达,做到更有效的沟通。

（一）非语言沟通的含义

非语言沟通（nonverbal communication）是指除语言沟通以外的各种人际沟通方式,包括以人的仪表、服饰、体态语言、空间利用、时间安排以及沟通的物理环境等为载体所进行的信息传递。从广义上讲,非语言沟通被认为是不通过语言符号而进行的信息传递。它是语言沟通的自然流露和重要补充,可使沟通信息的含义更明确。心理学家们曾经对非语言沟通的重要性做过调查,结果表明在口头沟通中,语言内容的重要性只占7%,声音的重要性占38%,面部表情的重要性占55%。可见,沟通中大部分的信息和情感是通过非语言的形式表达的。

非语言沟通由从事沟通的双方构成,作为交际的一种形式,它的过程涉及三个过程:暗示、预期和推理。非语言沟通的信息传输方式是非言语的表达,非语言沟通行为要么是有意识的,要么是无意识的,但都必须具有一定的意义。

非语言沟通是人际沟通的重要方式之一,并贯穿于人的生命全过程。例如:胎儿在母体里就开始通过触觉和听觉器官了解母亲;在学习有声语言之前,人就已经开始进行非语言沟通了。由此可见,非语言沟通在人类发展史上的重要地位。

（二）非语言沟通的特点

1. 多功能性　在一个互动的环境中,非语言符号总是贯穿于沟通之中。只要参与者双方开始进行沟通,自始至终都有非语言沟通在自觉和不自觉地传递着信息。当参与沟通的双方一见面,他们的服饰、仪表,还有距离、方位、姿态和伴随的声音就始终在沟通着各种各样的信息;在沟通过程中人们会有意识地收集这些信息。非语言沟通对语言沟通具有多种作用,如补强作用、重复作用、替代作用和调整作用等。

2. 情景性　与语言沟通一样,非语言沟通也展开于特定的语境中。沟通情景左右着非语言符号的含义。相同的非语言符号,在不同的情景中,会有不同的意义。

3. 多渠道性　非语言信息可以通过多种渠道和途径（包括反应时间、身体、声音和环境等）,进行信息的传递和接收。

4. 真实性　非语言行为可以根据目的而有意识地去选择,但大多数情况下非语言行为是无意识的。心理专家和沟通专家通过调查发现,非语言行为比语言行为更具真实性。非语言行为通常是一个人真实感情的流露和表达。如你在询问一个即将手术的患者是否紧张时,他嘴里说"不紧张",但却神情慌乱,两手不断地相互搓动。这时你会相信他的语言信息,还是相信他的非语言信息呢？在语言和非语言信息不一致时，也就是当语言和非语言行为传递的信息不同甚至矛盾时，非语言信息能够更准确地提示说话者的真实情感。

5. 文化差异性 非语言行为因文化的不同而不同。如吐口水一般指"唾弃""羞辱"，而在东非的马塞族则表示"友好"和"致敬"，所以一个人用自己民族的文化标准去解释来自另一个不同民族文化的人所展示的非语言沟通信息就会导致误会。例如在欧洲一些国家，亲吻、亲鼻是一种礼节，是一种友好热情的表示，尤其是对女性而言，但中国人往往不太习惯，而更习惯以握手的方式来表达同样的感情。

由于一个社会群体或一个民族受特定文化传统的影响，长期以来对非语言沟通产生了一定的社会认同，每一种社会角色都有着被大家承认的行为举止准则，在运用非语言符号时，要考虑沟通对象的文化因素、民族因素、环境因素、年龄因素、心理因素、社会道德因素等。

二、非语言沟通的作用

1. 表达情感 非语言沟通的首要功能是表达特定情感的信息。非语言行为可表达多种个人感情，如高兴的人会大声发笑和鼓掌，生气的人会瞪眼睛或跺脚等。

2. 体现人际关系 非语言沟通有确定人际关系的作用，通过双方的沟通可以直接或间接地反映人际关系状态。因为非语言沟通发生在沟通的关系和沟通的内容两个方面，一个非语言沟通信息的意义是"说的什么"（内容）与"怎么说的（关系）"这两者结合的结果。"怎么说的"主要取决于伴随着信息的非语言暗示。非语言暗示向人们提供了有关人际关系的信息，所以人们将据此理解某一特殊信息的内容。例如谈话中一方挥起拳头表示人际关系紧张到了一定程度，长辈抚摸小孩的前额表示爱抚，分别时双方握手表示良好的人际关系。

3. 强化态度信息 人们运用语言行为来表达思想、情感和观点，有时用语言难以淋漓尽致地表达感觉，因此需要同时配合使用非语言行为来进行帮助或弥补语言表达的局限，或对言辞的内容加以强化，使自己的意图得到更充分、更完善的表达。非语言沟通有传递和强化语言信息的作用，更重要的是语言背后的态度通过体态语言表现出来。如你正要去病房而走在医院大厅里，一位患者问你 CT 室在哪里，你会边告诉他边伸手指示方向。再比如医院中层干部会议上正在讨论一项工作，当大家发言后，院长总结表示决议通过时还做了一个轻轻用手拍桌子的动作，这个非语言行为很好地强化了语言的作用，让管理干部更加明确这个决议通过了。

4. 替代语言表达 在非语言行为的形成和发展中，非语言行为有一部分已经形成了替代语言行为的独特功能，如点头表示赞同、摇头表示反对，还有用示指竖起放在唇前并发出"嘘"的声音表示不要说话等。

5. 调节互动功能 在双方进行语言沟通时，调节动作被用于维持和调节沟通的进行。调节动作包括面部表情、头及手臂的动作等。如眼睛看着沟通者意味着可以继续进行，如果环顾左右就说明想结束沟通。所以，点头、对视、皱眉、降低声音、改变体位、靠近（或离开）对方，所有这些非语言信息都调节着信息的传递，如医院院长与病房主任讨论问题时，向主任点头，表示让主任继续说下去。非语言调节互动常通过他人表示"是否要谈""什么时间谈"；"是否想听""想听多长时间"；"什么时间结束"等而反馈下一步沟通进程如何进行，如院长查房到一个病区后主任发言快结束时，院长边听边看手表，意味着就到这里吧。

6. 提示心理信息 非语言沟通往往给对方提供确切的心理状态，也就是提供了潜意识的想法，所以通过非语言信息可以甄别出沟通语言的真伪。

非语言行为还能恰如其分地表示个人的年龄、身份、兴趣、爱好、地位、态度等，帮助人们很好地展示自我形象。

三、非语言沟通的类型

在人际交往中，人们常常同时运用多种非语言沟通形式来交流信息、表达感情、传递思想，体现了非语言沟通的复杂性和多面性。根据不同的刺激来源，可将非语言沟通大体分为以下几种类型。

（一）身体语言

身体语言又称肢体语言，也有学者称之为"行为语言""人体语言""动作语言"，是指通过头、眼、颈、手、肘、臂、躯干、胯、足等人体部位的协调活动来传达人的思想，借以形象地表情达意的一种沟通方式。广义的身体语言包括面部表情，狭义的身体语言只包括躯干与四肢所表达的意义。

1. 面部表情 "脸"是人的第一表情，就像文字一样，人的各种情绪和心境都会"写"在脸上，他人则通过表情感知对方的内心活动。法国作家罗曼·罗兰曾经说过："面部表情是多少世纪培养成功的语言，是比嘴里讲的要复杂千百倍的语言。"准确、丰富的表情在社会交往中有非常重要的作用。面容表情是人们在社会交往中，由外部环境和内心机制的双重作用而引起眼部肌肉、颜面肌肉和口部肌肉的变化，表现出来各种情绪状态，从而实现表情达意、感染他人的一种传递信息的手段。人的面容表情是非常丰富的，可以通过口、眉、鼻与表情肌肉的不同"序列组合"，表示出人瞬间变化的内心世界。著名社会心理学家雷·伯德惠斯戴尔曾说过，仅人的脸就能做大约25万种不同的表情。常见的面部表情如下。

（1）微笑：微笑是一种特殊的"情绪语言"。它可以和有声语言及行动相配合，起"互补"作用，用来沟通人们的心灵，架起友谊的桥梁，给人以美好的享受。微笑可以调节情绪，可以获取信任，可以消除隔阂，还可以有益身心。面容表情作为一种无声语言，在人际的交往中起到了一定的作用。因此，在工作及日常生活中要避免使用高傲、厌烦、讽刺、嘲笑、媚笑、假笑等面容表情。

（2）目光：眼睛作为目光的载体，将人们内心深处的所有语言、感情、态度和情绪透过这个窗口自然地流露出来，所以常被人们称为"心灵的窗户"，作为非语言沟通的一种特殊形式用来表达沟通者微妙而复杂的思想感情。在人际沟通中，目光所表达的信号相对最清楚、最正确。

目光也称眼神，指的是人们在进行注视时，眼部所进行的一系列活动，以及在这一过程中所呈现出的神态。在人与人的沟通中，目光是最清楚、最正确的信号，所以人们常说"眼睛会说话"。印度的伟大诗人泰戈尔曾经说过："在眼睛里，思想敞开或是关闭，发出光芒或是没入黑暗，静悬着如同落月或是像急闪的电光照亮了广阔的天空。"他的这段话进一步诠释了人的目光能够传神。从交际功能看，目光是全身接受非语言交际行为的最重要的组成部分，也是在可见范围内发出非语言交际信息的最重要部位。具体表现为：①目光可以传递信息；②目光可以反映深层心理状态。

目光是富有表现力的"身体语言"，其构成一般包括注视时间、注视角度、注视部位、注视方式及目光变化等五个方面。其中，注视时间是指交往双方相互注视的时间长短；注视角度是目光发出的方向；注视部位是在人际交往中目光所及之处；注视方式是在社交场合注视他人的方式；目光变化是在人际交往中，注视对方时眼睑的开合、瞳孔的变化、眼球的转动、视线的交流等。

2. 头语 头语是人们经常使用的动作姿势，它往往能简洁明快地表达人的意图和反应，理解时须根据头部动作的程度，结合具体的条件来对头语信息进行综合判断。头部处于人际沟通最上端的位置，也是交流时对方比较关注的部位，头语是否得体，对交流的成功与否起着重要作用，如谈话中忽然将正对对方的头部转向其他方向，可能表示对对方话题的回避。以下是我们日常生活中常见的几种头语。

（1）点头：可以有多种含义。它有表示赞成、肯定的意思，也有表示理解、承认的意思等。在某些场合，比如骑车时迎面碰到熟人，不便下车讲话时，点头表示礼貌与问候，不失为一种优雅的社交动作语言。

（2）摇头：一般表示拒绝、否定的意思。在一些特定的背景、条件下，轻微的摇头有沉思的含义和不可以、不赞同的暗示。

（3）仰头：表示思考和犹豫的意思。如果你向领导请示一件事，没有马上得到回答，而见对方仰头时，这无疑在暗示你：等等，让我好好想一想再说；或者这个问题需要斟酌，还不能马上答复你。

（4）低头：有两种含义。①陷入沉思时，会低头，表示精力很集中；②受到批评、指责或训斥时，自己理屈词穷时会低头，表示认错、羞愧和无地自容。

3. 手语　打手势也是说话的一种工具，可以表达丰富的意思。它是身体语言的主要表现形式，使用频率很高，变化形式也最多。我们可以从双手的动作、位置以及手部所反馈的紧张的状况中了解出不同的含义。如摊开双手表示真诚、坦率，不会有假；被人无端责备后，紧握双拳显示出反抗的情绪或有"报复"的念头；而在胸前摊开双手则表现出无可奈何的意思。不同的手势表达着不同的思想、情感和意图，大体可以分为四种。

（1）指示手势：一般是人或事物所处的方向和位置。

（2）情意手势：用以表达感情的一种动作。

（3）象形手势：用以模拟人或物的形状、体积、高度等的手势，它能给人以具体明确的印象。

（4）象征手势：用以表现某些抽象的概念。

4. 腿部语言　腿部语言也能表现出情绪、情感。站立时双腿交叉，给人以自我保护或封闭防御的感觉；相反，说话时双腿和双臂自然张开，脚尖指向谈话对象，则是友好交谈的姿势。架腿而坐，表示拒绝对方并有意保护自己的"势力范围"；不断变换架腿的姿势，或者无意识地抖动小腿、脚后跟，是情绪不稳定、焦躁的表现。

（二）副语言

副语言又称类语言、辅助语言，包括发声系统的各个要素：音质、音调、语速等。广义的副语言指无声而有形的现象，而狭义的副语言指有声现象。副语言如语调、语速等本身并没有固定的语义，只有在具体的语境中才能表达特定的意义，其作为思想感情的表现往往是不自觉的，所以也较为真实。正因为副语言意义的不确定性，所以在交际过程中适当地运用副语言能产生特殊的表达效果。

副语言主要包括两类：一是伴随有声语言而出现的声音特性，如停顿、重音、语速、语调等；二是功能性发声，如笑声、哭声、呻吟、叹息、咳嗽等。前者往往与常规语言同时发生，表现为常规语言的表达方式。后者可以单独使用，在具体的语境中有相对独立的语义。相比常规语言，副语言更加依赖语境。脱离语境，副语言只剩下一些功能性的发声，是纯粹的语音形式而没有确切的语义。副语言在不同语境中的运用使其丰富的语义信息由此产生，副语言的交际功能就是由其丰富的语义信息决定的。概括起来，副语言主要有以下几个方面的交际功能：①强调功能，副语言借助重音、停顿或语速、语调的变化等形式强调所要表达的内容。②替代功能，在交际过程中，副语言有时能直接替代常规语言并产生特别的表达效果。比如当甲问乙："你家儿子考上大学没有？"乙一声叹息，就等于回答了甲："没有考上，别提了。"③暗示功能，副语言的声音里有特定的含义，常表现出"声音暗示"的效果。例如咳嗽声可以表示默契、暗中提醒，打哈欠声可以表示厌烦，笑声可以表示蔑视等。④否定功能，同样的语句因说话者的语调、语气或重音运用得不同，可能会有截然不同的语义。比如"你来得真早！"既可以是直接肯定对方早来的事实，也可以是对对方迟到的讽刺。这句话的否定意义就是通过加重"真"字的语音并放慢其语速而表达出来的。

1. 音质　音质也叫音色，是声音的特色，是一个声音与其他声音相互区别的根本标志。每个人都有独一无二的音质,我们可以根据声音判别其人。比如隔壁房间有几个熟悉的人在大声说话,我们就可以根据每个人音质的不同来判断是张三还是李四在说话;或者即使是自己不认识的一群人在隔壁说话,也能大概知道是老人还是小孩,是男的还是女的在说话。

2. 音调　音调是指语句的语调。语调是指说话者为了表达意思和感情而表现出来的抑扬顿挫的语句调子。在普通话里,最常见的语调有升调和降调两种。升调是句尾升起的调子,一般疑问句用升调。降调是句尾降低的调子,陈述句、祈使句、感叹句一般用降调。同样的句子,因语调不同,其语义大不相同。

3. 语速　语速是指说话的快慢。每个人说话都有一个比较恒定的语速,有人说话语速较快,有人说话语速较慢,这与说话者的个性相关。一般来说,性子比较急的人说话速度偏快,慢性子的人说话速度偏慢。语速在交际中的作用在于说话者可以利用其来调整感情,更好地表情达意。一般来说,人在激动、兴奋、喜悦、愤怒时语速较快,在悲伤、沉闷、忧郁、疑虑时语速较慢。

4. 停顿与沉默

(1)停顿:是语流中声音的暂时中断,这是副语言中一种特殊的类型。停顿虽然没有声音(这里我们可以将停顿理解为一种音量值为零的语言),但在语言交际中,适当地运用停顿,也可传达信息,并产生较好的表达效果,即"此时无声胜有声"。我们这里所讲的停顿是副语言范畴中的停顿。停顿分为常规停顿和超常规停顿。常规停顿是指语法停顿和逻辑停顿,这种停顿并没有产生特殊的语义;副语言中的停顿是一种违反常规的停顿,这种停顿能传达特殊的信息,并产生特别的表达效果。

(2)沉默:即言辞、话语间的短暂停顿。沉默常常出现在高信息内容或低概率词项之间,是超越语言力量的一种高超的传播方式。因此,恰到好处的沉默也是一种艺术。所谓"沉默是金"是深刻的至理名言。例如,在"舌战"中适当沉默一会儿,是自信和有力的表现,是迫使对方说话的有效方法。只有缺乏自信、忐忑不安的人才会用喋喋不休来掩饰。例如青年男女之间倾心相爱,双眸含情脉脉,无言而对,这种沉默所传递的信息量要比言语要多得多,这绝对可以称得上"此时无声胜有声"。

5. 重音　重音是指说话和朗读时把句子里的某些词语念得比较重的语言现象。语言学中的重音有语法重音和逻辑重音两种。根据语法结构的特点而把句子的某些部分重读,叫语法重音。一般短句中的谓语部分以及句子中的修饰、限制成分,如定语、状语、补语部分常常要重读。例如,"春天到了","到"是谓语,读重音;"她是个很漂亮的姑娘","很漂亮"是定语,读重音;"月亮慢慢地升起来了","慢慢"是状语,读重音;"屋里打扫得很干净","很干净"是补语,读重音。根据表情达意的需要,对句子中需要突出和强调的词语重读,叫逻辑重音。重音主要通过增加声音的强度来体现。语法重音是一种常规性的重读,其语音强度并不强;逻辑重音具有突出强调的作用,其强度比语法重音要强。

6. 笑声　笑声是一种功能性发声,因为笑声是有声音的传出,且声音本身有一定的含义。功能性发声大多有相应的文字符号,如"哈哈大笑""咯咯地笑"等。笑声既是一种生理现象,也是一种心理现象,是人们内心情感的外部显示,同时它还是传递信息的手段。人类的笑多种多样,文字中对笑的形容也丰富多彩,诸如开怀大笑、放声大笑、捧腹大笑、笑出了眼泪、嬉笑、傻笑、憨笑、奸笑、冷笑、苦笑、嘲笑、皮笑肉不笑、怪笑、媚笑、假笑等。每一种笑声里都有特定的信息,并且通过面部表情表现出来。

7. 咳嗽声　咳嗽本来只是一种生理现象,嗓子发痒或呼吸系统疾病就会引起咳嗽。但它有时候也是一种功能性发声,人们有意发出咳嗽声并借此传达特定的信息。如在发言之前,讲话人习惯咳嗽一两声,一是为镇定自己的情绪,二是为提示别人安静下来。咳嗽声还可以用来填补语空,如果在说话时因一时的思维障碍而可能导致讲话突然中断,说话人习惯用咳嗽声来填补语言间隙,从而使说话显得连贯。

8. 叹息声　叹息首先是一种生理性的反应,当人们伤感、郁闷时,常不由自主地发出叹息,借以排解内心苦闷的情绪。同时叹息又是一种功能性的发声,它可以作为信息传递的一种方式,在具体的语境中,有其较明确的含义。比如当别人向你诉说令人悲伤的事情时,你适时地叹息一声,则表示同情、予以安慰的意思。当你恰逢生活或工作遇到不如意情况时,别人问及你,你的一声叹息也等于回答了别人,不愿多说也不需要多说。

9. 嘘声　嘘声表示语义的功能是非常明显的,而且情绪化色彩很强,在公众场合用得较为普遍。嘘声常常表示观众的一种否定、对抗甚至是反抗的激烈情绪。比如演员在台上或球员在场上的表现令人不满意时,观众常发出一片嘘声,促其下台或出场。在交际过程中,嘘声作为交际主体单方面发出的声音信号,虽然传达了特定的语义和情绪,但对交际客体来说是一种伤害,是交际客体主观上不愿意接受的。这样,嘘声就违背了交际中合作、礼貌和协调的基本原则,从这个意义上来讲,它不应该参与到交际过程中来。

(三)客体语言

客体语言包括物质的一切有意和无意的展示,例如工具、机器、艺术品、建筑结构和人体,甚至还包括文字。但是一般的看法是,客体语言指人工用品,包括着装打扮、时间、空间、环境所使用的耐用和非耐用物品。这些物品往往具备双重功能:实用性和交际性。从交际角度看,这些物品都可传递非语言信息,都可展示使用者的文化特征和个人特征,因此个人用品也是非语言交际的一种重要媒介。

1. 着装打扮　在现代生活中,人们的着装打扮已远远超越了最基本的遮羞避寒的功能,其更重要的功能是向别人传递属于个人风格的信息。服装、饰物及化妆品都作为沟通手段发挥着重要作用。

服装对非语言沟通极为重要。衣服的颜色、款式和风格等能够传递许多信息,其不仅可以表示一个人的社会地位、身份和职业性质,而且能够反映人的心理特点和性格。服装能够透露人的情感信息,因为常常是你如何感觉的就会如何穿着,而穿着如何又会影响着你的感觉。

饰物在人的整体装饰中至关重要,一件使用得当的饰物好似画龙点睛,能使人气质出众。

2. 时间　时间可作为非语言表现形式,主要是因为我们可以根据沟通者对待时间的态度来判定其性格、观念和做事的方式,从而达到有效的沟通,可以帮助准确地了解沟通者,作出符合自己利益的决策。

(1)不同社会团体对时间的分法不同:工商界关注从周一到周五的工作日,而零售店的经营者则更多地关心周末的工作日;像宾馆、酒店等从事第三产业的经营者会把黄金销售期定在法定假日和双休日,而农民可能不怎么关心工作日和周末,他们会根据农业活动和季节(如耕作季节、播种季节和翻晒季节)安排时间。

(2)人们对时间有不同估价:根据人们的地位和所处的环境,他们对时间有不同的估价,如一个大公司的总经理和退休老夫妻对于时间的态度会有很大的区别。

(3)人们在时间的使用上有不同的文化:在北美国家,"时间就是金钱",因此准时和及时对于北美国家是很重要的。在欧洲一些国家,人们的时间观念会比北美国家的人差一些,但是准时也是他们的特征;在德国,公共交通工具从来都是按照时刻表准确运行的,一旦因为晚点给乘客造成损失,相关部门会给予适当的赔偿。在南美洲的国家,人们在参加宴会或者谈判时迟到是很普遍的现象。因此,与不同文化背景的沟通者进行沟通,要了解和尊重对方的时间文化。

3. 空间　空间语言也叫界域语。从生物学的角度看,每一个生命都有自己的"领空"。一旦"异物"侵入这个范围,就会使其感到不安并处于防备状态。美国心理学家罗伯特·索默经过观察与实验认为,人人都具有一个把自己圈住的心理上的个体空间,它像生物的"安全圈"一样,是属于个人的空间。一般情况下每个人都不想侵犯他人空间，但也不愿意他人侵犯自己的空间。

美国人类学家和心理学家霍尔将人类的交往空间划分为四种区域，这就是所谓的社交中的空间语。它包括四个方面：一是亲密距离（0～45cm），又称亲密空间，其语义为"亲切、热烈"，只有关系亲密的人才可能进入这一空间，如夫妻、父母、子女、恋人、亲友等。亲密距离又可分为两个区间，其中0～15cm为亲密状态距离，常用于情侣、亲友、父母、子女之间的关系；>15～45cm为亲密疏远状态，身体虽不相互接触，但可以用手相互触摸。二是个人距离（>45～120cm），其语义为"亲切、友好"，其语言特点是语气和语调亲切、温和，谈话内容常为无拘束的、坦诚的，比如个人私事。在社交场合往往适合于简要会晤、促膝谈心或握手。这是个人在远距离接触所保持的距离，不能直接进行身体接触。个人距离的接近状态为>45～75cm，可与亲友亲切握手，友好交谈；个人距离的疏远状态为>75～120cm，在交际场所任何熟人都可自由进入这一区间 。三是社交空间（>120～360cm），其语义为"严肃、庄重"，这个距离已超出了亲友和熟人的范畴，是一种理解性的社交关系距离。社交距离的接近状态为>120～210cm，其语言特点为声音高低适中、措辞温和，它适合于社交活动和办公环境中处理业务等；社交距离的疏远状态为>210～360cm，其语言特点为声音较高、措辞客气，它适用于比较正式、庄重、严肃的社交活动，如谈判、会见客人等。四是公共距离（360cm以上），这是人们在较大的公共场所保持的距离，其语义为"自由、开放"。它适用于大型报告会、演讲会等场合。其语言特点为声音洪亮、措辞规范、讲究风格。

4. 环境　人人都喜欢在整洁、优雅的环境中生活和工作，这样的环境不仅让人感到舒适、愉悦，还会让人精神放松，有益于身心健康。无论是家庭、工作场所，还是超市、公园无不如此。环境的布置在客观上会给人传递一定的信息。

（1）颜色：颜色环境可以使人产生许多联想意义，并影响人的情感反应和交往方式。有研究证明：颜色与人们的心情关系密切，人们可以利用颜色与人的心情之间的关系创造出各种环境，以达到自己的目的。如在临床工作中，医院管理者根据不同颜色对患者可能产生的心理影响来选择不同科室的工作服颜色和病房墙面色彩，以达到满足各类患者需要的效果。

（2）灯光：是指通过灯光变化传递的信息。人们可以利用灯光创造的环境效果来影响交往过程。如在灯光昏暗的房间里，人们会自觉或不自觉地把交谈的声音降低；而在灯光明亮或闪烁的场所，人们的情绪会随之兴奋。有研究发现：在红色灯光的氛围里，人的反应会增快12%，造成对事物的估计偏高；而在绿色灯光下，人的反应则会变慢，对事物的反应也随之降低。

（3）标志与符号：是书写或印刷出来用以传递信息的一种非语言图形标志，是一种约定俗成的非语言交际工具，如在高速公路、铁路、机场等，通过任何人都能看懂的符号就可以指挥交通。同时，随着国际交往的迅速发展，国际通用符号还可以起到排除语言障碍的作用。

（4）艺术：音乐、舞蹈、雕塑、建筑等艺术形式也可以沟通信息。音乐可以沟通人们的思想感情，例如钟子期和俞伯牙可以通过琴声成为知音。特别值得一提的是，音乐作为一种高度抽象化的复杂的听觉符号系统，由一系列要素，如节奏、速度、力度、音区、音色、调色、调性等组合而成的旋律作为其主要表意手段。在长期的有序化发展过程中，音乐符号的表意功能日益严格、系统，因而人们经常称之为"音乐语言"，表明它像语言一样，具有很强的表意功能。

四、非语言沟通的技巧与禁忌

我国经典名著《三国演义》中有一个脍炙人口的故事"空城计"，讲的是"武侯弹琴退仲达"。诸葛亮守着空城，在城楼上镇定自若，笑容可掬，焚香弹琴，司马懿的十五万大军不战自退。诸葛亮妙用非语言沟通的技巧传递给司马懿一个信息，吓退了司马懿十五万大军而转危为安。由此可见，在非语言信息的传播领域里，可以说是"眉来眼去传情意，举手投足皆语言"。

（一）非语言沟通的技巧

1. 自然、大方、得体　沟通时态度要认真、行为应端正大方、自然，符合日常沟通规范，礼貌待人，注意与对方的沟通距离，身体前倾是尊重对方和谦虚的表现。非语言行为应与语言沟通协调一致，非语言行为不宜夸张。

2. 真诚、平易近人　沟通应真诚，无论是与上级沟通还是与下属沟通，无论是与患者沟通还是与家属沟通，卫生管理者都应平易近人，掌握这个技巧会促进沟通的成功。

3. 微笑、目光接触　应充分利用微笑的作用。在人际沟通中微笑是一个法宝，在语言沟通中配合非语言行为——微笑，会达到意想不到的效果。卫生管理者是人民的公仆，在为人民服务的过程中尤其应该始终保持微笑，但是微笑技巧的应用还要注意与沟通情景、人物、事件相结合。

保持目光接触首先可以表示对谈话方的尊重，还可以准确地收集沟通信息，所以非语言沟通中应注意目光的接触。

（二）非语言沟通的禁忌

1. 头部　与头部有关的非语言沟通的禁忌包括：盲目地摇头晃脑；目光接触时两眼紧盯住对方不放或闭眼；经常性地挤眉弄眼或斜眼看人；板着面孔不微笑；对人龇牙咧嘴；抽鼻子、吧嗒嘴；说话前总是先咳嗽、清理嗓子，倒吸气，说话时对人脸上溅唾沫；冲着别人打哈欠、打喷嚏；无论对方心情如何都对着别人笑；吸烟时吐烟圈或从鼻孔里向外喷烟；女士在沟通时照镜子或补妆等。

2. 手足　与手足有关的非语言沟通的禁忌包括：高兴就手舞足蹈；无意识地把手指掰得咯咯响；随便用手剔牙；不用面巾纸而用手擦鼻子；说话时用手指点对方；坐在椅子上"跷二郎腿"或腿抖动与人沟通；与上级或长辈说话时双手叉腰，或把手放进衣袋里，或双手抱于胸前等。

非语言行为是伴随语言行为发生的，是生动的、持续的，它可更直观形象地表达语言行为所表达的意思，比语言行为更接近事实。特定环境下的非语言行为具有特定的意义，它能够稳定对方的情绪，改善对方不良的心理状态，增强对方的信心，使交流的氛围更和谐，使对方得到关爱与体贴，更多一些理解和同情。沟通双方可通过观察对方的表情、动作、手势等了解对方的心理需求和心理变化，满足对方的生理及心理需求。由此可见，沟通双方恰到好处地应用非语言行为，能弥补某些状态下语言沟通的不足，促进双方沟通，提高交流质量。

思考题

1. 简述管理过程中的有效沟通策略有哪些。
2. 请观看一个电视采访节目、谈话节目或一场辩论赛，体会非语言信息的重要性。
   （1）观察人物的面部表情——眼睛、眉毛和嘴。
   （2）观察人物的手、前臂、上臂的姿势。
   （3）观察人物的脚、身体的平衡和姿势。
   （4）观察人物使用了哪些非语言沟通技能？
3. 非语言沟通的角色扮演练习。
   以寝室为单位分成小组，进行角色扮演，不能说话，只能使用身体语言。选择一个情景和一些角色，由组员们即兴创作内容，表演不要超出情景，其他同学根据日常非语言信息的经验来猜测或推测表演的内容。

（杨立群）

第六章　团队沟通技能

如果说纪律是维护团队完整性的硬性手段，那么沟通则是维护团队完整性的软性措施，它是团队的无形纽带和润滑剂。团队沟通是团队成员实现团队目标的过程，也是团队成员共同解决问题的过程，是促进团队和谐发展的重要手段，能够决定管理质量、员工士气和组织绩效。

有效的团队沟通将在团队成员之间建立一个共同的目标；帮助团队成员合理利用个人或团队现有资源；协调处理团队内部各种人员与事务；激发调动团队成员的积极性，实现团队的共同目标和团队的和谐发展。因此，一个团队只有进行充分的沟通，在此基础上明确各团队成员的职责，才能搞好协作，形成合力。

第一节　团队沟通概述

一、团队沟通的定义与内涵

（一）团队沟通的定义

团队沟通（team communication）是指出于共同的工作目标而组成的团队成员之间凭借一定形式的媒介，如面谈、写信、电话、网络会议及其他工具，共同分享信息、情感、意见、评价、思想等，并相互影响从而有利于团队任务完成的互动过程。

（二）团队沟通的内涵

1. 团队沟通有利于提升团队精神，增强团队目标的导向性和凝聚力。在团队沟通中，成员们了解团队的现存问题、工作业务的进展情况，可以积极提出自己的看法，使成员对团队工作的满意度提高，从而激发成员工作的积极性和创造性，还可促进成员对团队精神和文化的理解与共识，认同团队的共同使命，完成团队的共同愿景。

2. 团队沟通有利于建立良好的人际关系和团队氛围。良好的沟通可以减少团队内的冲突和摩擦，促进成员之间以及与管理层之间的和谐和信任，相互促进、相互体谅、紧密合作，最终达到整体目标优化的效果，提高团队效率。

3. 团队沟通有利于管理者作出正确的决策。在沟通中，成员们可以集思广益，收集大量的信息情报，在思想碰撞中产生新的火花，激发成员们的创新思维，为管理者和成员的决策提供参考。

二、团队沟通的形式与特点

（一）与上级沟通

1. 形式　与上级沟通的形式是团队中下级人员向上级报告工作情况、提出建议和意见，或表述自己的意愿等。与上级的沟通是一门学问，在团队内学会与上级沟通，掌握与上级沟通的技能，更有助于团队的和谐发展。

2. 特点

（1）目的性：下级人员与上级人员的沟通行为总是具有一定目的和意义的。与上级沟通时，由下级人员陈述事实，表露自己的思想、情感或建议，引起上级的思考，最后达成共同协议。

（2）互动性：在与上级沟通的过程中，下级人员既是沟通信息的发出者，又是沟通信息的接收者。上级人员将自己接收信息后的反应提供给对方，使下级人员能够了解自己发送信息的作用、对方接收信息的情况（是否理解信息内容）、接收信息后的心理状态，并根据下级的反应调整发送信息的速度、内容和方式等，以便达到预期的沟通目的。

（3）复杂性：与上级沟通时，由于下级人员与上级人员的教育背景和经历不同，对于事物的反应及行为表现都会有所差异，下级人员因地位、职务的不同会有一定的心理距离和障碍。

（4）不可逆性：下级人员与上级沟通一旦完成，所发出的信息就无法收回。虽然可以发出其他信息修正以前信息的影响，但无法消除已实现的效果。因此下级人员在沟通过程中要积极且慎重，以免产生不良影响。

（二）与下级沟通

1. 形式　资讯由团队层次较高处向较低处流动，与下级沟通的目的通常是为了控制、指示、激励及评估下属。沟通的目的是提高工作效率，最终达成团队目标。上级要以身作则、潜移默化，让团队成员都培养出愿意与人沟通的心态。

2. 特点

（1）目的性：上级人员把团队的政策、意图传递给下级人员，从而给下级人员指明工作的目标，明确其职责和权力。

（2）实用性：上级人员通过与下级人员的沟通，可以了解下级人员的状况、存在的问题，并作出符合实况的决策。

（3）动态性：上级人员与下级人员进行沟通时，双方在沟通过程中不断地受到来自各方面信息的影响，始终处于不间断的相互作用中，可以协调团队中各层次的活动，增进各层次、各职能部门之间的联系和了解。

（三）与同级沟通

1. 形式　与同级沟通的形式即团队中处于相同层次的人、群体、职能部门之间进行的信息传递和交流。其核心点就是要控制情绪，理性表达，避免出现以自我为中心的现象。

2. 特点

（1）平等性：团队成员之间的关系是平等的，是一种任务的协作和分工，而不是管理与被管理的关系。根据这一特点，团队形成了内部平等的沟通网络。

（2）规范性：与非正式团队相比，由于团队是一种工作的协作方式，团队成员为同一个目的而工作，有共同的目标，团队中的每个成员对团队所要达到的目的负责，同样也对团队所采用的工作方法负责。在这种情况下，与同级沟通是以任务为导向的，有一定的群体规范和路径。

（3）高效性：团队内部成员与同级进行沟通时，既有正式的沟通渠道，如会议、汇报、文件的传送、团队组织之间的公函往来等；又有非正式的沟通渠道，如团队成员的私下交谈、朋友聚会等。信息传递高效直接，中间环节少。

（4）社会性：团队内若充满健康、坦诚的沟通气氛，成员彼此间不仅能有效地进行工作任务的沟通，而且能进行情感的沟通。不仅如此，团队成员若具有很高的情商，在各种沟通情境下都能做到有效地倾听他人意见，并清楚地表达自己的观点，由此便能与其他团队成员交流思想，不断推动团队的进步与发展。

（5）习得性：人的沟通能力不是与生俱来的，沟通的方法与技巧是通过后天的学习而获得的。团队成员之间需要不断地进行沟通交流，其沟通方法与技能也可以在实践的过程中不断地提高。

第二节　团队沟通理论的发展过程

团队沟通理论伴随"科学管理"的出现而初现，其起源和发展可以分为萌芽阶段、发展阶段和飞跃阶段。萌芽阶段即科学管理理论及古典组织管理理论阶段。萌芽阶段的代表人物有泰勒（职能工长制的下行沟通）、埃默森（直线组织的下行沟通）、韦伯（行政组织沟通）、法约尔（等级链沟通和跳板沟通）等。20世纪20年代，团队沟通理论伴随"行为科学"的盛行，进入了发展阶段。代表人物有梅奥（人际关系沟通）、巴纳德（社会系统沟通）、明茨伯格（领导行为沟通）、道格拉斯·麦格雷戈（需要层次理论中的沟通）等。20世纪中叶以来，团队沟通理论凭借现代信息和网络技术的突破，进入了飞跃阶段。此阶段系统论、信息论、控制论、协同论等基础理论的发展，对团队沟通理论研究也起到了重要的推动作用。代表人物有西蒙（决策理论的沟通）、卡茨与卡恩（系统组织沟通）、彼得斯（感情沟通）、德鲁克（知识型沟通）、圣吉（学习型组织沟通）等。

一、萌 芽 阶 段

1. 泰勒——职能工长制的下行沟通　1911年，弗雷德里克·温斯洛·泰勒提出了科学管理理论，其中包括实行职能工长制，职能工长按照各自的职能范围向工人发布命令。泰勒的职能工长制有利于提高效率、降低成本，但在实际工作中，由于一个工人同时接受几个职能工长的多头领导，容易引起混乱，所以泰勒的职能工长制没有得到推广。从管理沟通理论的角度看，泰勒关注到管理中下行沟通的重要性，并试图通过组织结构的设计保证下行沟通，即确保命令下达的准确性以及其实施的效率。

2. 埃默森——直线组织的下行沟通　1915年，哈林顿·埃默森在其著作《组织中的个性》中提出，在企业中应借鉴普鲁士军队总参谋的组织形式（军事活动中所必不可少的问题都应当由一位单独的参谋来进行周密的研究，这些参谋应当是相应的专家，各专家的共同智慧通过最高的总参谋，向司令提出建议），采用直线汇报。在每个企业中设一位"参谋长"，下设四个主要的参谋小组，参谋人员在认真研究各项问题的基础上，向直线组织的管理人员提供意见，直线组织的管理人员统一指挥和发布命令。这样既能发挥专业知识的长处，又不破坏统一指挥的原则。埃默森再次从组织角度，探索了自上而下沟通的原则。

3. 韦伯——行政组织沟通　1905年行政组织理论的创始人马克斯·韦伯指出，组织中人员之间的关系完全以理性准则为指导，不受个人情感的影响，因此组织中的沟通也是严格以理性的方式自上而下进行的。

4. 法约尔——等级链沟通和跳板沟通　1916年，法国的亨利·法约尔在《工业管理与一般管理》一书中阐述了一般管理的十四条原则，并提出了著名的"等级链和跳板原则"，这一原则从整个组织结构的角度分析了信息的传递与沟通。法约尔认为，组织内部信息传递和沟通的方法首先要遵循"等级链"的原则，"等级链"即从最上级到最下级各层权力连成的等级结构，沟通以"等级链"的方式进行。有时为了提高沟通效率，同级之间可以采用"跳板"进行横向沟通。法约尔对促进管理沟通，特别是组织沟通的研究起了重要的作用，其思想可以被认为是组织沟通理论的雏形。

二、发 展 阶 段

1. 梅奥——人际关系沟通　1924—1932年，梅奥在美国芝加哥西方电气公司的霍桑工厂进行了著名的霍桑实验。这一项由美国国家研究委员会赞助的研究计划，最初是要研究企业中工作环境与工人劳动生产率之间的关系，但实验的结果却出人意料地促成了人际关系学说的诞生。他认为组织中的人不是孤立存在的，而是属于某一团体并受其影响，由此还提出了非正式组织的概念，指出人所追求的不单纯是金钱收入，还有实现自我价值的社会需求。人际关系的这一系列观点其实正是体现了管理沟通的思想，强调人与人之间的相互沟通，其中非正式组织概念的提出，拓宽了后人对于组织沟通领域的研究范围。可以说人际关系学说的创立是管理沟通史上具有重要意义的事件，为管理沟通的理论研究奠定了基础。也有学者认为是梅奥首次正式提出沟通在管理中的作用。

2. 巴纳德——社会系统沟通　1938 年，社会系统学派的美国管理学家切斯特·巴纳德被誉为"现代管理理论之父"，他出版了《经理人员职能》一书，详细地论述了组织理论。他将组织看作一种社会系统，是一种人的相互关系的协作体系，是社会大系统中的一部分，受到社会环境各方面因素的影响。巴纳德指出，组织（即社会系统）的存在及其活动是以信息沟通为条件的。

为了进行有效的信息沟通，巴纳德列出了以下这些应该遵守的沟通原则。

（1）信息的沟通渠道要被组织成员所了解。

（2）每个组织成员要有一个正式的信息沟通路线。

（3）必须依照正式的路线沟通信息，不要在沟通过程中跳过某些层次，以免产生矛盾和误解。

（4）信息沟通的路线必须尽可能直接而便捷。

（5）作为信息沟通中心的各级管理人员必须称职。

（6）组织工作期间信息沟通的路线不能中断。

（7）信息沟通应该有权威性。

巴纳德在分析正式组织在组织与个人关系的沟通时，还注意到了非正式组织的存在。

3. 明茨伯格——领导行为沟通　1973 年，领导行为理论代表人物、美国行为科学家明茨伯格指出："管理工作有十种作用，而沟通和人际关系占三成。"明茨伯格首先创立了经理角色理论，指出"爱用口头交谈方式"和"重视同外界和下属的信息联系"为经理角色六个特点中非常重要的两个特点。管理者们爱用口头交谈方式，他们用在口头交谈的时间占很大的比重。所以管理者的生产性输出基本上能够用他们口头传递的信息量来衡量。口头交谈（包括电话交谈）除了传递的字句里所包含的信息以外，还能通过音调的变化和反应的快慢来传递信息。此外，管理者非常重视同外界和下属的信息联系，即重视同各方面沟通。管理者同三个方面维持信息联系：上级（管理者的上级是董事会）、外界（管理者所管理单位以外的人们）和下属。

4. 道格拉斯·麦格雷戈——需要层次理论中的沟通　麦格雷戈认为，有关人的性质和人的行为的假设对于决定管理人员的工作方式来讲是极为重要的。各种管理人员以他们对人的性质和人的行为的假设为依据，用不同的方式来组织、控制和激励职工。基于这种思想，道格拉斯·麦格雷戈提出了有关人性的两种截然不同的观点：一种是消极的 X 理论，即人性本恶；另一种是基本上积极的 Y 理论，即人性本善。X 理论阐述了独裁式的管理风格，而 Y 理论则阐述了民主式的管理风格。

道格拉斯·麦格雷戈提出 X 理论、Y 理论后，强调了参与式和协商式的管理，让职工参与决策，给职工某些发言权，并为满足他们的社会需要和自我实现的需要提供重要的机会。

三、飞 跃 阶 段

1. 西蒙——决策理论的沟通　1945—1963 年，决策理论学派代表人西蒙出版了《管理行为》《公共管理》《人的模型》等著作，特别强调信息联系的作用，提出"没有沟通，管理过程就不会影响个人的决定"。西蒙指出,信息联系是一种双向过程,它包括从组织的各个部分向决策中心的传递,也包括从决策中心向组织的各个部分的传递。信息传递途径又可分为两种:正式渠道,包括等级线路(直线信息联系)和职能线路(水平或参谋信息联系),如通知、指示、会议内容的传达布置和各种交流,以及信息情报组织搜集;非正式渠道,是正式的信息联系的补充,但却有其特殊的功能。事实上,决策时利用的信息情报大部分是由非正式信息联系并传递的。西蒙等人对非正式渠道更加重视,他们将权力机构放到了次要的地位。西蒙认为,在信息沟通的整个过程(包括信息的设计、传递和接收)中,存在着各种各样的障碍因素,为克服这些障碍因素,西蒙主张在组织中成立一个特别的"信息联系服务中心",以收集、传递和储存各种信息情报。同时,西蒙还特别重视利用会议作为信息沟通的手段。

2. 卡茨与卡恩——系统组织沟通　1996年卡茨与卡恩在《组织社会心理学》中指出,组织应该被真正地概念化为一个复杂的开放系统,它依赖各个组织成分自荐的互动以及组织与外部环境自荐的互动来生存与发展。组织沟通的系统组织学派建立的前提是组织中的沟通最好通过诸如可渗透性、反馈、殊途同归等公开的系统概念来理解。该学派将组织内部的沟通过程理解为系统行为,并运用控制系统及马克斯·韦伯的组织理论,解析组织内部的沟通过程,并认为组织沟通是一个系统共同依赖的过程。

3. 德鲁克——知识型沟通　1988年,美国的德鲁克在《哈佛商业评论》上发表了一篇名为《新型组织的出现》的文章,指出在经历了管理权和所有权分离、命令-支配型组织后,由于信息技术的发展,企业组织将进入新的形态,即由专家小组构成的知识型企业中,知识成为最重要的生产要素。这表明现代管理学的发展进入了一个新的阶段——知识管理的时代。在知识管理下,沟通方式由纵向沟通转向横向沟通。知识管理是一个管理系统,而不是一个管理链,从而要求各方面的互动和联结。德鲁克认为,知识管理由获取知识、传递知识和使用知识三个系统组成,构成了知识资源在企业中流转的全过程。

4. 圣吉——学习型组织沟通　1990年圣吉出版了《第五项修炼 学习型组织的艺术与实务》一书,指出企业组织持续发展的精神基础是持续学习,并详细论述了学习型组织的五项修炼;通过五项修炼,培养弥漫于整个组织的学习气氛,进而形成一种符合人性的、有机的、扁平化的组织,即学习型组织。圣吉提出,任何一个组织要成为学习型组织,都必须进行五项修炼:自我超越、改善心智模式、建立共同愿景、团队学习和系统思考。圣吉认为,团队学习的组织形式是有别于讨论的深度会谈。

深度会谈是一个团体的所有成员摊开心中的假设,真正一起思考的交流方式。由此可见,深度会谈的方式充分地发展了团队学习的所有特性,将团队学习的优越性发挥得淋漓尽致。沃特金斯和马席克在《塑造学习型组织》中把学习型组织的特征概括为"7C",即持续不断地学习(continuous)、亲密合作关系(collaborative)、建立彼此联系的网络(connected)、集体共享的观念(collective)、创新发展的精神(creative)、系统存取的方法(captured and codified)和建立能力的目的(capacity)。其中与沟通密切相关的包括:亲密合作关系、建立彼此联系的网络、集体共享的观念。

第三节　团队沟通的管理实践

一、团队建设与有效沟通

(一)团队建设
团队建设是指有意识地在组织中努力开发有效的工作小组。在团队建设的过程中,要以打造高效团队为目标进行管理,围绕团队的组成、团队成员的职责、团队的力量、团队的沟通等进行建设。

1. 团队的组成　团队是为了共同的目标而在一起工作的一群人,由目标、领导、成员组成。团队的基本要素包括团队目标、团队领导、团队成员。

(1)团队目标:通常表述为一个对目标的简短的陈述,说明团队特殊的任务和职责,确定要解决的问题及进程等。目标应具有明确性、可衡量性、时限性、实际性、可接受性,有助于赋予工作意义,激发热情,促进团队发挥创造性,促进信任和合作的建立;此外,还有助于团队按轻重缓急选择当下待处理的事项,使团队把重点从工作本身转到工作结果,有助于评估进展。

(2)团队领导:团队领导必须履行领导的职能(包括指导职能、监督职能、协调职能、管理职能),提升自身的素质(包括胜任能力、值得他人信赖的能力、适应环境的能力、把握团队工作方向的能力以及敬业精神)。

领导职能:包括①指导职能,采用直接指导、间接指导、个别指导方式,确定工作内容,明确短期目标和发展方向,通过不断实现短期目标,最终实现长远目标;②监督职能,运用合理的监督技巧,保证监督力度,优化工作效果,减少监督实施,铸造自发型团队,避免出现重复监督和过剩监督;③协调职能,掌握有效的协调手段,预知可能出现的问题,提前做好协调准备,保证协调后的效果,避免不良影响;④管理职能,在所有领导能力当中,管理职能是其基本要素,一个团队的高绩效与管理的计划、组织、控制、实施手段直接相关。

领导素质:包括①胜任能力,在一个团队中,只有那些善于在任务面前作充分准备并成功完成任务者(即具有超前意识者),才真正具备领导者的素质。②值得他人信赖的能力,一般而言可信度是通过以下几个方面来体现的——个人自身的能力、客观公正的态度、令人信赖的品质、与团队保持一致的目标、丰富的经验;除此之外,人们往往还会依据年龄、性别、影响力等因素来判断一个人的可信度。③适应环境的能力,一位成功的团队领导者必须随时调整其行为来适应团队的目标、价值观、特有的风格以及在具体情形下团队成员的需求,只有具备适应环境能力的领导者才是称职的。④坚守道德准则的能力,领导者能够在团队中营造一种平等、公正的沟通氛围,不会将自己的意志凌驾于他人之上,同时还可以积极地影响团队成员,从而确保团队沿着正确、健康的方向前进。⑤敬业精神:领导者必须对自己的能力充满信心,全身心地投入团队运作的各个过程,并且勇于担当团队所赋予的使命。

(3)团队成员:每个团队由若干成员组成,这些成员从团队成立之后到团队解体之前都扮演着不同的角色。根据团队成员扮演的角色能否对团队工作起到积极的作用,可将角色分成两大类:积极的角色和消极的角色。

积极的角色:可充当以下积极的角色。①领导者:善于确定团队的目标,并鼓励团队成员完成任务。②谋略者:善于为解决团队存在和遇到的问题提出改进和处理的新建议和新方法。③信息员:善于为团队工作提供信息、数据及事实依据或证据。④协调员:善于通过积极有效的沟通,妥善解决团队成员之间的矛盾和冲突,缓解团队成员的工作压力,并且整合团队中的不同思想和建议。⑤评估者:善于对方案和计划作出分析。⑥鼓励者:善于增强团队凝聚力,提高团队成员士气。⑦追随者:善于认真负责地实施计划。⑧旁观者:善于以局外人的眼光对团队工作作出评价,并提出建设性意见和建议。

消极的角色:可充当以下消极的角色。①绊脚石:固执己见,"唱对台戏"。②自我标榜者:喜欢自吹自擂、夸大其词。③支配者:试图操纵团队、干扰他人工作以提高自己的地位。④逃避者:与他人保持距离,对工作消极应付。

在一个团队中,可能数名成员扮演同一个角色,也有可能一名成员扮演多个角色。另外,这种角色是动态的,往往会因团队领导者的不同风格,团队工作的目的、性质以及工作环境的变化而变化。

2. 打造高效团队的条件

（1）清晰的目标：高效的团队对要达到的目标有清楚的理解，并坚信这一目标包含重大的意义和价值。而且，这种目标的重要性还激励着团队成员把个人目标升华到群体目标。在高效的团队中，成员愿意为团队目标作出承诺，清楚地知道团队希望他们做什么，以及他们彼此应该怎样共同合作并实现目标。

（2）相互的信任：成员间相互信任是有效团队的显著特征，每个成员对其他人的品行和能力都有较高的信任度。由于信任感十分脆弱，需要花大量的时间去培养而又很容易被破坏；只有信任他人才能换来他人的信任，要努力维持群体内的相互信任。

（3）相关的技能：高效的团队是由一群有能力的成员组成的。他们具备实现目标所必需的技术和能力，而且具有相互间良好合作的个人品质，从而能出色完成任务。有精湛技术能力的人并不一定就有处理群体内关系的高超技巧，而高效团队的成员则往往兼而有之。

（4）一致的承诺：高效的团队成员对团队表现出高度的忠诚和奉献精神，为了能使群体获得成功，他们愿意去做任何事情，我们把这种忠诚和奉献称为一致的承诺。其特征表现为对群体目标的奉献精神，愿意为实现这一目标而调动和发挥自己的最大潜能。

（5）良好的沟通：群体成员通过畅通的渠道交流信息，交流信息的形式包括各种言语和非语言沟通。此外，管理层与团队成员之间健康的信息反馈也是良好沟通的重要特征，它有助于管理者指导团队成员的行动，消除误解。

（6）充分的谈判技能：以个体为基础进行工作设计时，员工的角色有工作说明、工作纪律、工作程序及其他一些正式或非正式文件等来对其明确约束。但对高效的团队来说，其成员角色具有灵活多变性，总在不断进行调整。这就需要成员具备充分的谈判技能。由于团队中的问题和关系时常变换，成员必须能面对和应对这种情况。

（7）恰当的领导：有效的领导能够让团队跟随自己共同度过最艰难的时期，因为他能为团队指明前途所在，他们会向成员阐明变革的可能性，鼓舞团队成员的自信心，帮助他们更充分地了解自己的潜力。优秀的领导者不一定靠指示或控制成员完成工作，而是往往担任"教练"和"后盾"的角色对团队提供指导和支持。当前很多管理者已开始发现这种新型的权力共享方式的优点，或通过领导培训逐渐意识到它的益处。

（8）内外部的支持环境：要打造高效团队的最后一个必需条件就是它的支持环境。从内部条件来看，团队应拥有一个合理的基础结构；这包括适当的培训、一套易于理解的并用以评估员工总体绩效的测量系统，以及一个起支持作用的人力资源系统。恰当的基础结构应能够支持并强化成员行为以取得高绩效水平。从外部条件来看，管理层应给团队提供完成工作所必需的各种资源。

（二）团队的有效沟通

1. 团队沟通技巧

（1）营造氛围：在沟通过程中，沟通双方的当事人都应当主动营造一种良好的沟通氛围或尽量去创造有利于沟通的环境和条件。

（2）控制情绪：在沟通过程中，要控制自身的情绪，避免自身的情绪影响沟通质量。良好的情绪可以创造一个相互信任、有利于沟通的环境，这有助于人们真实地传递信息和正确地判断信息，避免因思想偏激而歪曲信息。

（3）正确使用语言文字：语言文字运用得是否恰当会直接影响沟通效果。使用语言文字时要简洁、明确，叙事说理时要言之有据、条理清楚、富于逻辑性、措辞得当、通俗易懂。不要滥用辞藻，不要讲空话、套话。在进行非专业性沟通时，要少用专业性术语，可以借助手势语言和表情动作，以增强沟通的生动性和形象性，使对方容易接受。

（4）换位思考：在沟通过程中要多一些宽容，最大限度地做到换位思考。沟通双方可以尝试在表达自己的观点之前尽量先考虑一下对方的感受。

2. 团队沟通管理策略 团队沟通管理策略是指团队为了达到沟通目的而采取的一系列行之有效的措施，以保证团队沟通的顺利完成。团队沟通策略运用得当，往往会起到事半功倍的效果。

（1）聆听团队内部成员的意见：每一个团队成员都希望出色地完成团队任务，他们有自己对团队及任务的理解和解决的途径，而这些理解和解决问题的途径往往是对完成团队任务最直接有效的，因此团队组建后的首要任务就是听取内部成员对团队的看法。聆听内部意见能使第一线的团队成员和组织建立直接的联系，当他们的意见受到重视时，他们的积极性就提高了。

（2）使用多种形式的内部联系：团队中的领导者常常认为他们把最新的决策告诉团队成员时，或者只要发出通知，而且发给每一个应该收到的人，就算完成任务了；但内部沟通的方式绝不仅限于此。员工可能分散在不同的办公地点，要和他们取得联系，团队领导者必须采用多种通信方式：集中召开小型和大型会议，组建专业小组和工作小组，发送电子邮件、公文、通告，使用内部通信软件等都可以成为有效的交流工具。

（3）鼓励双向沟通：管理学家肯·布莱查德阐述过"海鸥经理"现象。他说的"海鸥经理"平常很少和员工交往，但有时突然来到工作场所和大家见一面就走了，这样会导致团队成员之间没有交流的愿望，不会了解工作真正的进展情况。实际上真诚的交流，真正做起来要比想象的容易。双向交流，不应单单是希望，而是真正实现它。团队成员之间的双向交流更有助于促进他们之间的了解，便于更好地合作。

（4）及时反馈：与团队成员之间交流的信息要有反馈，当员工未能及时得到反馈时，他们往往会向最坏处设想，从而影响他们的工作情绪和工作积极性。不及时反馈情况还会产生"谣言"。"谣言"往往是由于不能得到准确的信息，由此产生的不全面的猜想；及时反馈也能缓和由"谣言"产生的紧张关系。

团队的综合竞争力来自对团队成员专长的合理配置。只有营造一种适宜的氛围，不断地鼓励和刺激团队成员充分展现自我，最大限度地发挥个体潜能，团队才会如原子核裂变般迸发出巨大的能量。

二、团队激励与团队冲突管理

（一）团队激励

1. 概念 激励是一种领导方法和艺术，高明的领导者能够有效激励下属。团队激励管理就是充分认识到团队成员的潜力和优点，不断进行激励，调动他们的积极性继而发挥团队作用，创造更大的效益。组织可以通过设计适当的外部奖酬形式和工作环境，以一定的行为规范和惩罚性措施，借助信息沟通，来激发、引导、保持和规划组织成员的行为，以有效地实现组织目标及其成员的个人目标。

2. 团队激励的重要性

（1）优化团队管理：人力资源管理中的激励机制可以有效地调动个体工作的积极性，利用奖金以及职位晋升的方式，对个体进行精神层面上的鼓励，可以使得个体在工作中更具有凝聚力，以积极、乐观的态度面对各种工作上的问题，提高自身的工作效率；另外，还有利于个体的稳定性，实现个体的价值，使个体和团队之间的凝聚力得到增加，减少团队由于不断招工而产生的用人成本。对于团队而言，激励机制可以间接地降低成本支出，对于团队的长久盈利有一定的促进作用。

（2）提高团队的绩效：良好的业绩能够带动团队经济的发展，提高团队自身的竞争能力。因此在进行人力资源管理的过程中，需要加强对于团队绩效的重视，想办法提高个体的业绩，使团队的整体盈利水平得到提高。"人的一切行为都是由动机支配的",这句话的含义在于只有有了动机,人们才能够主动地去做某件事情,从而获得相对应的报酬。因此在对个体进行管理的过程中,需要结合个体的心理特征,将个体的利益最大化,采用激励的措施,使个体明白"多劳多得"这一理念,这样个体就能够充分地发挥自身的潜能,将工作效率提升到最大的限度。

(3)完善团队的文化建设:团队文化是团队发展过程中必不可少的一项内容。团队的内部个体由于来自不同的地区,因此自身的价值观等方面存在异同。而维持他们共同努力工作和创造财富的理念在于团队的文化。团队文化在激励机制的促进作用下,能够在个体之间建立统一的奋斗目标,增加个体间的凝聚力,促进个体价值的提升。因此激励机制在人力资源管理中发挥着重要的作用。

3. 团队激励的原则　　对于不同的团队来说,只有结合自身的具体情况,确立相适应的激励体制和方案,才能对团队中的个体起到合适的激励作用。激励政策的影响比较广,风险比较大。一般来说,不合适或者不适用的激励政策会对团队及个人的发展都产生相应的阻碍作用。所以,团队在考虑激励体制的确立和完善之时,务必要建立在全方位、深入的调查研究的基础之上,确立出符合团队终极目标和个人发展要求的激励机制;激励政策的实施需要按照一定的原则来进行,这样才能使效果得到展现,具体如下。

(1)坚持及时原则:为了激励政策的适用性和有效性,首先需要考虑的是激励政策的及时性,即在个体对团队作出重大贡献之时,团队要在第一时间考虑到对于个体的激励和奖励,在物质基础上对个体的贡献进行充分的肯定。

(2)坚持公平合理原则:激励机制的公平性和合理性也是衡量团队的激励机制是否行之有效的一个重要标准。团队如果想要实现激励机制的有效性,务必要重视公平性的原则和理念。这里的公平性不仅体现在对于个体奖励的公平性,更体现在对于个体处罚和惩罚的公平性。除此之外,团队还要注重对于个体奖励和惩罚的合理性,在合理的范畴内对个体进行奖励和惩罚。

(3)坚持奖励和惩罚适度原则:激励机制还有一个十分重要的原则就是奖惩适度,这在一定程度上与前面所提到的公平合理性原则相似,但又更加偏向于奖励和惩罚这两大方面。过于宽松或者过于严厉的奖励和惩罚制度都会让个体对于团队作出错误的判断,也会使得团队朝错误的方向发展,最终都会对团队的发展和个体的前途产生十分不利的影响。

4. 团队激励的方法　　激励实际上是满足个体的需求。鉴于个体需求的多样性,激励有很多不同的性质,也有很多种方式,主要呈现为下面四种:成就激励、能力激励、环境激励和物质激励。

(1)成就激励:人们的生活水平在社会的不断发展中得到提高,生存已经不再是人们工作的基本需求,对于知识型个体来说,获得成就是工作的一项基本目的。成就激励按照不同的作用大致上分为六个板块:榜样激励、绩效激励、理想激励、组织激励、荣誉激励以及目标激励。

1)榜样激励:所有的组织机构成员都是有学习性的,因此团队选取一些优秀个体作为榜样来促使个体向其进行学习。这种方式虽然比较传统,但是有很好的实效,优秀的个体能使工作氛围得到改善。

2)绩效激励:做完绩效考核以后需要将考核结果进行公布,这样能让个体清晰地认识到自己工作的优劣。如果团队对个体的评价得到了个体的清晰认知,那么就会起到激励的作用。

3)理想激励:所有的个体都是有理想的,如果个体认为自己的工作就是为了实现理想,那么工作的热情就会高涨。对于个体的理想,管理人员需要进行必要的了解并将团队目标契合个体理想,使得团队和个体能够一同进步。

4)组织激励:团队需要让个体参与到制度的管理中去,这样个体的工作主动性和积极性就会得到相应的激励。作为管理者,需要针对所有的岗位制订出详尽的岗位职责,在进行工作目标的制订时尽量让个体参与进来,使个体在工作的过程中可以进行自主的决策,这些对于激励都有一定的作用。

5）荣誉激励：对于一些有突出工作成绩的个体可以进行相应荣誉的颁发，这可以让个体认识到团队认可了自己的工作，从而工作的热情也会高涨。

6）目标激励：如果一些个体有着很强的工作能力，那么针对其工作目标的设定就要相对高一些，使其工作具有一定的挑战性。这样个体的斗志就可以得到激发，工作的完成也会更加出色。工作目标的挑战性结合物质激励的效果则更佳。

（2）能力激励：在很大程度上，我们为了在社会上更好地生存，会不断发展自己的能力。所以可以采用培训激励以及工作内容激励的方法来实现个体这一需求。

1）培训激励：培训激励的适用对象是青年人。通过对他们的培训，提升个体的生存能力，也使其能够承担更加具有挑战性的工作、更大的社会责任，同时也能胜任团队的重大任务。因此，国内外的大型团队已经将培训作为一种正式的奖励措施。

2）工作内容激励：工作内容激励是最能激发工作兴趣的一种方法。假如个体所从事的是自己所喜欢的工作，那么就会产生一种激励作用。所以，管理人员应该充分了解个体的兴趣爱好，充分发挥个体的优势，让他们各司其职，以提高工作效率。当然，个体有自主选择的工作权利，通过这种方式安排个体的工作岗位会极大地提高个体的工作效率。

（3）环境激励

1）政策环境激励：如果团队具有完善的管理制度，会对个体产生激励作用。因为这种管理制度保证了个体的公平性，只有个体认为他自己在这个团队享有公平公正的待遇，才会尽力来完成自己的工作，也就不会出现抱怨团队不公的情况，而使工作效率得到提高。

2）客观环境激励：团队客观环境对个体的激励也是不容忽视的，例如团队的办公环境（如卫生状况）、办公设备等都会影响个体的工作效率。只有在舒适的办公环境下，个体才能全身心地投入到工作当中。

（4）物质激励：物质激励在个体激励方法中是一种最基本的激励手段，其主要内容包括工资、奖金以及各种公共福利等。因为普通个体的共同愿望就是获得更多的物质利益，所以物质激励决定着个体对基本需要的满足情况；另外，个体收入的提高及居住条件的改善也会影响个体的社会地位、社会交往等，这会使他们的精神需求得到满足。

（二）团队冲突管理

1. 团队冲突管理的含义 "冲突"是指有关双方在观念或者行动上的对立，是不同个体在满足各自需求的过程中遇到的挫折、阻力、压力及其外部表现。团队冲突是指团队成员之间、成员与团队之间、团队与团队之间在完成共同任务或目标的动态过程中，由于个人目标、价值观以及资源分配等差异而产生的对立或者不一致，从而产生心理或行为上的矛盾，导致抵触、争执甚至发生攻击事件。

2. 对团队冲突的认识发展历程 20 世纪 40 年代之前的传统观点认为，所有冲突都是不良的、消极的，是破坏性的，必须避免或尽量减少。因为冲突意味着意见分歧和对抗，势必造成组织、团队、个体之间的不和，破坏良好关系，影响团队目标的实现。从 20 世纪 40 年代末到 70 年代中期，人际关系观点在冲突理论中非常流行。该观点认为，对于所有团队来说，冲突都是与生俱来、无法避免的；因此，我们应该接纳冲突，发挥其对团队的有益之处。从 20 世纪 70 年代末至今，冲突的互动观点成为主流观点。该观点指出，过于融洽、和谐、安宁和合作的团队容易对变革表现出静止、冷漠和迟钝，因此可能使团队缺乏生机和活力，适当的冲突反而有利于团队的健康发展。

3. 团队冲突的类型 从冲突的性质来看分为两类：建设性冲突与破坏性冲突。建设性冲突的特点主要有：冲突双方对实现共同的目标都十分关心，彼此乐意了解对方的观点、意见，大家以争论问题为中心，互相交换观点、意见的情况不断增多。破坏性冲突的特点主要有：双方对赢得自己观点的胜利十分关心；不愿听取对方的观点、意见；由对问题的争论转为人身攻击；互相交换观点、意见的情况不断减少，甚至完全停止。一般来说，团队之间需要适当的建设性冲突，破坏性冲突则应该被减低到最少。

4. 团队冲突的产生原因　　团队冲突的产生原因有多种可能性，以下是一些常见的原因。

（1）沟通问题：沟通不畅或存在误解会引发冲突。团队成员之间的信息交流不充分或不清晰，容易导致意见分歧和冲突。

（2）角色冲突：团队成员在角色任务分工上存在冲突，比如责任范围、权力分配等方面，可能会导致争斗和摩擦。

（3）目标不一致：当团队成员对团队的目标和优先事项有不同理解和期望时，可能会出现冲突。这可能源于缺乏明确的共识或团队领导者没有明确传达清晰的目标。

（4）价值观差异：团队成员的个人价值观可能存在差异，例如对工作方式、时间管理、职业道德等方面的认知不同，这种差异也可能引发冲突。

（5）缺乏合作意识：若团队成员缺乏合作的精神和意愿、自私自利，只关注个人利益而忽视整个团队的利益，这种情况也容易导致冲突的发生。

（6）压力和竞争：团队面临严峻的时间压力和工作量，或者存在对资源、奖励或晋升的竞争，这些因素都可能引发冲突。

5. 团队冲突的管理原则　　要有效管理团队之间的冲突，需要遵循以下三条原则：第一，要分清楚冲突的性质。建设性冲突要适当鼓励，破坏性冲突则应该减低到最低限度。第二，要针对不同类型的冲突采取不同的措施。个人与个人之间、个人与团队之间、团队与团队之间都可能产生冲突，要分别采用不同的管理对策。第三，充满冲突的团队等于一座火山，没有任何冲突的团队等于一潭死水，因此既要预防团队之间的冲突，也要激发团队之间的冲突。

6. 团队冲突的管理方法

（1）强制：强制是一种高度武断且不合作的方法；为了自己的利益，牺牲他人的利益。强制管理会使冲突中的一方胜，另一方败。一般在遇到紧急情况时，当团队执行不受欢迎的行动计划时，或者当出现角色冲突影响到团队目标实现时可采用强制管理，以达到"快刀斩乱麻"的效果。

（2）迁就：此策略代表了一种高度合作而武断程度低的策略。迁就对方意味着一方为了抚慰对方并维持良好的关系，愿意把对方的利益放在自己的利益之上处理问题。一般而言，当事情对于对方来讲更重要，团队在遇到困难需要顾全大局，或为了与对方建立信任时，可暂时委曲求全，采用此策略。

（3）回避：它是一种既不合作也不维护自身利益，将自身置于冲突之外，任由冲突自然发生的策略。按照心理学的观点，"不做决定"比"拒绝别人"引起的冲突小。实践中一般采用隔离和限制互动的方式使双方减少冲突。当冲突太大无法解决，或冲突太小可以忽略，解决冲突可能会破坏双方的关系，以致关系更加恶化，或让冲突双方能冷静下来时，可暂时采用回避的方式。

（4）合作：指主动与对方一起寻求解决问题的办法，是一种互惠互利的策略。使用此策略的双方具有共同的利益，欲持久建立良好关系。合作双方能相互支持、高度尊重，愿意通过合作来解决问题，彼此能公开坦诚讨论问题，能找到互惠的解决方案，而不需要任何人做让步。研究表明：合作不仅有利于提高团队绩效，而且有利于提高员工的满意度，团队的凝聚力、创造性和适应性，有利于团队目标的实现。

（5）妥协：指双方愿意放弃自己的部分利益，并且共同分享部分利益，目的在于快速得到一个双方都可以接受的方案。当双方势均力敌，与其两败俱伤不如各退一步，有时为了寻找一个复杂问题的暂时性解决方法时，或者当处理中等重要的问题时，可以考虑采用此策略。

（6）激发冲突：在团队冲突的管理中，虽然激发冲突并不是首选的方法，但在某些情况下，适度地激发冲突可以帮助团队更好地解决问题和取得进步。需要强调的是，激发冲突时必须确保尊重和公正。团队领导者应该维持一个积极的环境，促进建设性的冲突，并确保冲突不会升级为破坏性的争吵或个人攻击。而且，团队冲突的激发只是解决冲突的一部分，同时也需要适当的沟通、协商和调解来找到可行的解决方案。

（7）预防冲突：具体方法包括加强团队内的信息公开和共享；加强团队之间正式和非正式的沟通；正确选拔团队成员；提升团队资源整合能力；建立合理的评价体系，防止本位主义，强调整体观念；进行工作轮换，加强换位思考；明确团队的责任和权利；加强教育，建立崇尚合作的团队文化；设立共同的竞争对象；拟订一个能满足各团队目标的超级目标；避免形成团队之间、成员之间争胜负的情况。

7. 团队冲突的管理策略　1979年心理学家布朗提出了团队冲突管理策略，他认为：当冲突过高时，要设法减少；冲突过少时，要设法增加。他还就团队态度、团队行为和组织结构三个方面，提出了处理、管理冲突的策略（表6-1）。

表6-1　团队间冲突管理

着眼点	要解决的问题	冲突过多时采取的策略	冲突过少时采取的策略
团队态度	明确团队之间彼此的异同点 增进团队之间关系的了解 改变感情和感觉	强调团队之间相互依赖 明确冲突升级的动态和造成的损伤 培养共同的感觉，消除成见	强调团队间的利害冲突 明确排他的危害 增强团队界限意识
团队行为	改变团队内部的行为 培训团队代表的工作能力 监视团队之间的行为	增进团队内部分歧的表面化 提高与他人合作共事的才能 第三方面调解	增进团队内部的团结和意见一致 提高坚定性和谈判才能 第三方面参加协调
组织结构	借助上级或更大团体的干预 建立调节机制 建立新的接触机制 重新明确团体的职责范围和目标	按照通常的等级处理 建立规章，明确关系，限制冲突 设置统一领导各团队的人员 重新设计组织结构，突出工作任务	上级施加压力，要求改进工作 削减窒息冲突的规章 设置专门从事听取意见的人员 明确群体的职责和目标，加大彼此的差别

思考题

1. 团队沟通的形式及特点包括什么？
2. 团队沟通理论发展分为哪几个阶段？各自代表人物及其理论包括哪些？
3. 根据本章所学内容，在团队中出现沟通冲突时，作为团队成员应当怎样去解决？作为管理者应当如何去解决？

（陈翠萍）

第七章　特殊情境下的人际沟通

沟通总是伴随着一定的情境，有些特殊情境下的沟通具有它的独特性，如和不同文化背景的人进行沟通、危机状态下的沟通，以及双方在认知、行为、态度、价值观等方面存在较大分歧时的沟通等，它们具有不同的特点和影响因素，需要我们掌握这些特殊情境下沟通的理论、方法和策略。

第一节　跨文化情境下的人际沟通

在经济全球化的大背景之下，跨文化沟通已经成为一种不可逆转的趋势，"经济一体化""地球村"等概念也在逐渐地实现。在未来我们将有越来越多的机会与有着不同文化背景的人进行沟通，因此成功的跨文化沟通有着非凡的意义。掌握跨文化沟通的技巧，可以培养我们对不同文化的积极态度，提高我们的包容能力；提高我们在进行跨文化接触时的适应能力，避免情绪化障碍的出现；提高我们跨文化的交际能力，通过顺利的跨文化沟通为我们的生活、工作创造一个新的局面。

一、跨文化沟通的含义与特点

（一）跨文化沟通的含义

跨文化沟通（cross-cultural communication）指拥有不同文化背景的人相互之间进行的信息交流。随着国际交往的不断扩大，各国、各地区、各民族的交流日益加强，经济、文化往来愈加频繁，良好的跨文化沟通已成为各国、各地区、各民族促进合作与发展的必要条件。

（二）跨文化沟通的特点

1. 双方文化共享性差　在跨文化沟通中，沟通双方拥有不同的文化背景，其各自文化中的认知、规范、语言和非语言符号系统的相似与不同被混淆在一起，即文化共享性差，导致当双方对文化信息加以编码进行交流时，就会发生障碍。

2. 文化差异程度不同　两种文化的相似程度对理解跨文化沟通有重要意义。在跨文化沟通中，各种文化的差异程度不同，产生误解的可能性大小也不同。文化间具有的共性越多，人们在沟通中遇到的挫折就越少，反之则越多。

3. 无意识的先入为主　在跨文化沟通中，人们往往在缺乏对对方文化背景的了解的情况下，就无意识地用自己的文化标准去衡量和评判对方的行为。对差异文化的成见与偏见往往是由无意识的先入为主带来的。

4. 误解、矛盾与冲突增多　人们的沟通存在多种类型和层面，这会使沟通中的误解、矛盾与冲突增多，这也是人们对差异文化产生成见和偏见的重要原因之一。

二、跨文化沟通的相关理论

1. 威廉·大内的 Z 理论　美国日裔学者威廉·大内在 1981 年出版的《Z 理论》一书中提出 Z

理论,引起管理学界的广泛关注,成为 20 世纪 80 年代初期各国研究管理问题的著名著作。Z 理论具有显著的特点:①实行长期或终身雇佣制,使员工与企业同甘苦、共命运;②对员工实行长期考核和逐步提升的制度;③培养适应各种工作环境的多专多能的人才;④采取集体研究与个人负责相结合的决策方式,即吸收有关人员共同讨论、协商,集思广益,最后由领导者作决策并承担责任;⑤管理过程既要运用统计报表、数字信息等清晰鲜明的控制手段,又要注重对人的经验和潜能进行细致而积极的启发引导;⑥树立牢固的整体观念,员工之间平等对待,每个人对事物均可作出判断,并能独立工作,以自我指挥代替等级指挥。

2. 企业文化理论　美国哈佛大学教育研究中心教授特雷斯·迪尔和麦肯锡咨询公司顾问阿伦·肯尼迪在他们的名著《企业文化》一书中提出,企业文化的整个理论系统包含 5 个要素:企业环境、价值观、英雄人物、文化仪式和文化网络。他们从美国文化信息传播的特点出发,认为文化网络是指非正式的信息传递渠道。在西方企业中,正式文化网络发达,非正式文化网络不发达;在东方企业中,正式文化网络不发达,非正式文化网络发达。这两种文化传播形式各有其优缺点。企业在其文化建设的实施过程中,必须改变信息网络建设的无序状态,有意识地去建立适宜自身企业文化建设的信息网络,才能更好地落实企业文化精神层面的内涵,使企业文化的各个结构形成有机的整合关系,使企业文化真正具有执行力。

3. 文化价值观理论　荷兰学者霍夫斯泰德 1980 年通过对国际商业机器公司 IBM 在 66 个国家的子公司的近 80 000 名员工的跨文化调查研究,发现文化价值观有以下四个维度:个人主义/集体主义、不确定性规避、权力距离和男性化/女性化。个人主义/集体主义反映社会中人们之间联系的紧密程度。在个人主义文化氛围中,人们更加独立并以自我为中心;在集体主义文化氛围中,人们更注重与他人的关系,更注重"面子"、群体的和谐与群体地位,并尽量避免冲突。不确定性规避指某一文化中的成员对于不确定的或未知的形势感到威胁的程度。权力距离是指一个国家的机构或组织中,拥有较少权力的人预期并接受权力分配不公的程度。男性化/女性化指文化是反映独立、成功和获得财富的传统男性特点,还是反映养育、生活质量和相互依赖性的传统女性特点。到 1991 年,霍夫斯泰德在文化价值观维度中又加入了长期导向,是指人们对待未来的方式。长期导向强调坚持和追求长期目标,短期导向侧重于个人的安定、面子以及固守传统等。

三、跨文化沟通的障碍与影响因素

(一)跨文化沟通的障碍

1. 以自我文化为中心　人们在与他人沟通时,习惯性地将自我的文化观念、价值观念、道德体系作为标准来看待他人的行为。这种障碍通常会造成三种结果:其一是漠不关心距离,例如因文化差异,不理睬沟通对象的某些合理要求(如节假日不工作);其二是回避距离,如因不了解对方的文化礼仪而回避与对方的交流;其三是蔑视距离,如因不了解对方的文化认知而对他的行为无理干预与批评。

在进行跨文化沟通时,沟通双方的地位往往不平等。处于优势的一方容易把自己的文化准则强加在劣势一方,并强行要求对方遵循。处于劣势的一方往往会有文化自卑感,在沟通时消极地应对。与之相反的是,劣势方还可能会有强烈的反叛意识,在沟通中会阻挠沟通的进程或者破坏双方建立的关系。

2. 语言表述的差异　跨文化沟通中,语言是首要的工具。不同的语言有着不同的深厚文化背景。同一句话语在不同的场合,甚至不同的声调下的意思可以相差甚远(如汉语的特征,使这一点在中国表现得尤为突出)。此外,还有同音异义词、同义异音词等。在从事翻译的人员眼中,准确地翻译对方的言语是一项相当困难的事,更何况在沟通中我们往往不是专业的翻译人员。

3. 非语言的冒犯　非语言在沟通中的地位丝毫不逊于语言。非语言的表达方式十分丰富，如肢体语言（眼神、手势、站姿等）、服饰的表达（如有些服饰只允许特定身份或者特定时间、场合穿着）。

4. 情绪化障碍　在跨文化沟通中，如果沟通一方（一般指客方）事先没有进行过系统性的跨文化的训练，就容易在沟通中因不了解对方的价值观和社会规范而感到强烈的不适应感，从而产生情绪化障碍，因此会对沟通产生抵触感，这在很大程度上阻碍了沟通的顺利进行。

（二）跨文化沟通的影响因素

1. 语言沟通与非语言沟通

（1）语言沟通：语言文字是人们交流、传递信息和思想的产物，也是人们进行沟通的工具。语言有着丰富的文化内涵和特殊的文化背景。语言与文化之间相互影响，相互作用。理解语言必须了解文化，了解文化必须掌握语言，形形色色的文化形成多种多样的语言，文化和语言上的差异导致跨文化沟通的障碍。在我国，各民族使用的语言数不胜数，仅汉语就可分为官话方言、吴方言、湘方言、赣方言、客家方言、粤方言和闽方言七大方言区。几乎 56 个民族每个民族都有属于自己的语言和文化。随着我国改革开放的不断深化，越来越多的国外商客、留学生、游客以及短期来访的国际友人在华期间，都需要获得医疗卫生保障，而语言差异常常成为医务人员进行沟通的主要障碍。

对于从事翻译工作者来说，任何题材的翻译内容都有一定的难度，都要熟悉与其母语国家相关的政治、经济、历史和文化等知识；另一种语言所包含的文化信息有时难以被觉察，有时即便译者理解了，也会苦于在本国语言中找不到对应物而无法准确地译出，因此会导致文化信息丢失。译者如果能够巧妙地应用翻译技巧，将可能获得意想不到的效果。

（2）非语言沟通：通过形体、表情、空间和时间等非语言方式进行的沟通。不管外来管理者是否选择学习当地语言，他们都应该尽可能多地学习该文化中常见的非语言沟通形式。不同文化对衣着、空间、姿势、肢体动作和礼仪的阐释千差万别。由于人们对于非语言暗示往往不十分清楚，因此由非语言沟通引起的误会较语言沟通引起的误会更难消除。如一位阿拉伯员工深信他的美国同事非常"讨厌"他，因为对方在办公室休息时，有时会把脚放在桌子上，鞋底恰好朝向他这边；在阿拉伯文化中，脚，尤其是鞋底被视为肮脏之物，将鞋底朝向他人是一种极不敬的举动。

2. 感知与偏见

（1）感知：感知与文化有着密切的联系。一方面人们对外部刺激的反应，以及对外部环境的倾向性、宽容度和接受度，是由其所代表的文化决定的；另一方面，当感知的结果（即知觉）形成后，又会对人们所代表的文化的发展及其跨文化沟通实践产生影响。就一个组织而言，如果来自不同文化的人们能够更好地感知组织文化，那么他们会积极地进行沟通交流，进一步促进组织文化的发展。

（2）偏见：偏见建立在有限的或不正确的信息来源基础之上，在跨文化沟通中不易避免。偏见具有简化认识过程的作用，但实际上这是一种惰性的方法，它忽略大量鲜活的语言和非语言信息，只抱着虚幻的、不一定是事实的想法，以逃避茫然失措带来的焦虑和不安。所以，偏见也会直接或间接影响跨文化沟通。如果一位领导者总是道听途说某位下属的负面消息，长此以往就会对其产生偏见，从而影响两者之间的沟通和合作。

3. 价值观与思维方式

（1）价值观：不同的价值观会导致不同的行为方式。我国传统价值观中有一条是尊老爱幼，乐于助人。然而，美国人价值观中个人的独立性却十分重要，往往只有弱者才需要被人照顾，只要自己能够完成的事情，他们一般都不愿意让别人帮助。因此，在美国向别人提供帮助或表示关心等的方式和程度是根据对方所愿意接受的方式和程度来决定的，这与我们中国人的理解正好是相反的。例如，在美国我们想主动为老人或是背着沉甸甸背包的小朋友提供帮助时，经常会遭到拒绝，因为这会让他们感到"难堪"。在面对身体不舒服时，中国人会接受朋友的建议马上去看医生，因为朋友在表示关心。而把同样的建议提给美国人时，他们对此并不接受，因为他们认为自己的病没有那么严重。因此，当一个美国朋友说他不舒服的时候，你只需回答"I'm sorry to hear that"就足够了。

（2）思维方式：是指一个人的思维习惯或思维程序。人们在自己的文化氛围中形成了具有各自特色的观察问题和认识问题的习惯方式。中国文化的思维方式强调中庸，传统思维还强调全面、整体，中医就是这种思维方式的很好的体现；西方文化则不太强调整体思维（holistic thinking），而是强调具体和个别的分析思维（analytic thinking）。

4. 文化休克与风俗

（1）文化休克：是指在非本民族文化环境中生活或学习的人，由于文化的冲突和不适应而产生的深度焦虑的精神症状。文化休克这种现象的产生常常是由于突然处于异己文化生活环境，或者是长期脱离原先的文化生活环境，后来又回到原文化生活环境；也可以是由于同时坚信两种或多种文化心理时产生的。文化休克常见于移民当中，或者见于在一个社会内，不同文化背景的民族因文化生活环境发生根本性改变的时候。

（2）风俗：是指社会上长期形成的风尚、礼节、习惯的总和。习惯是经过长时间逐渐养成的，一时不易改变的行为、倾向。各个国家和民族之间存在千差万别的风俗习惯。"入乡问俗，入国问禁"就是指这一点，也是国家交往中的常规礼仪。在审美方面，东方人不喜欢的东西，西方人可能喜欢。东方文化中，红色被认为是吉祥的象征，常在婚礼等喜庆场合使用；而在西方，红色更多与危险或警告相关。在礼节习俗方面，日本人初次见面用鞠躬的方式表示问候，欧美国家则用拥抱接吻的方式表示欢迎。

四、跨文化沟通的策略与技巧

（一）跨文化沟通的策略

1. 了解文化差异　在跨文化沟通中，交流双方不仅需要明确各自文化的特点，更要通过各种途径了解对方国家的政治、经济、文化、历史、社会性质、语言特点、生活方式、风俗习惯和地理位置等多方面的情况，然后加以比较，以明确在不同的文化中什么是可以做的，什么是禁忌的。只有这样，才能客观地、深层次地了解文化差异，从而避免误解和冲突。沟通双方都要在了解自己文化的基础上，通过学习和训练提高自己对文化差异的敏感度和认知度。

2. 认同文化差异　跨文化沟通中产生失误和冲突的根源主要是交流双方没有形成文化认同。文化认同是人类对于文化的共识与认可，是人类对自然认知的升华，是支配人类行为的思想准则和价值取向。在跨文化组织中文化认同是相互的，人们需要这种相互的文化认同，以便跨越文化交流中的重重障碍，促进相互的信息、知识、技术的共享和合作。文化认同被认为是指导跨文化沟通的基本原则，一方面可以促进以多元文化为特征的组织（如国际医疗部）在不同文化之间的顺利沟通，促进组织内部的和谐与团结，提升组织的凝聚力和竞争力；另一方面可以确保多元文化的共存。人们都会认为自己坚信的文化是最好的、最文明的和最优秀的，这就是"文化优越感"。培养接受、尊重和认同文化差异的意识，是拓展跨文化沟通视野的良好开端。

3. 融合文化差异　文化融合强调的是对多种文化的扬弃。其结果是形成一种综合多种文化精华的新文化，这与文化认同中保留多种文化是不同的。融合文化差异是了解文化差异和认同文化差异的最终目的。因此，从消除跨文化沟通障碍的效果看，文化融合是所有对策中最有效的一种。由此可见，通过学习跨文化沟通的理论和知识，可以帮助我们善于从文化差异中发现精华，将两种或多种不同文化有机地融合在一起。在与来自不同文化背景的人们交往的过程中，我们就会在意识上正视和珍惜文化差异，在态度上尊重文化差异，在行为上正确表现自己，从而避免文化差异所造成的误会和不信任感，建立良好的跨文化工作关系，在新型的文化环境中做到游刃有余。

（二）跨文化沟通的技巧

1. 培养跨文化意识　具体来说就是"导入"要进行跨文化沟通对象的文化要素，树立文化差异的意识。在有了这个意识的基础上，要主动地学习对方的语言（如句式等）、文化，练习听说能力，以便更好地与对方进行沟通。有了语言的基础后，就可以有针对性地比较沟通对象的文化与自己文化的差异，加强对不同文化差异性的理解。

2. 提高跨文化沟通能力　在有条件的情况下，通过模拟真实情境（通常可以与熟悉目标文化的人员搭档），加强语言实践，强化文化差异性的适应能力，通过模拟和实践来提高跨文化沟通的能力和水平。

3. 正确对待文化差异　其中包含了两个认知的层次：第一个层次是正确意识，承认有文化差异的存在；第二个层次是正确地对待文化的差异，积极地学习、适应、包容它。这个过程要注意保持不卑不亢的态度。文化与国家或者地区的强弱并没有必要的联系，既不能有霸权文化意识，也不可有自卑文化意识。

4. 熟悉掌握沟通的技巧　在语言沟通中，要注意口语交流和书面沟通的不同层面的不同作用。在与对方进行语言沟通时，要留出足够的停顿时间给对方和自己进行语言交换。此外还要注意在沟通时，不能先假设对方已经理解，反而应该先假设对方不能理解，通过不断地检查来估计对方对你的话语的理解程度。

在进行跨文化沟通的时候，应该留意对方的身体语言。我们可以借助观察对方的手势、面部表情等身体语言来了解他的意图；另外我们也要熟练地使用身体语言，一方面可以运用身体语言更好地表达我们的意思，减少语言沟通的障碍，另一方面可以减少有歧义的身体语言的出现，以免造成误会。

第二节　人际冲突情境下的人际沟通

人际冲突是社会生活中一个普遍存在的问题，它起始于人们不同的理念、经验和价值观。发生了人际冲突，如果不及时有效地沟通和处理，冲突可能会伤害到人与人之间的关系。

一、人际冲突概述

（一）人际冲突的含义

冲突（conflict）是指个人或群体内部、个人与个人之间、个人与群体之间、群体与群体之间有互不相容的目标、认识或情感，并引起对立或不一致的相互作用的状态。冲突是普遍的现象，有各种各样的表现形式，如暴力、破坏、争吵等。归纳起来冲突主要有三种类型：内心冲突、人际冲突和组织冲突。

人际冲突（interpersonal conflict）是指人与人之间在认识、行为、态度及价值观等方面存在的分歧。人际冲突是客观存在的，几乎无法避免。组织行为学认为：如果与合作者的所有冲突都不存在的话，每一方都不可能获得有关别人的偏好与看法的有用的信息。如作为置于组织环境中群体间的或者个体与群体间的有互动行为联系的医患双方，不同利益间的冲突是不可避免的。医患间的冲突主要源于医患双方在医疗过程中的地位不当和相互的期望不同，从而所作出的适当的反应。医患间冲突有一系列的消极后果，例如导致患者产生不信任，以致难以公开谈出自己的需要或疑虑；甚至导致其不遵从，出现攻击行为等。

（二）人际冲突的类型

1. 多伊奇的五类冲突理论

（1）平行的冲突：存在客观的分歧，而且双方都准确地知觉到了这种分歧。

（2）错位的冲突：一方可能有一个客观的理由，而且察觉到冲突的存在，但是却不直接针对问题本身。

（3）错位归因的冲突：存在客观的分歧，但是双方对这种分歧并没有准确的知觉。

（4）潜在的冲突：分歧是客观存在的，但是双方还没有感受到这种分歧。

（5）虚假的冲突：双方有分歧，但是这种分歧并没有客观的基础。

2. 根据冲突的二重性分类 人际冲突分为建设性冲突（功能型冲突）和破坏性冲突（功能失调型冲突）。一般来说，建设性冲突对事物发展有积极意义，反之，破坏性冲突对事物发展具有消极意义。二者在态度、结局和对组织的贡献等方面都有着各自的特点与作用，见表7-1。两者的划分不是绝对的，有时可以互相转化。

表7-1 建设性冲突与破坏性冲突

项目	建设性冲突	破坏性冲突
彼此的态度	乐于了解对方的观点或意见	不愿听取对方的观点或意见，双方由意见或观点的争论转变为人身攻击
对结局的期待	双方对实现共同目标非常关心，以争论议题为中心	双方对赢得观点的胜利最为关心
信息再交换	双方交换情况日益增加	双方交换情况减少，以至于完全停止
作用	提升组织的活力，帮助个体和群体建立认同感，产生新的观点，刺激创造性，激励组织变革	耗费工作精力，威胁心理健康，浪费资源，产生消极的工作氛围，破坏群体的凝聚力，增加组织人员间的敌意和攻击性的行为

（三）引起人际冲突的理论学说

冲突产生的原因有很多，主要有以下几种理论学说。

1. "寻衅 - 认可"学说 心理学家霍斯曼从操作心理学的角度提出，假如一个人受到意料之外的惩罚或没有获得意料之中的回报，就有可能发生冲突。预料中的事情未能实现会导致恼怒，就极可能采取寻衅行为。寻衅行为的后果越有价值，采取寻衅行为的可能性就越大。

2. "公平分配"学说 由 E. 沃尔斯特、贝尔谢德和 G. 沃尔斯特提出，人们总是将其自身的利益与他人的利益相比较，认为那些投资量大致相仿的人的收益也应相近。一旦公平分配的原则被打破，就会出现不利情况，人们就会恼怒。可以设想，人们会采取行动使公平分配得以恢复。

3. "利益最大化"学说 布劳从经济学的观点出发，认为冲突是交换关系中固有的，因为人们的动机是要用最小的代价获取最大的回报，因此人人都试图在关系中占有有利的地位。各社会群体对公平交换均形成自己的一套准则，当处于公平交换的一方破坏了这样的准则，即有可能发生人际冲突。

4. 福阿的资源说 由福阿提出，他认为冲突产生有两个主要原因为：第一，在某一固定的资源供需双方中，当一方拒绝给予另一方资源，从而造成资源的短缺，这时就会发生冲突。第二，资源的交换在人际传播的过程中发生了误解。

5. 杜布林的观点 人际冲突主要产生于人的个性、对有限资源的争夺、价值观和利益的不同、角色冲突、彼此间追逐权力、对职责界定不清、组织变动以及组织风气不正这八个原因。

二、人际冲突的原因与处理方式

（一）人际冲突的原因

人际冲突产生的原因复杂多变，可归纳为以下三个方面。

1. 沟通 语义理解困难、相互误解，相互之间沟通过少或沟通过于频繁及在沟通渠道中的噪声等，都可能引起人际冲突。例如医患之间的认知差距，医务人员与患者及家属沟通不够，未能让家属充分了解医学的局限性及疾病发展的不可预测性；当患者发生未预料到的死亡时，家属更是不能理解，从而发生纠纷。如果医患之间能进行及时有效的沟通，双方能互相理解，消除误会，有些医患纠纷是可以避免的。现实生活中，亲人之间、朋友之间、同事之间，如果遇到问题能及时沟通，大部分人际冲突是可以避免的。

2. 组织 组织变动、规模过大、权责不清、领导的风格不具有亲和力、奖酬体系不合理、分配给成员的任务与能力不符等，均可导致人际冲突。例如组织变革过程中需要对组织要素进行调整、改进和革新，这常常会引发不同群体之间的利益冲突、观念冲突等；又如组织在人员选拔过程中需要做到个人能力与岗位职责匹配，如果个人能力不能胜任岗位职责的要求，将会导致工作中一系列的冲突。

3. 个人 每个人的内在素养与处事风格不同，会导致在工作过程中产生一些摩擦，也是人际冲突产生的原因。例如一些医务人员缺乏与家属沟通的技巧，未能使家属了解医学的局限性及疾病发生难以预料的突然变化的可能性；或者因态度不好，引起家属不满，而引发冲突。

（二）人际冲突的处理方式

人际冲突处理方式（interpersonal conflict management styles）是一种持续一致的对待冲突事件和冲突对象的行为意向，其表现为一系列可见的行为，并构成一种固定的模式，具备一贯的、共同的特征。

美国行为学家托马斯提出冲突行为的二维模型。他认为在发生冲突以后，冲突参与者的反应有两个主要维度：坚持己见和合作性。坚持己见表示在追求个人利益过程中的坚持程度，合作性表示在追求个人利益过程中与他人合作的程度。于是，根据合作性与坚持性的不同组合，出现了五种不同的冲突处理的策略：竞争、合作、妥协、迁就和回避。拉希姆、沃尔、坎尼斯特也使用了和托马斯相似的概念，五种管理策略的名称有所改变，但是大都没有摆脱二维度的研究范式。综合各学者根据二维分析法得出的冲突处理方式，通常有五种方式，即竞争、支配、强迫，协作、整合、解决问题，迁就、顺从，折中，回避。

与普遍的二维模型不同，利克特瑞提出一种冲突管理的三维模型，这三个维度分别是关心自己的观点、关心别人的观点和理性的破坏。在这一模型中，前两个维度反映从相反的角度看待或讨论问题的程度，第三个维度描述了在看待或讨论问题过程中个人情绪因素的作用。该模型考虑了情绪因素的作用，很好地把问题和情绪区分开来。从这一点来说，该模型具有一定的进步意义。

遵循支持、利用建设性冲突和及时预防、制止破坏性冲突的原则，选择适当的冲突处理方式是建立和维持良好的管理沟通的重要保证。人际冲突大致有五种不同的处理方式，即回避、对抗、妥协、迎合及合作，如图7-1所示。在处理人际冲突过程中采取何种方式，主要取决于冲突中个体本身的需求或目标。这五种冲突处理方式代表着自信与合作的

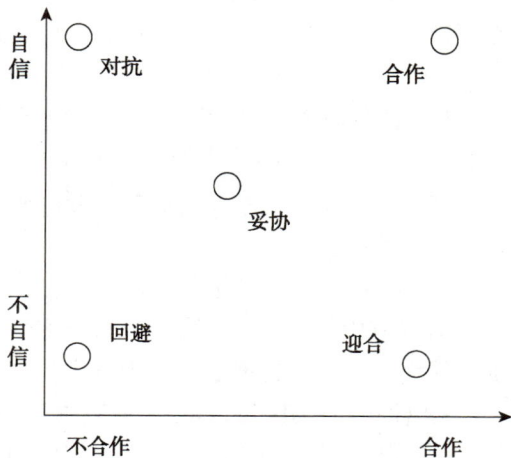

图7-1 人际冲突的处理方式

不同程度的组合。

1. 回避（evade）　回避（退避）方式是两个维度都很低的逃避对抗的策略，是一种被动的行为反应形式，在思想和行动上都表现为退出冲突，采取退缩或中立的倾向。该做法有时是为了让冲突自行发展，但更多的是为了避免紧张状态，利于避免冲突升级。在医患关系中，由于个性冲突、不同价值观体系和对立的直觉而造成高度情绪化的冲突，可用回避的处理方式。

2. 对抗（resist）　对抗（强制或竞争）方式是坚持性高、不合作地牺牲对方的策略，这种方式有可能被误用，也有可能正是组织所需要的，对抗方式的结果应有明确的预见性。它有两层含义，其一是采用针锋相对的方式，在冲突中寻求满足自我利益，不考虑他人感受，对抗者通常将冲突看成一场胜负较量，带有强权和支配因素。其二，通过双方博弈，使对抗一方陷入绝境，另一方作出决策，并为决策负责。如果双方实力悬殊较大，一方有能力解决这个问题，对抗可能非常有效。例如患者对医生产生不信任，难以公开讲出自己的需求或疑虑，会导致患者的不遵从，甚至出现攻击行为等。

3. 妥协（compromise）　妥协方式是两个维度适中的双方让步、双方权宜接受的策略，指冲突双方寻找中立立场，愿意放弃自身某些利益以满足对方的部分需要，从而在让步中达成某种协议。由于各方可以将他们的损失减少到最低限度，同时又能有所收获，因而妥协方法能够奏效，但妥协不当容易导致问题再次发生或者对方的要求变本加厉。这是医疗机构在处理医疗纠纷过程中常采用的方式，虽能够获得医患双方满意，但会制造出一种权宜之计的气氛，可能会导致患方更强的对抗行为。

4. 迎合（pander）　迎合（克制）方式是合作性高、坚持性低，牺牲自己、满足对方的和解顺应策略，在冲突情况下通过尽量弱化冲突双方的差异，把对方的需求放在高于自己的位置，以求维持和谐的人际关系，以暂时退让换取长久信任。在卫生管理中，以患者为中心实施良好的人际沟通，是医疗卫生机构适应新形势的需要而形成的全新服务模式和思维方式。

5. 合作（cooperate）　合作（统合）方式是两个维度都高的求同存异策略，指冲突双方希望满足两方利益，达到"双赢"的局面，而不是彼此挑剔、责备。这种合作处理方式并非在所有情况下都适用，但是如果使用适当，能使冲突双方获得最大限度的利益。

三、人际冲突的沟通原则与策略

（一）人际冲突的沟通原则

1. 互酬原则　在人际交往中，人与人之间的关系是相互的，其行为具有互酬性。彼此有所施，也有所受。"互酬"不仅包括物质内容，也包括精神和情感方面的内容。互相支持，使双方都得到心理满足，这就是一种互酬。在交往中，应该常常想到"给予"而不是"索取"。相反，如果"取而不酬"，就会失去人际沟通的意义。

2. 自我袒露原则　把自我向别人敞开比避而不谈更能使人产生好感，并且这种好感也会反弹给袒露的对象。自我袒露绝不等于毫无顾忌，这中间的分寸感很重要。如果忽视了这一点，会在交往中引出一些麻烦。

3. 真诚评价原则　人们在相互交往过程中免不了要互相议论，互相评价。而评价水平的高低，取决于评价者是否真诚和符合实际。在评价别人时，要真诚、实事求是，切忌口是心非、阳奉阴违、无中生有、嫉妒诽谤。好感或反感是一种情绪定势，影响这种情绪定势的重要因素就是双方交往的态度，与人为善、开诚布公被视为交际的美德。因此，对人评价的态度要诚恳，情感要真挚。

4. 互利性原则　要解决人际关系不协调的这种矛盾，就要采用互利性原则。"互利"就是矛盾双方都能接受调解，都认为调解对双方有利。首先，人与人之间的交往是由共同活动引起的。共同活动是交往的前提，离开了共同活动，就谈不上交往。其次，交往的实质是人与人之间不同形式的接触。接触中了解别人，也让别人了解自己。人们在共同活动中的接触，是为了达到心理上的相互影响,而心理上相互影响是极其复杂的。

我们有时说沟通是一门"艺术",是因为在沟通过程中,无论是出于怎样的目的,我们都需要有所创造,改变以往不假思索、以自我为中心的表达方式,在平铺直叙的信息中增添亲切、温暖、生动等人性化的因素。

(二)一般性人际冲突的沟通策略

沟通专家提出处理人际冲突的九种沟通策略,可单独或组合使用。它们有其特定的适用场合和特点,见表7-2。

表7-2　处理人际冲突的九种沟通策略

名称	含义	弹性	互动度	适用情况
按兵不动	面对不同意见,单方面决定维持现状,不采取任何行动	低	低	需要时间搜集资料、请求支持或暂时没有能力处理事件时
粉饰太平	通过强调共同点、淡化差异点的方式来推销观点	低	中等	自己的想法清楚,但缺少决策者的支持或为组织的稳定性回撤决议时
铁证如山	单方面运用权势和影响力,使他人听从意见	低	低	对问题的解决有足够把握,不需要成员再讨论,想法不可能改变时
制定规则	以客观规定或准则作为不同意见处理的准则,如投票	中等	低	当过程比结果重要或任何进展都比维持现状要好时
和平共存	在共同协议下,各抒己见,各行其是	中等	中等	当双方都坚信自己的意见是正确时
讨价还价	通过交易、协商,有争议的双方得到自己所期望的	中等	高	当协议达成,双方都能从中得到较大好处时
弃子投降	不同意对方的意见,但也不发表自己的意见,最后按照对方的看法处理	高	低	高度相信对方的实力,事件本身对自己无关紧要
全力支持	不同意对方的看法,但在一定限度内鼓励对方实施	高	中等	对方有能力但缺乏自信
携手合作	通过坦诚的讨论交流,将所有意见系统地整合在一起	高	高	事件本身十分重要,且有充裕的时间相互沟通,参与者之间值得信任

(三)卫生管理人员的人际冲突沟通策略

1989 年世界医学教育联合会著名的《福冈宣言》指出:"所有医学生必须学会交流和处理人际关系的技能,缺少同情应该看作与技术不够一样,是无能力的表现。"1999 年 6 月 9 日,经纽约中华医学基金会(China Medical Board of New York)理事会批准资助,成立了国际医学教育专门委员会(Institute for International Medical Education,IIME),该委员会的任务是为制定本科医学教育"全球最低基本要求"提供指导。2001 年 11 月,IIME 正式出台《全球医学教育最低基本要求(又称最低标准)》文件,为各国在医学教育标准方面的互认搭建了一个国际性平台。文件中的"最低基本要求"涉及七个宏观的教学结果和能力领域:①职业价值、态度、行为和伦理;②医学科学基础知识;③沟通技能;④临床技能;⑤群体健康和卫生系统;⑥信息管理;⑦批判性思维和研究。

良好的人际沟通是现代医学实践的思维方式和行为准则,是医疗卫生服务的重要环节,是医学专业与人文言行融合的平台。良好的人际沟通能够提高诊疗技术和人文服务水平,取得患者和社会的信任与合作,促进医学事业与社会文明的进步和发展。卫生管理人员必须掌握人际沟通策略。

1. 卫生管理者要有"未动先知(止)"的能力　在卫生管理中,大量纠纷案例显示,约 60% 起源于沟通不良。任何"复杂事物"或多或少都会有预兆,在发生前会经历孕育过程。当患者对诊疗过程质疑时,内心已产生不良情绪和不信任心理,此时,卫生管理人员应及时与患者家属进行良好的沟通，才能达到"未动先知（止）"的效果。

2. 纠纷早期要回避当事人 医患纠纷发生后，早期处理十分必要，因为矛盾仍处于初期，处理起来较容易。卫生管理者的调解要先经过一个"冷处理"阶段。当事人正在气头上，不利于矛盾的解决，所以与当事人暂时分开，或让其中一方回避。

3. 态度端正 纠纷一旦发生，患者家属一般最先找院方管理者理论，此时要热情接待、态度积极，不要让患者家属对科室的意见转化成对医院的不满，使原本可以及时、简单处理的矛盾进一步复杂化。在患者初次反映问题时，管理者不能过分冷淡或以不了解情况为由推诿不管，把矛盾推向当事人或科室，这种方法往往会适得其反。此时最重要的是弄清事实真相，如请当事人说明纠纷的原因及具体情况等。

4. 以情动人 患者是有复杂思维、有各种不同心理需求的个体，人文关怀要伴随始终。一旦出现纠纷，患方必定有强烈不满情绪和不平衡心理。所以，当面对患者家属的质疑时，无论科室或医院管理者首先要对患者提出的问题表示理解，对其所经历的事情表示同情，在语言和情绪上先迎合患者一方，认真听取诉说，切忌冷漠、"摆架子"。实践证明，使用良好的语言和情感交流的方式有利于缓解患者激动、不良的情绪。

5. 做到"外圆内方" "外圆内方"理念在外交场合备受推崇，解决医患纠纷时，"外圆"是指在接待患者家属时要表现出热情、诚意，利用方法使对方尽快摆脱激动情绪，从对抗、不信任转为科学、实事求是地面对现实的状态，增加彼此间的信任。"内方"是指当事人和管理者要心中有数，既要用热情来征服对方，内心又要坚持原则性。内心原则和事实真相在交流中不宜过早暴露，即使合理让步，也须循序渐进。

第三节　危机人际沟通

随着全球化日益深入和跨国移民日益增多，战争、恐怖袭击、自然灾害和公共卫生危机等问题成为当今全球治理需要直面的现实挑战。从"9·11"恐怖袭击事件、伊拉克战争，到汶川地震、日本海啸，再到近几年发生的肆虐全球的新冠疫情，危机一次又一次地向人类发出挑战。当今人类面临的任何一场危机都是复杂环境的产物，危机事件受到政治、经济、军事、科技、文化等诸多要素的影响并产生反作用，往往牵一发而动全局。在危机发生时，良好的危机沟通能够转"危"为"机"，因而显得尤为重要而紧迫。

一、危机的含义与特点

（一）危机的含义

"危机（crisis）"一词最早出现在古希腊的医学用语中，主要指治疗上的一个"转折点"，患者或者逐渐康复，或者逐渐恶化直到死去。根据《现代汉语词典》的解释，危机是"潜伏的危险"或"严重困难的关头"。对于"危机"一词，各国学者也有着不同的理解。

赫尔曼（Hermann）认为："危机是某种特定的形势，在这种形势中，其决策主体的根本目标受到威胁，而且作出决策的反应时间很有限，其发生也出乎决策主体的意料之外。"

罗森塔尔（Rosenthal）和恩伯格（Enburg）则将危机定义为："对一个社会系统的基本价值和行为架构产生威胁，且在时间性和不确定性很强的情况下必须对其作出关键性决策的事件。"

巴顿（Barton）提出："危机是一个会引起潜在负面影响的具有不确定性的大事件，这件事会对组织及员工、资产和声誉等造成巨大损害。"

里宾杰（Lerbinger）将危机定义为："对企业未来的获利性、成长性乃至生存构成潜在危险的事件。"

归纳学者们的观点,危机是一种使个人或组织遭受较为严重的损失或面临严重损失威胁的突发事件,这种事件在很短的时间内波及较为广泛的层面,对个人或组织产生较恶劣的影响。为了使危机所造成的损害降至最低限度,人们必须在一定的时间内作出关键性决策和具体应对措施。

(二)危机的特点

1. 突发性(suddenness) 危机的爆发往往都是不期而至,令人措手不及的。危机在爆发前往往被人们认为是不可能的,或者不能够确切知道在什么时间、什么地点会发生怎样的危机,它完全是一种突发性的巨大意外事件,在毫无准备的情况下瞬间发生,并带来混乱和惊恐,"9·11"恐怖袭击事件、新冠疫情等突发性危机,比地震、水灾等常见的自然灾害更难以防范,对人员、资本具有更大的破坏力。

2. 紧迫性(urgency) 危机发生后,情况往往瞬息万变,危机的应对和处理具有很强的时间限制,任何延迟都有可能带来更大的损失,危机管理者需要在时间、信息等资源严重制约下作出正确的判断和决策,一旦发生决策失误就有可能付出巨大的代价。

3. 不确定性(uncertainty) 由于人们无法获得危机爆发时的全面信息,以及环境的不确定性,对危机的性质、危机未来发展的可能及对组织或社会造成的影响,人们往往不能准确把握,这就造成了危机的不确定性。许多重大危机最后可能会导致意想不到的结局,也使得危机因其不确定性而更具破坏力。

4. 威胁性(threatening) 危机的出现会威胁到一个社会或者组织的基本价值或者目标。危机的产生会对过去事件维持的稳定状态构成一定的威胁,对重大利益问题产生影响,对个人生命和财产安全构成威胁,对社会的秩序和稳定带来损害。美国曾做过一项研究:如果某公司的危机公关处理不当,6个月后公司股价将下跌15%;如果处理得当,6个月后公司股价会上升7%。

5. 双重效应性(double effects) 即危机的破坏性与建设性。危机必然会造成未知的不同程度的破坏,如人员伤亡、财产损失、利润下降等影响。但危机也是机会和转机,危机可以促进制度革新,处理危机的过程也是展示形象或塑造形象的难得机遇。例如,严重急性呼吸综合征(SARS),自2002年年底爆发,历时8个月,给我国带来了巨大的损失;但也正是在SARS危机爆发之后,我国政府完善了公共卫生服务体系,提高了突发公共卫生事件的应急管理水平。在此次应对新冠疫情时,我国向世界展示了中国负责任的大国形象。

二、危机沟通的特点与障碍

危机状态下的沟通需要参与应急处置的各方、受到事件威胁的人群之间有效地交流与危机相关的信息,最终达到规避、消除威胁,减少正在发生的损失,挽回已发生的损失的目的。有效实施危机沟通,避免和化解所遇到的各类危机,并充分利用危机中的各种机遇,增强组织对不确定环境的适应能力,是当前环境下任何一个组织都必须承担的艰巨重任。

危机沟通(crisis communication)是以沟通为手段,以解决危机为目的,个体与组织为了防止危机发生、减轻危机造成的破坏或尽快从危机中得到恢复而产生的一种行为和行为过程。危机沟通是处理潜在危机或已发生危机的有效途径。在卫生管理领域,适时、合理的危机沟通可以增加医疗卫生服务领域对公众的透明度。危机沟通既是一门科学也是一门艺术,它可以取得危机中的机会部分,减少危机中的危险成分。

(一)危机沟通的特点

1. 紧迫性(urgency) 危机往往是突然发生的,此时,危机沟通主体面临着公众强烈关注、沟通面广的状况,面临社会对信息需求量增加的情形,失败的危机沟通往往对危机沟通主体形象具有杀伤力。因此,危机沟通具有极强的时间紧迫性。

2. 非常规性(unconventional) 危机常常是一种前所未有的新的特殊情境,对此,既无法用原有的知识和经验进行判断,也无法用原有的方法手段来应对。因此,为了迅速控制并化解危机,稳定人心,必须采用非常规性的手段和措施。

3. 不确定性(uncertainty) 危机沟通是在高度不确定的、复杂的情境中进行的。在沟通的过程中,信息、资源严重稀缺,很难对事件的形成、发展、演变给出明确判断,沟通的基调和方式难以把握,使得危机沟通的过程充满了不确定性。

4. 互动性(interactive) 在危机沟通过程中,沟通主体和客体之间存在着强烈的互动性,沟通主体所传递的信息、思想、情感和价值取向等,都会直接迅速地对沟通客体产生明显的影响,并且这种影响的后果会较为快速地表现出来。与此同时,沟通客体的反应、情绪、要求、建议等,也会对沟通主体产生直接的作用。

(二)危机沟通的障碍

1. 危机沟通障碍的含义 危机沟通障碍(crisis communication disorder)是指危机前到危机后的沟通过程并不是一种理想的有效沟通过程,由于组织文化和成员的危机认知差异以及组织外部环境等因素的存在,会导致危机沟通不畅,或未能达到沟通目的和效果。

2. 导致危机沟通障碍的因素

(1)缺乏危机沟通意识:危机爆发前,一些组织管理者过于自信,被眼前的假象蒙蔽了双眼,认为组织运转一切正常,危机不会降临到自己头上,自己没有预测危机的必要,更没有必要做任何危机前的沟通准备。因此,一旦危机发生,就措手不及,不知该与谁沟通,也不知道如何进行沟通。

(2)封闭式的组织文化:组织文化是组织在长期发展中形成的,是组织成员共同的价值观和行为准则。在一个封闭式组织文化中,组织内部缺乏有效的纵向和横向沟通,组织外部缺乏与利益相关者和其他相关的组织或机构的相互交流和沟通。所以一旦危机发生,组织内部就会一片混乱,气氛紧张,人心涣散;组织外部则谣言四起,各种压力纷至沓来,使事态进一步恶化。

(3)缺乏预警系统:所有危机在真正降临之前,都会出现一系列征兆,产生预警信号。在网络科技发达的今天,利用电子媒介就可以轻松获取一些危机信号,如媒体或公众在网络上的观点和评价等。组织成员之间的相互埋怨,医患纠纷案例的增多等也是危机的前兆。但由于组织缺乏必要的预警系统,不能捕捉到这些信号和变化,危机在毫无防备的情况下突然发生,使管理者措手不及,导致结果一步步恶化,甚至到了无法挽救的地步。

(4)不善倾听:处于第一线的人员往往是最初的危机感应者。然而,当他们将自己的担忧和意见向上反映时,上层管理者若不以为意,便不可能采取任何积极的措施。比如,年轻的住院医师可能对手术过程中的某一步的操作,提出了自己的看法和观点,而且是正确的,但主刀的主任医师凭借自己的经验或碍于面子,忽视了年轻医师的建议,使患者术后留下了后遗症或出现了生命危险。

(5)提供虚假信息:由于危机的突发性和破坏性,有时在危机情况下,管理者往往因惧怕事态扩大而不愿意与媒体交流,忽视和公众进行沟通,或者为掩盖事情的真相而向公众提供虚假的信息,掩盖危机事件的真实情况,或者"做表面文章",不进行实质性的有效沟通,从而陷于被动地位,错失在危机发生的第一时间与相关各方进行有效沟通的机会。

(6)缺乏应变能力:面对突发事件,很多管理者常常会用长期形成的思维定式来思考问题,处理不够灵活,按部就班,力求"四平八稳",这是危机沟通上的一个重大误区。由于习惯于平时较为平稳正常的运转环境,缺乏危机沟通的意识以及危机前的必要准备,一旦危机来临就显得措手不及而无法应对,最后导致危机管理失控。

三、危机沟通的原则与策略

（一）危机沟通的原则

1. "3W"原则 "3W"原则是指在任何一场危机中，沟通者都需要尽快知道三件事：我们知道什么（What did we know），我们什么时候知道的（When did we know about it），我们对此做了什么（What did we do about it）。寻找这些问题的答案和所用的时间将决定这个反应是成功还是失败。如果组织对危机认识得太晚或者反应太慢，掌控全局就变得困难。解决危机过程中最大的敌人就是"正规渠道"的信息真空，造成"非正规渠道"的信息"满天飞"，这时组织就有可能作出错误的决策和采取不当的措施，不仅会丧失解决危机的主动权，还会将危机扩大。

2. "4R"原则 "4R"原则是指在收集正确信息后，对组织在危机中的态度给予定位。这四个方面是遗憾（regret）、改革（reform）、赔偿（restitution）、恢复（recovery）。与危机打交道，要求一个组织表达遗憾、保证解决措施到位、防止未来相同事件的发生并且提供赔偿，直到安全摆脱危机。

3. "8F"原则 "8F"原则是沟通时应该遵循的八大原则。

（1）事实（fact）：向公众沟通事实的真相。

（2）第一（first）：率先对问题作出反应。

（3）迅速（fast）：处理危机要果断迅速。

（4）坦率（frank）：沟通时不要躲躲闪闪。

（5）感觉（feeling）：与公众分享组织的感受。

（6）论坛（forum）：组织内部建立一个最可靠的准确信息来源，获取尽可能全面的信息。

（7）灵活性（flexibility）：对外沟通的内容不是一成不变的，应关注事态的变化。

（8）反馈（feedback）：对外界信息作出及时反馈。

（二）危机沟通的策略

有效的危机沟通可以使组织和公众间的关系更为和谐。适时化解危机，才能保证组织的正常运转。及时发现和解决组织中存在的问题，需要根据危机发生的不同阶段，运用合理的沟通策略。

1. 危机前期 危机前期的主要任务概括起来为"预警识别，未雨绸缪"。法国未来学家H. 儒佛尔曾提出："没有预测活动，就没有决策的自由。"这说明有效预测是英明决策的前提，这也成为后世经典的管理学定律——儒佛尔定律。在危机尚未爆发之时准确识别诱发因子，建立起预警机制，树立危机意识；尤其是在应对突发公共卫生事件时，更是要以最快的速度和反应力制定相应的应急预案，及时、准确地判断危机的触发点，避免危机大范围、高能量的爆发。

（1）危机调查：危机调查是危机发生之前，在组织的内部和外部通过民意测验、问卷调查或交叉审计等方法了解组织现阶段的处境和现状。内部调查侧重内部关系和可能的影响，包括阻碍组织发展的内部瓶颈、存在的主要问题、成员的危机意识、与媒体的关系等；外部调查侧重外部关系可能的反应，包括媒体舆论报道、政府干预程度、顾客与社会公众等的反应。

（2）危机预测：危机预测是通过整理分析调查得到的资料信息，以预测危机爆发的可能性和潜在性，并为有效避免或处理危机做好思想上和措施上的充分准备。根据危机预测坐标图描述危机发生可能性的大小，方法直观、清晰。在图7-2中，横轴表示危机发生概率，纵轴表示危机影响值，它包括四个区域（象限），其中第Ⅰ区域表示危机发生的可能性大，危机造成的影响也大；第Ⅲ区域表示危机不容易发生，且造成的影响不大。

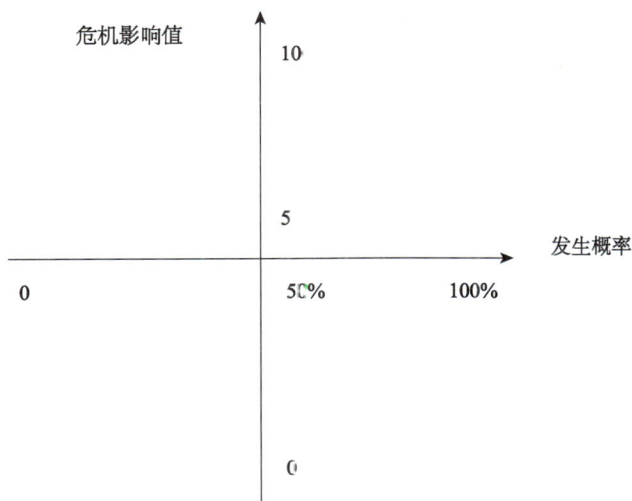

图 7-2　危机预测坐标图

危机影响值是在没有外界干预的情况下,对危机发生后所产生的损害作出的评估。危机影响值的大小通常可以通过调研对象对设定的若干指标在危机发生时可能产生的影响作出主观评估,以 0～10 表示,是危机具体化的表现。

危机发生概率是用数字表示潜在危机发生的概率,即将"不大可能""绝不可能""绝对会"等加以量化,如危机不可能发生的概率为 0,一定会发生的概率为 1,中间设有相应发生概率的档次。

2. 危机爆发阶段

(1) 锁定沟通对象:这是危机发生时的首要任务,必须弄清沟通的对象是谁,进而掌握沟通对象的信息,包括沟通当事人和沟通对象的想法、立场、优势、劣势、条件等。因为危机不同,例如大规模爆发流行的传染病疫情和某医院内部出现的医疗纠纷,其沟通的方式和对象就是不一致的;前者需要借助媒介向社会公众进行告知,而后者就没有这个必要。

(2) 真诚沟通,实事求是:在危机发生后,负责危机处理的管理者要由专人负责与当事人、社会公众、媒体的协调工作。无论是面对媒体还是社会公众,或是由危机造成损害的受害者,都要以诚恳的态度与其进行沟通,告知事实真相和处理方案,做到实事求是、不隐瞒、不编造,消除公众的疑虑,掌握舆论的导向,使危机的消极影响降到最低。

(3) 勇于承担责任,公众利益至上:组织与利益公众之间的关系一旦发生危机,最有效的办法就是协调好利益的关系,承担起危机的责任,尤其是要使受害者的利益得到最大限度的保护。社会公众是政府服务的对象,更是医疗行业的服务对象,漠视公众实际上是无视自己的生存条件。所以,卫生管理者必须具有公众利益至上的公关意识,对待受害者及其家属要尽其所能给予帮助。当卫生管理者与公众或矛盾的当事人存在利益冲突时,应有以受害者利益为重的大爱理念。

(4) 及时行动,权威证实:危机发生后,危机处理者要及时赶到现场,迅速查明事实真相,及早采取措施。由于医疗技术的专业性和局限性以及人体结构的复杂性,在一些疾病的诊治、急救处理中难免会出现医疗伤害,医患之间相互不理解、对责任界定有较大分歧的情况,这时需要依靠相关权威部门的鉴定,用权威的力量证实某种"说法"的存在或不存在。

(5) 建立媒体联系,积极与新闻媒体合作:新闻媒体是危机消息最主要的传播者,它的地位十分重要。新闻媒体总是以最快的速度向社会报道危机发生的细节情况。危机消息通过媒体向社会广为传播,又深刻长远地影响着社会群体的心理和行为。因此在危机发生时,卫生管理者采取与媒体合作的态度是十分必要的,这种态度本身可以在某些程度上化解危机对医疗机构所造成的负面影响。如果没有良好的媒体联系,不实报道容易扭曲大众的认知,造成的错误舆论,又会对医疗机构造成更深层次的危机。

3. 危机后的沟通　　严格来讲,危机没有"结尾",危机过后的稳定状态可能成为新的危机的起因。危机沟通不仅是在危机发生时才进行的一种处理方式,危机的事后沟通在整个流程中也十分必要。危机的事后沟通包括继续进行大量沟通来弥补信息不足,避免误解;巩固前期努力以将危机的负面影响降到最低;追究责任人,进行奖惩和损失补偿。可通过委托第三方对组织进行独立评估和调查,总结经验和教训,关键是"学习反思,亡羊补牢",进而制订周密的计划和对策,以防危机再次来临。

思考题

1. 生活中,时常看到陌生人之间由于一些小事(如两辆车剐蹭等)发生摩擦,有时冲突会愈演愈烈。你如何看待? 如果你是冲突当事人之一,你将怎样解决冲突? 如果你是旁观群众,你该怎么做?

2. 假设你是一家中美合资医院的人力资源培训专家,由于医院的不断壮大,专业分工越来越细,医院院长决定将口腔科分离出来,建立口腔医院。口腔医院的部分管理者将从美国调任。院长希望你写一份培训方案给他,主要包括语言沟通培训、非语言沟通培训、重要文化差异培训。

3. 近日某地区有媒体曝出,某种与人们生活息息相关的食品中加入了非食品添加剂成分,并大量流入市场,出现相当多的就医患者都曾食用过该食品的现象,舆论矛头直指当地食品监管管理部门,其形象与威信受到了很大冲击。如果你是该地食品监督管理部门的负责人,请模拟危机情境,制订沟通策略,包括在舆论压力下作出决策,与其他部门沟通,对此次危机事件作出的声明,接受媒体采访,回答社会各界提问等。

4. 做一个传话游戏
   目的:领悟良好的人际关系是建立在沟通的基础上,而不是建立在道听途说的基础上的。
   规则:任课老师给第一名同学讲述一件事情(包括缘由、结果和中间涉及的人物等),再由该同学转述给另一位同学,以此类推(中间可设置多名同学),由最后一名同学作为信息最终接收者叙述整个事件的经过,并与第一名同学核实,请在场同学和老师监督评判。

(王国平)

下篇 礼 仪 篇

第八章 礼 仪 绪 论

礼仪是人们在社会交往过程中，为了相互尊重，在言谈、仪表、仪态、仪容、仪式等方面共同认可、约定俗成的规范、准则，体现着一个人对他人和社会的尊重和认知水平，是一个人修养、学识和价值的外在表现形式。随着社会和时代的发展，礼仪早已浸透到人们生活的各个方面，并占据着越来越重要的地位，起着越来越重要的作用。礼仪作为一种特殊的社会文化现象，它反映着一个国家的国民素质，体现着一个民族的文明程度。具体到个人，社会生活中的礼仪无处不在，俯拾即是。人际的交往和沟通，团体之间、企业之间的各项活动，时时刻刻都离不开礼仪，礼仪早已成为人们生活中的重要媒介。

第一节 礼 仪 概 述

一、礼仪的内涵与特点

（一）礼仪的内涵与历史地位

1. 礼仪的内涵 礼仪（etiquette）是人们在社会交往中受到历史传统、风俗习惯等因素影响而形成显示出来的，也可以说，礼仪是一种待人接物的行为规范，是人们在人际交往中使用的一种艺术，是人类社会维护秩序的方式。礼仪作为中国传统文化的一个重要组成部分，以其丰富的内容、完善的准则和完备的体系，对中国社会和历史的发展产生了广泛而深远的影响。中国古代的思想家对礼仪作出了经典的解释。孔子人为："礼也者，理也。"他认为"礼"是为人处世的道理。荀子主张："礼者，养也。"他认为"礼"体现着一个人的教养。汉代许慎解释道："礼，履也。"他认为"礼"是做人的规矩。《礼记》中写道："夫礼者，自卑而尊人。"可见，礼仪是律己、敬人的一种行为规范。对每个华夏子孙来说，礼仪在更多时候体现的是一个人的修养和品位。礼仪的主要目的就是促进社会的稳定、和谐。礼仪包含了人们的衣、食、住、行以及人们的交往和沟通等各个方面，俋最重要的是这些礼仪都必须被人们认同。

在中国传统文化中，"礼仪"包含了"礼"与"仪"两个词的概念。"礼"是制度和规则；"仪"是通过一定的形式、程序、动作等表现出来的礼，也可以说，仪就是礼的具体表现形式，礼是内在的要求，仪是外在的形式。现代"礼"和"仪"充分融合，逐渐合成一个词——礼仪，意思是"礼节和仪式"。在西方，礼仪一词是指"人际交往的通行证"。由此可见，礼和仪是密不可分的关系，如果缺少了一部分就不是完整的礼仪。现代人们对"礼仪"这个词的理解一般有广义和狭义之分：广义是指一个时代的典章制度，狭义专指人们的行为规范、规矩、礼节等。礼仪要求人们在社会活动中的行为按规定或者约定俗成的程序进行。

礼仪是人类文明内涵的外在表现。中国现代礼仪虽然与古代礼仪已经有了很大的区别，但它是从古代礼仪发展而来的，继承了古代礼仪中一些具有普遍意义和历史共存意义的本质与精华。现代礼仪是平等互助新型关系的反映，它的内涵十分丰富，从不同的角度可以有多样的解释。从修养的角度看，礼仪是一个人内在修养的外在表现，反映了个人的素养，体现了对礼仪的认知和应用。从道德的角度看，礼仪是由社会全体成员约定俗成、共同遵守的行为规范，是一个人为人处世的行为规范和做人之道。从交往的角度看，礼仪是顺利进行人际交往与社会交流的方式方法。从民俗的角度看，礼仪是社会的一种文化现象，是人际交往中必须遵守的约定俗成的习惯做法。

2. 礼仪的历史地位　礼在中国古代是社会的典章制度和道德规范。作为典章制度，它是社会政治制度的体现，是维护上层建筑以及与之相适应的人与人交往中的礼节仪式。在孔子以前已有夏礼、殷礼、周礼。夏、殷、周三代之礼因革相沿，到周公时代的周礼，已比较完善。作为观念形态的礼，在孔子的思想体系中是同"仁"分不开的。孔子说："人而不仁，如礼何？"他主张"道之以德，齐之以礼"的德治，打破了"礼不下庶人"的限制。到了战国时期，孟子把仁、义、礼、智作为基本的道德规范，礼为"辞让之心"，成为人的德行之一。荀子比孟子更为重视礼，他著有《礼论》，论证了"礼"的起源和社会作用。他认为，"礼"使社会上每个人在长幼、贫富等等级制中都有恰当的地位。

在长期的历史发展中，礼作为中国社会的道德规范和生活准则，对中华民族精神素质的修养起了重要作用；同时，随着社会的变革和发展，礼不断被赋予新的内容，不断地发生着改变和调整。在封建时代，礼维持着社会、政治秩序，巩固了等级制度，调整着人与人之间的各种社会关系和权利义务的规范与准则。礼既是中国古代法律的渊源之一，也是古代法律的重要组成部分。

礼的中心是社会关系，所有的社会结构都是由礼衍生出来的。儒家的礼不仅指一般的礼仪，礼仪只是遵循礼（社会关系）的一种表达形式而已。礼的本质就是社会关系，有什么样的社会关系就有什么样的礼，所以三代（夏、商、周）不同礼，礼也是与时俱进的。

（二）礼仪的特点

礼仪体现在人们工作与生活的方方面面，在不同场合只有运用适宜的礼仪，才能发挥礼仪应有的效应，从而创造和谐的人际关系，这需要我们进一步了解礼仪具有的基本特征。礼仪是人类社会发展到一定历史时期的产物，它要求人与人之间的关系必须符合特定历史条件下的道德规范和传统的文化习惯，而现代礼仪较传统礼仪又有着明显的特征。

1. 时代性　礼仪作为一种文化范畴，必然具有浓厚的时代特色，同时礼仪作为一种行为规范，又会随着时代的发展而发展，随着社会的进步而进步，不可能一成不变。现代礼仪必须正确反映时代精神，体现新社会的道德规范。例如，过去的跪拜礼，现在用握手、挥手、点头、鞠躬、脱帽、行军礼等代替。

2. 规范性　礼仪是一种准则或规范，是全人类共同的财富。礼仪规范的形成不是一蹴而就的，它是人们在社会交往实践中形成的礼仪关系，通过某种风俗习惯和传统的方式固定下来，经由一定社会的思想家集中概括，而成为人们普遍遵循的行为准则。礼仪的规范性对维护社会生活稳定尤为重要，这种行为准则不断控制和支配着人们的交往行为，这是礼仪的一个重要特征。礼仪的规范性可具体表现为礼仪行为的规范性、礼仪用品的规范性、礼仪人员的规范性。

3. 地域性　对于礼仪文化的运用，不同的国家、不同的民族以及同一国家的不同地区都会有不同的方式，有的甚至截然相反。俗语说："百里不同风，千里不同俗。"人类社会的差异性体现在不同地区、不同民族的人在长期发展的过程中，形成其特有的价值取向、生活习惯、思维方式等，因此源于社会生活的礼仪也就会有其特有的内容及形式，体现出民族的、区域的文化色彩。如韩国、日本、朝鲜等东亚国家的人们见面习惯行鞠躬礼，而欧美人更喜欢握手、拥抱；中国人结婚喜欢穿红色以示吉祥喜庆，而欧美人则选择白色作为婚纱的颜色，预示婚姻的圣洁和忠贞。

4. 多样性　礼仪作为一种行为规范，涉及社会生活的各个方面，从而决定了礼仪具有多样性的特点。这种多样性具体体现在两个方面：第一，礼仪具有鲜明的职业特点。不同的职业具有不同的礼仪规范，教师、学生、医务工作者、军人、记者、演艺界人士等都有自己职业所需的行业礼仪规范。第二，礼仪具有鲜明的领域特点。在社会生活领域、职业生活领域和家庭生活领域中，我们每个人都扮演着不同的角色，必须遵守不同生活领域中的礼仪规范。

5. 实践性　礼仪来源于社会实践，又直接服务于社会实践，因而它与纯粹的理论演绎、概念探讨、逻辑推理不同，它需要在人们的生活实践和生产劳动中不断发展和深化。

6. 普及性　礼仪是人类文明的结晶，是现代文明的重要组成部分，它已经与人们的社会生活自然地融合在一起，在人们的交往中起着广泛而又微妙的作用。随着社会文明的不断发展、丰富与传播，礼仪已经遍及社会的各个领域，渗透到各种社会关系中，成为人们日常生活和工作的行为规范。尽管不同地区、不同民族之间礼仪的具体内容和表现形式有所不同，但是它们都体现出对真、善、美的追求，代表了人类的价值取向，对个人素质水平的提升、人际关系的构建、社会环境的美化以及社会文明的发展起到了重要的推动作用。

7. 传承性　礼仪是在人们长期的社会实践交往过程中逐步形成和发展起来的，现代礼仪中的很多内容都是对古代礼仪的传承和发展。礼仪的形成需要长时间的强化积淀，直到它们在人与人之间达成共识，被社会所认可，最终成为社会生活准则，在社会中长期沿袭，经久不衰，如尊老爱幼、礼尚往来等中华民族传统美德至今仍被传承。然而礼仪的传承并不是简单的"代代相传"，而是需要根据时代的发展，有传承、有扬弃，随着人类社会的进步而不断地得到丰富和发展。

二、礼仪的起源与发展

（一）礼仪的起源时期（夏朝以前）

《礼记》曾对礼的起源和发展作出概括的描述，大意是：远古时代，人们把黍米和猪肉放在石板上烤制而食；在地上凿坑作为酒樽，用手捧捧而饮，并且用茅草茎捆扎成鼓槌来敲击土鼓，以表示对大自然和祖先的崇拜。远古时代一系列庄重的祭祀仪式，也是礼的起源和开始。

（二）礼仪的形成时期（夏、商、西周）

从夏朝建立起，中国进入了奴隶社会。由于大规模地利用奴隶劳动，生产力比原始社会有了更大的发展。与之相适应，社会文化也得到了较大的发展。在这个阶段，奴隶主阶级修订了相对完整的国家礼仪和制度，提出了极为重要的礼仪概念，如"五礼"，即吉礼、凶礼、军礼、宾礼、嘉礼，确定了崇古重礼的传统。

周代"礼"的内涵已由原始社会的祭神仪式演变为封建等级秩序，大到国家政治，小到家庭生活，无不按照一定的程序、仪式进行。例如在西周，出现了中国历史上第一部记载礼的书籍——《周礼》。人们通常认为，传世的《周礼》《仪礼》与《礼记》，成为后世称道的"三礼"，是各种礼制的百科全书，涵盖了中国古代礼仪的主要内容，堪称我国古代礼仪的经典之作。

（三）礼仪的变革时期（春秋战国时期）

这一阶段是我国从奴隶社会向封建社会的过渡时期，三代之礼在许多场合废而不行，一些新兴利益集团开始创造符合自己利益和巩固其社会地位的新礼。在此阶段，学术界百家争鸣，以孔子、孟子为代表的儒家学者系统地阐述了礼的起源、本质等问题，第一次在理论上全面、深刻地论述了礼仪规范的划分及意义。

作为儒家创始人的孔子，对礼仪非常重视，提倡以礼治国，主张"道之以德，齐之以礼"。按照礼仪规范去治理国家，国家就很容易治理，即"上好礼，则民莫敢不敬""上好礼，则民易使也"。这一阶段创造了新礼。

（四）礼仪的强化和衰落时期（秦汉到清末）

在礼仪漫长的历史演变过程中，礼仪一直作为一种无形的力量制约着人们的行为。儒家"以礼治国"的思想备受中国历代封建王朝推崇，并根据统治的需要不断加以修改、完善，最终使得封建礼教不仅是封建社会道德和礼仪的规范，而且是构成封建社会制度的一个重要组成部分，是建立和巩固封建社会秩序的重要手段。

（五）现代礼仪时期

从 1911 年辛亥革命以后，西方文化大量传入中国，在自由、平等、民主、博爱等思想的影响下，一部分传统礼仪制度和规范逐渐被时代所摒弃，符合时代要求的礼仪被继承、完善、流传，新的礼仪标准得到推广和传播。

（六）当代礼仪时期

中华人民共和国成立后，经历了礼仪革新阶段，确立了同志式的合作互助关系和男女平等的新型社会关系。党的十一届三中全会以来，随着改革开放和现代化进程的进一步加快，我国与世界的交往日趋增多，西方的一些先进的礼仪陆续传入我国，同我国传统礼仪一道构成了社会主义礼仪的基本框架。

如今，礼仪建设全面复兴，讲文明、懂礼貌蔚然成风。今后，随着社会的进步和国际交往的增多，我国当代礼仪在中华民族礼仪优良传统的基础上，同国际礼仪接轨，必将得到新的完善和发展。总之，从礼仪产生和发展的轨迹可以看出：礼仪作为人们的行为模式和规范，属于社会的上层建筑，由社会的经济基础所决定，并随着社会实践而不断地丰富和发展。

第二节　礼仪的功能与基本原则

一、礼仪的功能

礼仪是人类历史长期发展过程中发乎人性之自然，合于人性之需的行为规范，它伴随着社会的进步逐步形成和发展。它是人类社会文明进步的重要标志，也是人类社会祥和发展的基础。正如法国伟大的启蒙思想家孟德斯鸠曾说过的那样："礼貌使有礼貌的人喜悦，也使那些受人以礼貌相待的人喜悦。"礼仪在构建和谐人际关系，推动社会政治、经济、文化等各方面共同发展过程中扮演着十分重要的角色。

礼仪是社会文明发展的产物，是人们进行社会交往活动的共同准则。加强礼仪教育，对于弘扬礼仪传统、建设精神文明、塑造组织形象、改善人际关系、提高个人修养都具有不可替代的作用。

（一）构建和谐社会关系

礼仪作为社会行为规范和准则，对人们的行为有很强的约束力。在维护社会秩序方面，礼仪起着法律所起不到的作用。礼仪的本质是一种普遍的道德形态，而道德的最大特征就是能对社会关系进行调节。在中国古代，礼仪具有强烈的社会整合功能和政治功能，对确立尊卑有别、长幼有序的社会秩序发挥了重要的作用。统治阶级利用礼仪道德特殊的社会价值和行为准则调整了人与人的关系,协调了人与社会的关系,限制了人与自然的关系。《左传》中的"礼,经国家,定社稷,序民人,利后嗣者也"以及《荀子·修身》中的"人无礼则不生,事无礼则不成,国家无礼则不宁"等观点,能在一定程度上体现出中国古代的礼乐文化,礼仪不仅促进了社会的有序化,而且调节了民众的关系,促进了社会的和谐。随着当今社会文明程度的不断提升,现代礼仪在平等互敬的基础上形成,用以规范人们的行为方式,是约束人们行为动机的行为规范和道德准则。人们知礼、守礼,讲文明,懂礼貌,共同遵守礼仪的规范与要求,就能够使家庭安宁和睦,邻里、同事之间的信任与合作,最终构建和谐稳定的社会。

(二)塑造良好的组织形象

在现代社会中,组织形象是组织最重要的无形资产,礼仪在企业组织形象的塑造中发挥了十分重要的作用。礼仪可以充分发挥人际协调功能,增强组织内部的凝聚力。组织可以借助礼仪的教化功能,对组织成员进行影响,通过各种活动和仪式,宣传组织文化,唤起成员的进取心、参与意识和主人翁意识,增强成员的归属感和责任感,使组织成员自我约束、友善待人、团结合作,营造良好的工作氛围以及和谐的人际关系,促进各项工作的顺利开展。另外,礼仪还可以通过对组织成员的言行举止、仪容仪表、礼貌礼节等个人形象的塑造,对外塑造组织良好的社会形象,增进外部公众对组织的好评,提高组织的知名度和美誉度,实现组织的目标。

(三)提高沟通效率

礼仪是人们在社会活动中进行信息沟通的重要手段之一,每一种礼仪行为都表达一种甚至多种信息。由于每个人的社会政治、经济、文化背景不同,性格、职业、年龄、性别存在差异,在交往中往往存在不同的价值取向,因此在交流中难免会发生不同程度的矛盾和冲突。礼仪的准则和规范可以约束人们的动机,指导人们立身处世的行为方式,让人们在人际交往中严于律己,宽以待人,换位思考,并通过营造良好的交流氛围以及热情的问候、友善的目光、亲切的微笑、文雅的谈吐、得体的举止向交往对象表达自己的尊重、友好和善意。礼仪的正确运用不仅能有效地避免沟通中矛盾冲突的产生,还能大大激发人们的沟通欲望,增进彼此之间的尊重、了解和信任,提升沟通效率,促成合作的产生,实现事业的发展,从而使人际关系更加和谐,社会秩序更加有序。

(四)促进个人修养的提升

在人际交往中,礼仪不仅反映一个人的交际技巧与应变能力,还反映一个人的气质风度、阅历见识、道德情操、精神风貌。礼仪是衡量一个人文明程度的道德准绳,它作为社会交往的准则和规范,可以很好地协调人们之间的关系。在社会交往中,人们只有遵从礼仪,才能相互建立好感和信任,进而形成和谐、良好的人际关系,促进交往的成功。人们遵从礼仪,不仅可以规范自身的言谈举止,矫正粗俗、丑陋的行为,同时还可以更为规范地设计和维护个人形象,充分展示思想修养、文化涵养和风度气质,体现出时代的特色和精神风貌。通过一个人对礼仪运用的程度,可以察知其教养的高低、文明的程度和道德的水准。因此,学习并合理地运用礼仪,有助于用高尚的精神塑造人,真正提高个人的修养。

二、礼仪的原则

1. 互尊互重 尊重是礼仪的灵魂。《礼记·曲礼》开宗明义的第一句就用"毋不敬"点出礼的核心。《礼记·曲礼上》中写道:"夫礼者,自卑而尊人。"就是强调了礼的实质在于对自己谦卑,对别人尊重。礼仪的尊重原则包括两个方面:敬人和自尊。敬人即尊重他人。在人际交往过程中,对他人的尊重能充分体现出个人对待人际关系和社会交往的态度,反映了行礼者内心真实的情感。自尊,即保存自己的人格和尊严,一个人只有自立自强、注意个人修养,才能赢得他人的尊重。社会活动中交往双方需常存敬人之心,既要互谦互让、互尊互重、坦诚和善、友好相处,又要将对交往对象的重视、友善放在第一位，这样才能事半功倍，创建和谐的人际关系。

2. 自律守礼 荀子说："礼者，法之大分，类之纲纪也。"由此可见，"礼"在古代就是制定法律的纲领和原则，"法"是根据"礼"的原则来制定的，并为维护"礼"的原则而服务。礼仪发展到现代已经成为一种社会习俗和行为规范，对人们的社会行为具有很强的约束作用。礼仪的本质就是人主动对自己进行约束的行为准则和道德标准，是由社会大众一致认可并约定俗成的行为规范。尽管礼仪规范不是法律规范，不能像法律规范一样用强制的权力来保证其实施，但是人一旦不接受礼仪约束，社会就会以道德和舆论的手段来对他加以约束，甚至以法律的手段进行强制约束。在当今社会，礼仪已经被越来越多的人重视，生活在某种礼仪习俗和规范环境中的任何一个人，都应以礼仪为标准，知礼、守礼、自我约束，时时处处遵守社会规范，努力树立和保持良好的个人形象，提高个人的礼仪修养。

3. 宽容互动 孔子曾经说过："宽则得众"。现代礼仪一直提倡与人为善的原则。在人与人的相处过程中，要容许其他人有个人行动和独立进行自我判断的自由，对不同于己、不同于众的行为耐心容忍，不苛求他人与自己保持一致，这本身就是一种尊重对方的表现。如果在与人交往中能换位思考，为他人着想，帮助他人，努力做到"以对方为中心"，这样互信互爱的人际关系就相对容易构建。宽容互动作为现代礼仪的核心原则，也充分体现了现代礼仪文化的博大、包容精神，使不同文化背景、不同民族、不同地区的人都可以感受到平等自由和轻松愉悦。

4. 从俗适度 礼仪作为人际交往的规范，在实施过程中要把握好与特定环境相适应的表达尺度，即适度性。一方面，在运用礼仪时，必须注意技巧、合乎规范、认真得体、不偏不倚、不卑不亢、雅而不俗。既要彬彬有礼，又不卑躬屈膝；既要热情大方，又不轻浮谄谀。真正做到有理、有礼、有节，避免过犹不及。另一方面，由于国情、文化背景、历史的不同，不同的民族和地区都有其独特的礼仪表达形式，这就需要我们尊重各个民族的风俗礼仪。《礼记》中的"入竟而问禁，入国而问俗，入门而问讳"就是要求人们正视礼仪的多样性，遵从所到地区的礼仪规范，做到入乡随俗，切勿以自我为准，随意评价或否定他人的行为规范及风俗禁忌。

第三节　卫生管理中的礼仪

改革城市卫生服务体系，积极发展社区卫生服务，加快发展全科医学，是中共中央、国务院关于卫生改革的重大决策。当前，我国的公共卫生事业正处于快速发展时期，并取得了令人瞩目的成就。然而，随着医学科学和医疗卫生技术的迅猛发展，卫生管理所涉及的范围越来越广，它不仅要满足防治常见病、多发病和急性病的卫生服务需要，而且要涉及慢性病的预防、卫生事故的预防以及基础保健、康复等多方面。面对现代卫生管理的复杂性，卫生管理人员的工作对象和范围也日趋多样化和复杂化。这就需要卫生管理人员不仅具备卫生管理、人文和社会科学等多方面的知识，更要有较强的工作能力和素质水平，在工作中体现良好的个人修养和礼仪，树立可靠的组织形象，从而有效地提升组织工作效率。

一、礼仪在卫生管理中的作用

现代礼仪是人们在社会交往活动中形成的行为准则和道德规范，随着社会文明的进步，礼仪已经深入到各行各业。在公共卫生事业中，礼仪的重要性也日趋凸显出来，医务礼仪、服务礼仪等专业礼仪已经融入卫生管理工作中的各个环节。礼仪在卫生管理工作中的应用，促进了医患关系的和谐发展，并在一定程度上有效地缓解了医疗卫生管理领域中的多项困难，具体表现在以下几个方面。

（一）有助于树立组织形象，强化内外部公众认可度

组织形象通常在不经意间得到体现。整洁优雅、布局合理的办公环境，统一得体的服饰要求，彬彬有礼的员工以及鲜明的指示引导牌等都会给公众留下深刻的印象。礼仪可以约束卫生管理工作人员的工作态度和行事动机，树立服务意识，规范其工作中的行事方式，维护组织的正常工作秩序。礼仪可以通过对员工的仪容仪表、言行举止等各方面的约束和引导，使得公众感受到组织整体有序的形象。礼仪还可以通过对人际关系的调解，增进卫生管理人员的团结合作，提升社会公众对卫生管理工作的认可和理解，建立起相互尊重、友好合作的关系。因此，卫生行政部门和卫生服务机构都可借助礼仪的规范和约束功能强化内部组织凝聚力，外部营造良好的组织形象，在组织内部员工的支持以及外部公众的理解下，实现卫生管理工作的顺利展开。

（二）有助于树立个人形象，提升工作能力

鉴于现代卫生管理的复杂性，不论是从事宏观卫生事业发展规划还是在各类机构中从事基础卫生管理工作的卫生管理人员，都担负着向全体人民群众提供卫生服务的职责。对于卫生管理人员来说，如何做好日常工作，不仅需要职业技能，更需要懂得服务礼仪规范。卫生管理人员讲究礼仪是对服务对象、对社会表达诚信的基础。他们的行为礼貌、仪表端庄不但体现着个人的文化修养，也体现着所在单位的整体素质水平。礼仪可以规范工作人员的行为，使其自觉遵守组织的各项操作规范和管理规章制度；还可以通过对卫生管理人员的着装、仪容、仪态、礼貌用语等方面的修正，树立良好的职业形象。卫生管理工作人员如果在工作中能以良好的礼仪为前提，以优良的技术水平为支撑，以诚信的工作态度为基础，必然能换取服务对象的信任和尊敬，得到他们对卫生管理工作的支持与帮助，极大地提高工作成效。

（三）有助于提高服务质量，提升群众满意度

卫生管理工作主要面对的对象是广大的人民群众。工作人员只有凭借热情周到的态度、敏锐的观察能力、良好的口语表达能力以及灵活、规范的事件处理能力才能赢得公众的理解、好感和信任。例如医患纠纷中很大一部分是由沟通不畅引发的，如果医务人员在工作中缺乏对患者必要的同情和关心，缺少亲切的态度以及忽视语言技巧等，就可能导致医患关系的紧张。可见，在卫生管理工作中，引入有形、规范、系统的行业礼仪，不仅可以树立卫生服务领域中工作人员和组织的良好形象，更可以构建受到公众欢迎的服务规范和服务技巧，真正提高服务水平和服务质量，最终增进卫生管理部门与服务对象之间的相互理解和信任，提升群众的满意度。

二、礼仪在卫生管理中的实践

在卫生服务快速发展的形势下，如何规范在卫生服务质量中起到重要作用的工作礼仪，是保证与提高医疗卫生服务的质量、建立和谐医患关系的关键，是一个值得重视和研究的大问题。卫生管理人员学习礼仪，应当结合自身的职业环境及特点，在学习的途径、方法和侧重点上下功夫。

（一）明确职业道德，树立服务思想

1. 牢记"人本管理"的服务宗旨 职业道德是与职业活动紧密联系的符合职业特点所要求的道德准则、道德情操与道德品质，它既是对本职人员在职业活动中行为的要求，同时又是职业对社会所负的道德责任与义务。卫生管理人员担负着为公众提供卫生服务，为人民群众提供健康保障，促进我国卫生事业科学发展的重要职责；因此一定要明确自己的职业道德，真正树立起为人民群众服务的思想，自觉遵守组织的各项操作规范和管理规章制度。在具体工作中，改善服务态度，规范工作行为，热情待人，积极向上，不断提高自身的服务水平。例如医务人员应该以"救死扶伤"作为基本指导思想，一切工作行为都要以为患者服务、替患者考虑为目的；社区卫生管理人员应当切实落实"为人民服务"的思想。

2. 加强个人修养，培养良好人格 个人良好的修养会给组织带来巨大的社会效益。卫生管理人员需要在工作和日常生活中，注意培养自身良好的气质、情操、性格、理念、行为，不断完善自身。卫生管理人员应在工作中遵从礼仪规范，对个人的仪容仪表、语言艺术、沟通技巧、行为规范都严格按照职业礼仪的要求加以完善，争取在工作中能通过热情的问候、得体的仪表、亲切的微笑、大方的举止和文雅的谈吐，营造出关心人、尊重人、理解人、团结人、帮助人的良好的组织内外部人际关系，通过提升个人修养，加强公众对卫生服务工作的信任。

（二）注重课余学习，提高业务素质

现代卫生管理模式对从业人员职业道德的要求更加突出了人文关怀，这就要求卫生管理人员不仅要掌握医学知识和技能，同时也需要具备相应的社会学、管理学、伦理学、心理学等人文知识，这无疑拓宽了卫生管理人员的专业素质内涵。"礼形于外，德诚于中"，个体的礼仪素养水平包含着道德素养、文化素养、美学素养等方面，因此需要卫生管理人员主观上重视相关的人文知识，在平时业余生活中能主动学习相关领域的知识，不断提升自己的礼仪素养。

（三）把握学科特点，构建理论架构

1. 注重理论联系实际 礼仪是人类文明发展过程中形成的一种文化，它具有丰富的内容和多样化的表现形式。因此礼仪的学习和所有的学科一样离不开对其基础知识和基础理论的学习，这就需要学习者明确理论的起源、发展、特征、功能等一些基础概念，同时也需要学习者根据自身工作需要，对礼仪的具体表现形式和要求有针对性地进行思考。同时礼仪又是一门应用性非常强的学科，这就需要在礼仪学习过程中，不断总结经验，修正提高。

2. 掌握基础知识，拓宽学习途径 从理论角度看，礼仪是由一系列规范和行为准则构成的。对礼仪相关知识的学习，需要在理解的基础上强调应用。因此学习方法可以灵活多样，可以参与单位组织的一些礼仪培训班，请专业礼仪教师或培训专家给予指导；还可以自己结合对基础知识的理解，对仪表着装、坐、走、站、接待、握手等基本仪态礼仪、交际礼仪、接待礼仪、仪表礼仪进行实践操作。同时可以广泛收集相关知识，借助书本、视频等媒介，自己学习，向他人学习。

3. 反复实践运用，时时自我监督 个人礼仪修养的提升需要学习者在实践中时刻注意对礼仪知识的自觉运用。对一些常规性的动作、举止等，只有通过反复训练才能形成习惯，一旦良好的行为习惯养成后，在今后的工作中就会自然而然地运用。此外，在礼仪学习中还要经常自我检查，不断地进行自我监督，以便及时发现问题和不足，引起注意，加以修正。

三、礼仪与医患关系

法国启蒙思想家孟德斯鸠曾说："礼貌和必要的礼节是人际关系的润滑剂和人际矛盾的缓冲器。"医患关系是医护人员和患者因医疗活动所构成的一种特殊的社会关系。医患关系的好坏很大一部分取决于医患沟通是否良好，这两者存在密切的联系；而礼仪，尤其是医务礼仪正是医患沟通的一个重要因素，尽管它并不能从根本上保证医患沟通的良好进行，但是它可以成为医患沟通的润滑剂。

由于医患双方所处的地位不同、相互交往的需求不同、病情发展变化的利害关系不同等种种复杂原因，因而难免会因医疗问题而发生矛盾和冲突。许多医患矛盾和纠纷并不是由医疗事故引起的，而是由医护人员或患者不遵守医务礼仪而引起的。尽管医患间的矛盾冲突不可能通过医务礼仪来解决，但医务礼仪可以帮助医方良好地处理各种关系，减少冲突，缓和气氛，软化矛盾，让沟通更顺畅一些。只要医患双方自觉运用人际交往的原则，对对方多一些接受，多一些重视，多一些赞美，就会让双方的沟通更加轻松、舒畅。

礼仪化的服务可使医务人员在医疗活动或社会交往中做到尊重他人，充分注意自己的外在形象和行为对他人的心理影响，给患者、家属及社会人群以良好的印象。良好的医务礼仪不仅有

利于医务人员之间、医务人员与患者之间、医务人员与社会人群之间和谐的关系，还能得到社会各界对医疗工作的理解、支持、尊重和认可。医务礼仪规范了医患的处世规则，如果医患双方都能以礼为准、按礼行事，那么就能减少纠纷和冲突，缓解医患矛盾，做到和睦相处，相互尊重。

思考题

1. 某医院将开展新员工礼仪培训计划，作为此次培训的负责人，你计划用什么内容去培训员工呢？
2. 请联系实际，谈谈礼仪交往的首要原则。
3. 作为一个刚入职的员工，本周日你有一个公司同部门的聚餐，公司重要的领导将参加此次聚餐，在聚餐的过程中，你应该注意哪些礼仪？

（佟 欣）

第九章 现代礼仪的理论基础

礼仪是人际交往的重要手段与途径，也是保障卫生管理工作有效进行的基础。作为人类基本活动之一，礼仪首先具有伦理特征；其次，礼仪满足个体的心理需要，具有相应的心理特点；最后，礼仪也是建立人际关系的重要因素。礼仪教育不应局限于技术技能教育，而应以伦理学、心理学和人际关系学为文化内涵与元理论支撑，在教育过程中充分关照职业人的思想境界和人文素养提升，涵育正确的职场伦理观、职业价值观、健康心理观，明确职业行为规范，从而提升协调职业人际关系的能力。因此，伦理学、心理学和人际关系学能够为礼仪教育提供一定的理论依据与实践途径。本章介绍现代礼仪的伦理学、心理学和人际关系学的基础知识，通过掌握这些基础知识，能够深刻理解各项礼仪并恰当地运用。

第一节 伦理学基础

一、伦理学与现代礼仪

（一）伦理与伦理学

1. 伦理（ethics） 在我国，"伦"的本义指人伦、辈分、次序、关系，即人与人之间的规范、道理，"理"的本义是玉石的纹理，后引申为道理、原理、规范、法则。"伦理"一词最早见于《礼记·乐记》中的"乐者，通伦理者也"。《说文解字》解释为"伦，从人，辈也，明道也；理，从玉，治玉也"。在英文中，"ethics"源于古希腊语中的"ethos"，指外在的风俗、习惯以及内在的品德。因此，伦理就是人与人之间的道德规范，是一个人在人际关系中与他人交往应遵循的行为规范，即行为的具体原则、规范。

需要指出，伦理和道德并非完全相同的概念。虽然在日常用语中，经常将道德和伦理混为一谈，但道德更多表达的是一种精神和最高原则，侧重于个体或行为者本身的内在原则和品质。伦理更多表达的是社会规范，侧重于外在具体的规范与秩序。可以理解为道德是抽象的，伦理是具体的；道德侧重于个体的思想品德和修养，伦理侧重于社会秩序和伦理关系；道德是伦理的精神基础，而伦理是道德的具体实现。例如一个人能够自觉地遵守社会的伦理要求和行为规范，并自觉地将外在的要求和规范转化为自觉意识，那么自然他就会意识到什么是道德的，进而提升道德层次。

2. 伦理学（ethics） 伦理学是最古老的学科之一，早在古希腊时期，哲学家亚里士多德就著有《大伦理学》《尼各马可伦理学》等伦理学著作。我国古代虽然没有名为"伦理"的著作，但有大量涉及规范、秩序等伦理内容的思想巨著，例如《论语》《礼记》等。当思想家们对人与人、人与社会等道德现象进行思考时，就已经开始了伦理学领域的研究。因此，伦理学是对道德现象系统研究的一门科学，是在反思人类道德生活的基础上，形成对善恶、权利与义务、价值、行为准则等的概念体系，对道德观的理论化和系统化。如今的伦理学具有一整套道德规范体系，评判在具体的生活中的各项行为应当与否、善恶对错等，指导人们的社会行为，协调人与人、人与群体、人与自然、人与社会等各种伦理关系。

（二）伦理与礼仪的关系

礼仪和伦理有相当多的联系，在伦理中存在礼仪的元素，礼仪中包含当时社会的伦理意识。在原始社会时期，原始人在社会化活动中，为了在生产、生活中更好地维护人与人、人与群体及部落与部落的关系，开始对部落中共同生活的全体人员提出应当遵守的基本规矩，如对首领的尊重，对祖先、自然界的崇拜，并规定穿着、体态、言语等相应的仪式行为。这既可视为伦理秩序，也能够体现最初的交际礼仪、服装礼仪。周公制礼时，详细规定了不同等级的贵族在出行、服饰、交际、丧葬、婚嫁方面的礼仪，体现了周朝时期不同等级间的规范与秩序，还承担了部分法律约束的作用。西汉以后，儒家伦理道德成为我国封建社会巩固皇权及社会等级制度的主导思想，逐渐形成"三纲五常"为核心的道德规范及相应礼仪制度，如君为臣纲中规范了国君与臣子在不同场合见面时的礼仪规范，也制定了臣子对君主无条件服从的伦理关系。到了近代，随着民主、自由、平等观念深入人心，人与人之间的伦理关系较封建社会更为平等，握手等更为平等的礼仪开始出现于社会各阶层。中华人民共和国成立后，除对传统文化中尊老爱幼、爱国诚信等优秀品德传承、发扬外，还根据中国特色社会主义建设与发展的需要，对礼仪及相应的伦理进行了创新与发展，如"以德治国"强调了礼仪在国家治理中的伦理价值。

礼仪往往能够反映出所处时代人与人的伦理关系。如在欧洲中世纪时期，礼仪有着浓厚的宗教色彩，烦琐的礼仪反映了贵族特权；而进入文艺复兴时期，礼仪在形式上更为人性化，更为简洁，更适应社会的平等关系，反映当时社会平等的理念。因此，礼仪往往是社会伦理的一部分，通过礼仪特点反映人与人、人与群体、人与社会的伦理关系，即伦理是礼仪的基础，而礼仪是伦理的具体表现形式。

二、伦理道德在礼仪中的作用

（一）有助于提升礼仪的价值

礼仪离不开背后的道德修养与伦理意识。《礼记·曲礼》中有言："道德仁义，非礼不成；教训正俗，非礼不备；分争辨讼，非礼不决。"即没有礼仪约束就没有办法发扬道德仁义。同样，以礼待人并非反映礼仪的恰当，而是反映高尚的道德品质。在医疗实践中，医护人员对待患者耐心、细致，沟通中使用礼貌用语，反映的是医护人员具有良好的职业素养而不是能够运用礼仪或擅长沟通交流。人们之所以讲究礼仪，并不是喜欢礼仪的表面形式，而是看重背后的道德内涵。开展礼仪教育并非仅仅帮助学生掌握基本礼仪，更是为了提升学生的职业素养与职业伦理意识。从原始社会到现代社会，人们都肯定礼仪的价值，而这种价值便源于其背后的伦理道德。

（二）有助于提升个体对礼仪的重视

伦理主要指行为的具体原则、规范，从本质上讲是人与人、人与社会之间的关系。而礼仪是体现伦理原则、规范的重要形式。为了体现个体的伦理道德，在一定程度上需要通过恰当的礼仪予以表现，这就要求个体重视对礼仪的学习与使用。如在医疗实践中，医护人员的"医德"虽然有多种表现形式，但关心患者、礼貌对待患者、注意个人仪容仪表、注意言谈举止、不说不合时宜的话等礼仪能够被患者直观感受到。医护人员为了提升自身的职业素养，必然要重视相应的礼仪，这提升了礼仪在临床医疗中的意义和价值。

（三）有助于提升公众对礼仪的学习热情

礼仪是衡量一个人文明程度的道德准绳，因此，礼仪具有一定的德育功能。伦理道德贯穿于整个德育教育中。恩格斯曾说过："每一个行业，都各有各的道德。"为官者需要有"官德"，行医者需要有"医德"，艺人需要有"艺德"，商人需要有"商德"，教师需要有"师德"；作为卫生管理人员，就需要具有爱岗敬业、尊重生命、诚实守信、服务优质等职业道德与职业伦理意识。而职业道德与职业伦理意识在很大程度上能够通过职业礼仪表现出来。因此，个体对职业越认同，越努力提升自身的职业道德与职业伦理意识，就越需要不断努力学习相应的职业礼仪，并做好自身监督，及时修正自身在礼仪方面的错误和不足。总之，伦理道德对礼仪的学习有一定促进作用。

（四）有助于强化良好个人形象的塑造

良好的礼仪修养能够体现个人高尚的道德情操，虽然礼仪并不能完全反映一个人的道德风尚，能够恰当运用礼仪的人未必具有高尚的道德水准；但具有良好道德修养的人，却会表现出得体的礼仪形式。在具体的人际交往中，礼仪是评价个体道德修养的标尺。"听其言，观其行"，一个人是否道德高尚，并不是看他的言论是否得体大方，而要看他的行为是否高尚，言行是否一致，是否始终将伦理道德贯穿于实际行为，而礼仪就是这种实际行为的一部分。个体在各种场合应用相应礼仪的情况能够反映其道德水平、文明程度及修养高低，良好的礼仪修养有助于塑造良好的个人形象。

（五）有助于推进社会主义精神文明建设

不同受教育程度的人有着不同层次和形式的礼仪，但个人和国家整体的礼仪水平往往能够反映个人和国家的总体文明程度。《管子》中将礼、义、廉、耻称为国之四维，并述及"四维不张，国乃灭亡"，将礼仪视为国家精神之本。人们学习礼仪，不仅能够提升个人的道德水平，对净化社会风气、提高全社会道德水平也有促进作用。我国正在大力进行社会主义精神文明建设，"社会主义荣辱观""和谐社会""五讲四美""社会主义核心价值观"等部分内容均与礼仪要求相符。礼仪的学习、应用与推进社会主义精神文明建设密不可分，对于提升全社会的幸福感、安全感，提升全体公民的道德水平均有重要意义。

三、礼仪中的伦理原则

（一）尊重原则

尊重是礼仪的伦理基础。这里的尊重有两个层次的含义。首先，尊重是指发自内心地尊重施礼的对象，而不是表面功夫，不能口是心非、阳奉阴违，否则，礼仪便失去了反映道德水平与修养的意义。其次，对于不同文化背景、生活经历、风俗习惯、民族种族的群体，其礼仪表现可能完全不同。因此，我们要对这些客观的差异有正确的认识，在运用礼仪时坚持求同存异，入乡随俗，尊重礼仪、习惯的差异，不能随意否定或批评他人的礼仪形式。

尊重原则是相互的，即发自内心地尊重对方，同时保持自己的人格尊严，获得对方的尊重，单方面尊重不能维持礼仪的长久，也不利于维持稳定的人际关系。

（二）平等原则

平等是礼仪的伦理核心，在尊重的基础上，平等对待交往对象，对交往对象一视同仁，不能因为职业、社会地位、经济状况、文化程度、民族、性别等区别对待。需要指出，因关系远近、熟悉程度、交往场合等因素的不同，我们在对待不同群体时礼仪上确实可能存在不同，例如在熟悉的人面前，礼仪可能有些随意，在向领导汇报工作、初次与陌生人见面时，礼仪可能更为完善。平等原则更多强调的是面对同一类型的群体时需要同等对待，不能以貌取人或根据职业、权势不同而有所差异。在卫生管理工作中，绝不能因为服务对象不同，出现礼仪上的差异，对地位高者卑躬屈膝，对普通群众冷淡、目中无人，而应一视同仁，不偏不倚。

（三）自律原则

伦理道德是用于约束、指导自己的行为的，而不是用于要求别人的。同样，礼仪在本质上是主动对自己进行约束的行为准则与规范，最重要的是从我做起，自我要求、自我约束、自我控制、自我反省，己所不欲，勿施于人。如果仅仅是要求别人严格按照礼仪，而对自己不作要求，严于律人，宽于律己，要求别人对自己讲礼仪、尊重自己，而自己对别人不尊重，那么礼仪在人际交往中便毫无意义。

（四）适度原则

礼仪作为人际交往的规范，使用时一定要根据具体情况给予分析，并不存在一套礼仪形式在任何场合、面对所有人群均适用，需要与具体的对象、环境、场合相结合，恰当处理。既要表达尊重与礼节，又不能显得自卑，既不能表现过于平淡，也不能过分热情以致过犹不及，要做到恰到好处，有理、有礼、有节。运用礼仪太过或不够均不能准确表达自己的尊敬之意，并非礼仪越隆重、越热情，交往对象越能够体会到尊重，有时反而适得其反。如在临床医疗过程中，医护人员过于热情反而容易使患者担心自己病情较重，医生才通过热情对待来安慰自己。

（五）自主原则

自主是礼仪的伦理保障。在运用礼仪时，一定是发自内心而非外界强迫的，是主动发起而非被动要求的；否则，即使仪表再庄重，形式再完善，情感再真诚，也难以体现礼仪的内在含义。例如在古代，要求平民对官员的礼仪非常完善、复杂，但很难想象平民是发自内心地尊重这些官员，平民仅仅是为了履行礼仪上的形式而已。在临床医疗工作中，如果医院对护士的礼仪规定非常详细，甚至对和患者沟通时的表情、动作、姿态均有要求，那么在繁重的临床工作中，这些礼仪就很难有时间和精力自主执行，这种被动执行的、难以达到的礼仪，也很难维持长久。

第二节　心理学基础

一、心理学与现代礼仪

（一）心理学概述

心理学（psychology）是研究心理现象的一门科学。在我国古代，心理一般指内在的思想、情感。在西方，心理学最早见于古希腊，其词义为"灵魂之学"。起初东西方思想家均采用思辨而非实验的手段研究心理学，使其尚未脱离哲学的研究领域。直到 1879 年，心理学家冯特在德国莱比锡大学建立第一个心理学实验室，采用实验的方法系统研究心理现象，心理学才逐渐从哲学体系中脱离出来，成为一门独立的学科。经过一百多年的发展，心理学已经发展为庞大的学科体系，包括教育心理学、社会心理学、医学心理学、管理心理学、护理心理学、工程心理学等，几乎所有和人打交道的学科，均有相应的心理学研究。

心理现象（mental phenomenon）是心理活动的表现形式，包括心理过程、个性心理和心理状态。

（二）心理过程

心理过程（psychological process）指心理现象的动态表现形式，包括认知过程、情感过程和意志过程，即常说的知、情、意。心理过程是动态的过程。

1. 认知过程（cognitive process）　指个体对客观世界的认识过程，是大脑对作用于感觉器官的客观刺激进行信息加工的过程，是个体最基本的心理过程，包括感觉、知觉、记忆和思维。

（1）感觉（sensation）指感觉器官对客观事物个别属性的认识。我们能够获得外界信息的能力基本都属于感觉，如视觉、听觉、嗅觉、触觉、内脏感觉等。我们可以通过感觉分辨各种事物的个别属性，如颜色、大小、温度、味道、声音等，同样，我们也靠感觉了解自身的状态，如饥饿、心跳、身体位置等。通过感觉获得的信息，我们才能进行更高级的心理活动，可以说感觉是一切心理活动的基础。此外，感觉也维持机体内外信息的平衡。人不能没有感觉，著名的感觉剥夺实验表明，剥夺一个人的感觉会导致他难以清晰思考、不能集中注意力，甚至出现幻觉等病理心理现象。虽然感觉是非常简单的心理过程，但没有感觉，不仅没有办法完成高级的心理活动，也无法维持人的正常心理活动。

（2）知觉（perception）指个体对客观事物整体的认识，根据反映客观事物特性的不同，一般可分为时间知觉、空间知觉和运动知觉。同感觉一样，知觉也是对客观事物的反映，没有直接的刺激，也不会产生知觉。但与感觉相比，知觉是对事物整体的解释，对感觉获得的信息进行的整体概括和总结。如我们通过感觉能够听到别人的声音，但需要通过知觉才知道具体说的是什么；通过感觉能看到一个苹果的颜色、大小，但需要通过知觉才能够意识到这是一个苹果。知觉包含部分思维的成分，能够主动对感觉获得的信息进行理解和加工。可以说感觉是知觉的基础，而知觉是感觉的深入。知觉具有选择性、理解性、整体性、恒常性等特点，帮助我们更好地认识事物。

感知觉在礼仪中也有很多体现，如我们可以通过知觉的选择性将一群人中某一个人涉及礼仪的行为作为加工对象，其他行为则作为背景，使其不干扰对礼仪行为的认知；可以通过知觉的理解性，将对方主动伸出的手视为握手礼仪。

（3）记忆（memory）指人脑对客观事物编码、存储和提取的过程。根据信息保持时间的长短可将记忆划分为瞬时记忆（又称感觉记忆）、短时记忆、长时记忆，根据记忆内容可将记忆划分为形象记忆、情绪记忆、运动记忆、逻辑记忆等。在认知过程中，记忆发挥着极其重要的作用，我们通过记忆将过去的经验予以保存，并在这一基础上进行思考和创造；我们通过记忆才能分辨和确认周围的事物。如果没有记忆，就没有过去经验的积累，我们也无法分辨周围的事物是陌生还是熟悉，便无法进一步完成更为高级的思维活动；没有记忆，我们甚至都无法发展语言，因为周围一切都是新鲜、陌生的。因此，记忆连接了心理活动的过去和现在，依靠记忆，我们才能准确表达言语、情感和行为。从某种程度上讲，记忆是人类文明的基础。

记忆也是礼仪的基础，显然我们需要靠记忆来学习各种礼仪，同样也要靠记忆来分辨周围的礼仪行为。

（4）思维（thinking）指人脑对客观事物间接、概括的反映，是认知过程的高级形式。思维具有间接性、概括性及对以往知识的改组等特点。其中，间接性是人类思维重要的特征，我们可以不依赖感觉器官获得的信息而凭借知识、经验等对客观事物间接思考。在思维的间接性基础上，我们才能够对知识、经验等进一步推理、概括、分析、综合。表象指曾感知过的事物在头脑中留下的形象；而想象是对头脑中已有的表象进行加工，形成新形象的过程。人类科学的进步、艺术的创作、工具的设计等创造性劳动均是想象的结果。表象是想象的素材，想象则是对表象进行加工改造，进一步创新。

很多礼仪均源于想象，如握手源于古代欧洲战争期间，为了向对方表示友好，伸手让对方摸到自己手心以示手中没有武器，进而演变为表示友好的礼仪。

2. 情感过程（feeling process） 每个人都能感受到自己的情感。相对于认知过程偏重客观外界刺激，情感过程往往反映个体的主观层面。情感过程涵盖了个体在不同情境中产生、体验、表达和调节情绪和情感。

（1）情绪（emotion）指人对客观事物的内部体验及相应行为反应，包括喜、怒、忧、思、悲、恐、惊七种基本情绪。情绪与需要关系密切，如需要得到满足便能产生高兴等积极情绪，需要得不到满足便能产生悲伤等消极情绪，而需要屡次得不到满足便能产生愤怒情绪。一般将情绪分为心境、激情、应激。

1）心境（mood）指微弱而持久的情绪状态，具有弥散性的特点。如个体遇到高兴的事情后，在一段时间内遇到任何事情均会表现出积极情绪，即"人逢喜事精神爽"；而遇到伤心难过的事情后，在一段时间内做任何事情都可能受负性情绪影响，提不起精神，正如杜甫《春望》中的"感时花溅泪，恨别鸟惊心"。心境与礼仪关系密切，如患者从医护人员恰当的礼仪中体验到积极情绪，这种积极情绪对后续的治疗、康复、遵医行为均有积极意义。

2）激情（intense emotion）指短暂而猛烈的情绪状态，这种情绪往往由重大生活事件所诱发，如巨大的成功、惨痛的失败、亲人去世、愤怒状态等。激情往往伴有明显的外部行为表现，如兴奋状态下手舞足蹈、喜笑颜开，愤怒状态下咬牙切齿等。激情状态下往往伴有"意识狭窄"的"管状思维"，即自我控制力下降，认知活动受到限制，理性思维受抑制，导致行为失控，甚至出现鲁莽、不适宜的行为。如某些激情犯罪，犯罪嫌疑人并非真想犯罪，往往是盛怒之下失去理智，冷静后非常后悔。

3）应激（stress）指机体受到巨大的压力而产生的适应性情绪反应，如毕业生在面试时可能会出现"紧张"反应。应激并非外界刺激直接引起的，而是存在很多中介因素，如个体认知、环境支持、个人经历等。例如：火灾现场会让人产生较为严重的应激反应，但对于接受反复训练的消防队员而言，应激反应相对较轻；第一次参加面试的毕业生在面试前会存在应激反应，但对于多次参加面试的毕业生很可能应激反应不明显；初次参与重大礼仪活动的个体会高度紧张，但多次练习或参与，紧张程度自然会有所下降。

（2）情感（feeling）指人对客观事物是否满足自己需要而产生的态度体验，相对于情绪（偏向于客观），情感是一种主观态度，是人对事物价值特性的认识方式或反应方式。情感一般包括道德感、理智感和美感。

1）道德感（moral sense）指个体用道德标准去评价自己或他人的思想、言语、行为时产生的情感体验，是人类特有的高级情感。不同时代有不同的道德观，即使同一个时代，不同群体、经历、年龄的个体的道德观念也可能有巨大差异，但总体而言，道德感受社会风气影响较大。如果主流文化的道德感崇尚爱国、明礼、互助、团结等价值观，人们的言行符合上述价值观，自然会产生自豪感与成就感，反之，则会出现自责。因此，道德感对自身言行具有调节和监督作用。道德感与礼仪关系密切，我们能够通过礼仪行为体验到道德感，如参加升旗仪式、纪念活动等。

2）理智感（rational feeling）指在智力活动中，个体在认识和评价事物过程中所产生的情感。好奇心、求知欲等均属于理智感范畴。我们在学业上达到某个既定目标时的情感体验就属于理智感。理智感是个体学习和探索的动力，我们在学习过程中不断体验到理智感，而理智感进一步促进我们参与智力活动，可以说人类的科学技术发展离不开理智感。礼仪中也有理智感的元素，如人类一直在追求完善礼仪的形式，就属于理智感。

3）美感（aesthetic feeling）指个体运用一定的审美标准评价事物时所产生的情感体验，包括自然美感、社会美感和艺术美感。其中，自然美感在大多数文明时代趋向相同，如对于内蒙古大草原、故宫、庐山瀑布等评价在多数群体中相近。社会美感受社会文化的影响较大，如现阶段对女性身材往往"以瘦为美"，与唐朝存在明显不同。艺术美感是一种主观的、个体化的体验，每个人都可能对艺术作品产生不同的美感体验。无论是绘画、音乐、文学、电影等各种艺术形式，都可以引发观众深入的审美体验和情感共鸣，从而赋予作品更多的意义和情感价值。

情绪和情感不能混为一谈，二者的区别在于：情绪倾向于满足个体生理性、基本的需要，而情感更倾向于满足社会性需要；情绪具有不稳定性，随着外界的刺激和自身状态改变而改变，具有一定的冲动性，而情感具有相对稳定性，如个人的道德感、对美的认识可能长久不变；情绪是外显的，而情感是内隐、深刻的。但情绪和情感也是相互联系、相互依存的，情绪是情感的外在表现，情感是情绪的内在本质。而且情感形成要以稳定的情绪为前提，如个体对握手礼仪高度认同，那么他在每次握手时都应该产生愉快的情绪，至少不应出现负性情绪，否则很难想象一个每次握手后都会产生"不干净"负面情绪的人，会对握手礼仪产生社会美感。

3. 意志过程（will process）　指个体自觉地确定目的并支配自己的行动，通过克服困难，实现心理目的的心理过程，即将想法付诸实际行动的心理过程。意志包括准备阶段和执行阶段两个基本阶段，前者指在思想上确定行动的目的、选择行动的方法、权衡行动的动机并作出是否行动的决定，后者则是具体执行的阶段。其中，执行阶段的表现是衡量个体意志品质的关键指标。评价个人意志品质的指标包括自觉性、果断性、坚韧性、自制力。

意志与认知过程相互联系、相互影响。一方面，意志是在人的认知活动基础上产生的，使个体的感知觉、思维活动更加广泛、更加深入；另一方面，认知活动也离不开意志的作用，各种认知活动均需要人的意志参与，如记忆就需要意志的参与才能完成编码和存储过程。

意志和情感过程同样是相互联系、相互制约的。一方面，情感过程影响意志，积极的情绪对意志也有促进作用，而消极的情绪对意志有阻碍作用，如当我们情绪不佳时很难坚持学习。另一方面，意志对情绪也具有调节控制作用。意志坚定者能够克服消极情绪，坚持行动；而意志薄弱者很容易被情绪控制，在行动中容易受情绪的影响，难以将行动贯彻到底。

意志在礼仪中有着重要的作用，如对某种礼仪行为我们可能本身不习惯，但通过不断坚持学习和实践，久而久之便将这种礼仪行为内化为个人习惯。从某种程度上讲，礼仪均为意志过程的结果。

认知过程、情感过程、意志过程相互作用，相互影响，互为前提，共同发展。我们首先需要通过认知过程了解外界事物的本质及相互关系，然后根据事物的价值特点产生情感体验，最后通过意志组织实施相应行为。没有对事物的认知，自然不会产生相应情感，也就不会出现意志。可以说，知、情、意是人类自控行为的基本操作流程。

知、情、意在礼仪中也是基本的心理活动过程。如我们看到某种礼仪行为，往往通过感知觉获得这种礼仪的信息，通过记忆和过去自己掌握的礼仪进行对照并进一步模仿，然后通过思维进一步分析适用场合以及是否需要改进、调整，通过实际运用，取得较好的效果，使个体感受到愉悦、高兴等情感体验，进一步通过意志而长期坚持，不断学习、强化，逐步将这项礼仪行为形成习惯。可见，认知过程、情感过程和意志过程构成了礼仪学习与运用的心理基础，在礼仪中发挥着重要作用。

（三）个性心理

个性心理（personality psychology）包括个性倾向性和个性心理特征两部分，前者主要包括需要、动机、兴趣，后者主要包括能力和人格。个性心理是相对稳定的，一般不会发生变化。

1. 需要（need） 指人体组织系统中不平衡、缺乏的状态，即只有在不平衡的基础上才会产生需要。如一位大一新生在中学阶段朋友众多，但在新的环境中没有朋友，可能在孤独的基础上产生人际交往需要，但假如这位同学在中学阶段便习惯于独来独往，那么就不会产生人际交往需要。需要虽然有多种分类和解释，但目前应用最为广泛的是马斯洛需要层次论（Maslow's theory of hierarchy of need）。

马斯洛认为，所有的需要并不是并列的，而是分等级的，只有满足低层次需要，才会进入高层次需要。需要等级由低到高分别为：①生理的需要，包括食物、水、睡眠、性等最基本的需要，是最有力量的需要，也是个人必须首先满足的需要。如果不满足生理的需要，高层次需要就无从谈起。②安全的需要，当个体在一定程度上满足生理的需要后，往往需要周围环境稳定、安全、有秩序，如个体在找到工作、解决基本生活问题后，往往倾向于进一步找到相对稳定的工作。③归属与爱的需要，当个体满足安全需要后，会产生与他人建立感情联系的需要，如人际交往、追求爱情。④尊重的需要，包括两层含义，既希望得到别人的尊重，也希望尊重别人，即尊重是双向而非单向的。如个体满足前三项需要后，往往希望自己的努力能够得到他人认可。⑤自我实现的需要，当个体全部满足低层次需要后，会追求实现自己的潜能或能力，使之完善化。如很多企业家在积累足够的资金、获得社会尊重后，会致力于各项社会服务，实现作为社会一员的价值。这是最高层次的需要，马斯洛将其描述为"荣誉感与成就感是人的高层次需要"。但并不是所有人都能在一生中满足全部层次的需要，很多人终其一生也仅能实现第三层次或第四层次的需要。

马斯洛的需要层次论在管理学、教育学、社会学均有广泛的应用。同样，马斯洛提出的高层次需要与礼仪关系密切，通过礼仪可以满足个体归属与爱的需要和尊重的需要。但礼仪与低层次需要的关系不紧密，甚至对于没有满足低层次需要的个体，礼仪的意义不大。春秋时期，齐国的政治家管仲曾说过:"仓廪实而知礼节,衣食足而知荣辱。"意思是如果希望一个人知礼、守礼、遵纪守法,除了礼仪教育外,还要满足其低层次需要,否则,礼仪便失去其价值。

2. 动机(motivation) 指激发和维持个体的行动,从而满足需要,达到目标的内部动力。动机是在需要的基础上产生的,没有需要,自然不会产生动机。如学生需要通过某项考试而学习,考试合格后,其学习动机往往会有所下降甚至不再学习相关内容。动机具有三大功能:①始发功能,即激发个体的某种行为;②指向功能,即将个体的行为指向相应目标;③激励功能,即维持个体的行为,并调节行为的强度和方向。很多时候我们都认为动机强烈,工作效率更高。耶克斯-多德森定律告诉我们,动机强度与工作效率之间并非线性关系,而是倒 U 形曲线关系,只有中等强度的动机才最有利于工作,动机过强或过弱都影响工作效率。动机过弱,无法激起行为;而动机过强,则容易使个体产生焦虑情绪,影响工作效率,如考试怯场、面试紧张等,在职场中,也有过于紧张导致礼仪出现失误的实例。这也提醒我们,动机不要过于强烈,以免影响工作效率。

3. 兴趣(interest) 指个体从事某种活动的态度和倾向,也可称为"爱好"。兴趣在人的具体行为中起着重要作用。当个体对某种事物产生兴趣,那么他对该事物的观察会更敏锐、注意力会更集中、记忆会更牢固、思维会更活跃,相应的情感更深厚,动机也更强烈。《论语·雍也》中的"知之者不如好之者,好之者不如乐之者"就是这个道理。在学习过程中,我们也会发现,学习自己感兴趣的内容往往效率更高。我们也要培养对各项礼仪的兴趣,不能认为礼仪是"形式主义",这样才能促进我们有效学习礼仪、运用礼仪。

4. 能力(ability) 指直接影响活动效益,使活动得以顺利完成的个性心理特征。能力常划分为一般能力和特殊能力。前者指人们完成任何活动都必须具有的能力,是能力中最一般的部分,如观察力、记忆、思维等;后者指人们从事特殊活动所需要的能力,如卫生管理工作中的管理能力、数据分析能力等。任何一种活动都需要一般能力和特殊能力的参与。能力不等于知识,知识是人类经验的概括和总结,我们通过能力来获取知识,而通过对知识的学习又能够促进能力发展。同样能力水平的个体,因为努力程度、性格特征、兴趣爱好、动机强弱等因素不同,其知识水平可能具有较大差异。能力是掌握、运用礼仪的基础,对于智力发育明显滞后的个体,即使努力学习,也很难理解各项礼仪的含义及适用范围。即使智力正常的群体,如果表达能力欠佳,也很难在人际交往时合理地运用各项礼仪。

5. 人格(personality) 也称"个性",指构成一个人的思想、情感及行为的特有统合模式,这个独特模式包含了一个人区别于他人稳定而统一的心理品质。我们在读文学作品时,对关羽的忠诚、张飞的冲动、曹操的奸诈等印象,往往就是他们的人格特征。

(1)人格特点

1)独特性:"人心不同,各如其面""龙生九子,各不相同",即使同一家庭环境中的兄弟,人格也存在差异。但从宏观来看,人格也有相同之处,如同一文化背景下的群体,人格往往具有一定共性,如民族特征。

2)稳定性:"江山易改,禀性难移",虽然个体偶尔会表现出与其主要人格特征不相符的特点,如外向的人在部分场合可能会表现为内向,但从整体来看,其人格特征是稳定不变的。如果某人的人格特征突然有较为明显的改变,往往倾向于考虑其心理健康存在较大问题。但人格并不是一成不变的,在文化影响和个人成长的过程中,人格也能缓慢改变。

3)统合性:人格是由多种成分构成的有机整体,具有内在的统一性,如一个外向的人,其思维特点、性格表现、自我评价等往往与外向统合,表现一致。人格的统合性是心理健康的重要指标之一,如果这些成分不统合,不仅容易造成个体适应困难,还能够导致人格分裂等异常心理。

4)功能性:"性格决定命运",人格能够决定个人的生活方式,如 A 型人格的个体,往往具有高竞争性、忌妒心强、爱着急,其冠心病的发病率明显高于其他类型的人格,而小心谨慎、忧心忡忡的个体在焦虑障碍等精神疾病的发病率明显高于其他群体。人格甚至能够决定个人的命运,坚毅的人在面对失败时能够调整心态，勇敢面对，而懦弱的人很可能因压力一蹶不振。但需要指出，除反社会型人格障碍等少数人格外，即使被认为"不好"的人格，在某些场合也能表现出优点，如过分谨慎的人格特征在执行安全检查任务时就具有优势。人格在很多时候功能性表现为"适应和不适应"，而不是"好和不好"，认识到这一点在管理工作中尤为重要。同样，人格本身与能力也没有必然联系，并没有"某种人格必然能够成功"的说法。

（2）人格有多种分类，如有观点认为，需要、动机、能力、兴趣也属于人格的范畴。本书采用"小人格"的范畴，认为人格包括气质和性格。

气质（temperament）指表现在心理活动强度、速度、灵活性与指向性等方面的稳定的心理特征，即日常所说的脾气、秉性，如我们所说的外向、内向、活泼等说的就是气质，类似日常生活中所说的"性格"。一般认为，气质受遗传、高级神经活动等先天因素的影响更为显著。性格指个体在社会实践活动中所形成的对人、对事、对自己的稳定态度，如我们常说的"奸诈狡猾""公正无私""勤奋向上"等说的都是性格，类似日常生活中所说的"为人处世的态度"。性格受家庭教养方式、学校教育、社会环境等后天因素的影响更为显著。

气质和性格的区别如下：①气质是先天的，受高级神经活动影响；性格是后天的，受社会文化因素影响。②气质和生理因素关系密切，改变的可能性较小；性格与社会文化因素关系密切，可塑性相对较大。③气质无所谓好坏，外向、内向并没有绝对的好坏之分，只有是否适合环境的不同；而性格受社会文化因素影响，社会对性格特征本身就有关于好坏的评价，因此，性格是有好坏之分的。气质与性格也存在联系，气质可以使性格具有独特的色彩，例如都是关心他人的性格，外向的人能够使这种关心表现为热情，内向的人能够使这种关心表现为体贴；而性格也可以在一定程度上制约气质，如一个急躁的人长期在临床工作，逐渐变得更有耐心，也会在工作时不断提醒自己要情绪稳定，保持冷静、克制的气质，其急躁的性格也会有所改善。

人格与礼仪也存在联系。对于某些急性子、外向的个体，显然难以忍受较为"烦琐"的礼仪。但在一个知礼守礼的社会文化环境中，即使再急躁的个体，也会遵守相应的礼仪规范。这也告诉我们，学习礼仪要考虑个人的人格特征，更需要营造良好的礼仪氛围。

（四）心理状态

心理状态（mental state）指心理活动在一定时间内的完整特征，是心理活动的基本形式，一般认为介于心理过程和个性心理特征之间，既有暂时性，又有稳定性的特点，是心理活动展开的背景。最为常见的心理状态是注意。

注意（attention）指意识的指向和集中。注意不是独立存在的心理结构，是伴随感知觉、记忆、思维等心理过程的共同心理特征。注意具有指向性和集中性两个特征。前者指心理过程选择性地注意一些内容而忽视其他内容，如我们在认真工作时往往会忽视周围的环境；后者指心理活动停留在注意对象上的强度。

根据意志努力程度和注意时有无目的，可将注意分为：①无意注意，指没有预定目标，也不需要意志努力便能够进行的注意，如我们在认真听课时，听到巨大的声响，会下意识地寻找声音。②有意注意，指有一定目标，而且需要一定努力的注意，如认真学习便需要自身的努力。③有意后注意，指有一定目的，但不需要意志参与的注意，通常由有意注意转化而来。如开车，最初时我们会集中注意力完成，但熟悉以后，便可以相对放松地开车了。

注意与礼仪关系密切。学习各项礼仪均需要注意的参与，某些礼仪初次运用可能会比较烦琐，熟悉后，便不用耗费过多的心理资源。

（五）心理学与礼仪的关系

每项礼仪均包含各种心理现象。我们通过感知觉识别各种礼仪，通过记忆熟悉礼仪，通过思维分析礼仪是否恰当得体。礼仪能够带给我们情感体验。意志、动机、需要、能力、人格、注意均和学习礼仪有着密切的联系。而得体的礼仪无论对于施礼者还是对于受礼者均能够满足情感体验,因此,礼仪对于维护个体心理健康也起着重要作用。

二、心理效应在礼仪中的作用

1. 晕轮效应(halo effect)　晕轮效应与礼仪关系紧密,礼仪能够显著提升个体的晕轮效应,如礼仪得体的人往往能够得到周围人在道德、遵纪守法方面较高的评价。在医疗工作中,很多疾病是难以彻底治愈的,但在诊疗过程中,医护人员周到、得体的沟通和关爱可以弥补医疗局限性带来的遗憾,使患者感到自己被尊重、被他人关心,形成晕轮效应,从而提高患者对于本次医疗的满意度。

2. 刻板印象(effect of stereotype)　刻板印象源于偏见,而恰当的礼仪能够在一定程度上改变这种偏见。如果他人对自己形成刻板印象,通过礼仪能够纠正这种固化的偏见。如在临床医疗中,良好的医患沟通能够使患者感受到被尊重,自然会弱化对医生“冷漠”的刻板印象。

3. 首因效应(primacy effect)　良好的第一印象对后续的人际关系形成及工作顺利开展均有重要意义,而礼仪是形成良好第一印象的重要因素。在医疗工作中,医护人员在首诊时表现出恰当的礼仪,语气和蔼,对患者的痛苦表示理解和关心,很容易引起患者在情感上的共鸣,进而使得患者认为这位医生是医德高尚、技术过硬的好医生,有助于良好医患关系的建立和维持。

4. 近因效应(recency effect)　礼仪与近因效应关系紧密,如第一印象很不好的个体,通过系统而恰当的礼仪,能够改变他人的负面评价,这也说明职场礼仪在工作中具有重要意义,无论外界对这一群体形成何种负面评价,均能够通过恰当而持续的礼仪冲淡这些评价。而一次不恰当的礼仪则很可能使长期以来的良好形象受到影响,这也提示医护人员需要在工作中长期坚持使用恰当的礼仪,避免因偶尔态度上的疏忽影响患者的评价。

以上心理效应可详见第二章第二节人际认知理论部分。

三、礼仪中的心理学原则

(一)尊重心理原则

尊重是礼仪的基础,只有充分尊重对方,才能够使人际交往顺利进行。而礼仪本身就是尊重的体现,这就要求我们在行使礼仪时,需要发自内心地尊重对方而不仅仅完成礼仪的形式;同样,受礼者如果感到施礼者敷衍,自然也不会获得礼仪带来的荣誉感与价值感。礼仪也不仅仅包括握手等有形礼仪,也包括无形的尊重态度。倾听是表达尊重最有效的方式,不随意打断别人的话,不随意给出建议,对听到的内容有效反馈,往往能让对方从内心感受到尊重。如在医疗工作中,患者在描述自己的病情时,医护人员应耐心倾听而不是一边听一边书写病历,否则即使该医生实际上是在非常认真地听患者描述,只是为了节省时间完成病历,也很容易引起患者不满,认为医护人员没有耐心听自己说话,是不尊重自己的表现。

(二)互动心理原则

在具体的礼仪中,如果礼仪是相互的,交际效果自然要更好,否则单方面的礼仪,无论是对于沟通还是对于人际关系的建立均不理想。从心理学视角来看,每个人都希望得到尊重,希望自己的行为能够得到有效反馈。因此,必须积极有效地回应对方的礼仪,建立有效的反馈机制,才能够达到预期效果。在医疗工作中,有经验的医生在患者描述病情时往往会时不时说:“嗯”“我了解了”,或用点头等简短的姿态回应;当患者提出疑问时,往往会放下手头的事情,直视患者,非常认真地回答患者的疑问。这种言语和姿态的回应本身并没有医疗方面的意义,但能够让患者感到自己对医生的尊重得到了回应,有利于建立良好的医患关系。

（三）真诚心理原则

礼仪中的真诚包括两个方面：一方面，施礼者要对礼仪本身真诚，不能态度敷衍，或虽然表面真诚但内心敷衍；另一方面，要对受礼者真诚，不能仅仅表现出礼仪本身的价值，为了完成形式而施礼。例如某些不尊重下属的领导，在语气中往往充满不屑，那么他对下属的礼仪即使再完善，受礼者也会认为这种礼仪是"伪装"，让自己感到不舒服。在医疗工作中，并不是要求医护人员在紧张的工作环境中对患者展现烦琐、刻板的礼仪，而是要从语气、姿态表现出对患者发自内心的关心和理解，使患者感受到自己得到了尊重，这样才能体现医患之间礼仪的真正价值。

第三节　人际关系学基础

一、人际关系与现代礼仪

（一）人际关系概述

1. 人际关系（interpersonal relationship）　指个体在交往过程中形成的人与人之间的心理关系。从社会学角度来说，人际关系包括人际情感关系和人际角色关系，前者以情感为纽带，如朋友、亲戚，后者以社会角色为关联，如医患关系、师生关系、同事关系、上下级关系。但很多时候，一种人际关系可以同时包含人际情感关系和人际角色关系。人际关系以需要的满足为基础，以情感反应为特征，本质上是一种特殊的社会关系。

人际关系的实质是需要，核心是利益，只有这种关系是对自己有价值且需要的，人际关系才会出现、建立和维持。以医患关系为例，如果患者的疾病康复，自然就不需要再继续维持当前的医患关系。需要指出，这种利益不一定特指物质因素，也包括非物质因素，如情感、自我实现等，如义务支教、志愿服务所建立的人际关系，更多的是体现精神的追求。

2. 人际关系的要素　认知、情感、行为是人际关系的三要素。认知是人际关系的前提，建立人际关系的前提条件是对人的认识（或需要对人认识），如果双方根本不认识，或者不需要认识，自然不可能建立人际关系。此外，认知还在交往过程中对人际关系起到调节作用，如在人际交往过程中，可能因为对交往对象进一步了解，使原本较为松散的人际关系更加紧密。情感是人际关系的主要调节剂。个体能够从人际关系中产生情绪体验，对人际关系的满意/不满意直接决定了人际关系的发展。人际关系越为紧密，情感的调节作用就越大。行为则是人际关系的沟通手段。在人际关系中，认知和情感均需要通过语言及非语言行为表现，在沟通过程中的一切行为都是为了维护和发展人际关系。没有行为的人际关系必然会逐渐走向消亡，如很多团体因为缺乏足够的交流而逐渐走向松散，直到解散。

（二）人际关系与礼仪的关系

1. 礼仪是人际关系的通行证　在欧洲，"礼仪"一词最早见于法语的"étiquette"，本义为"法庭的通行证"。由于在人际交往中，人们必须遵守相应的规则，因此，便有了"礼仪"的意思，即"人际交往的通行证"。通过适当的礼仪才能开启人际关系。良好的礼仪能够促进人际关系的发展，而不重视礼仪，则会阻碍人际关系的发展，甚至无法初步建立人际关系。

2. 礼仪能够调节人际关系　在绝大多数情况下，礼仪能够有效调节人际关系。在人际交往过程中，人们需要按照相应的礼仪，才能与他人建立团结合作的关系，缓和矛盾，避免不必要的冲突。如果人际关系中的每个人都能够自觉遵守相应礼仪，依照礼仪约束自己，就很容易进行有效的沟通交流，建立相互尊重、友好互助的人际关系，即使存在矛盾时，通过恰当的礼仪也能够有效调节情绪，使各方保持冷静。反之，即使已建立起良好的人际关系，如果每个人都不注重礼仪，也很容易导致关系破裂，产生抵触甚至厌恶情绪，破坏人际关系。

3. 时代发展催生新的礼仪　礼仪能够对人际关系产生影响，人际关系的变革同样能够影响礼仪，促进旧的礼仪改革并产生新礼仪。随着网络对社会的影响不断增加，网络中新的人际关系不断产生，如社交软件人际关系；进而产生网络礼仪一词"netiquette"，即"网络（net）"和"礼仪（etiquette）"的组合词。指人们在网络中进行人际交往所需要遵循的礼仪，如招呼礼仪、表达礼仪、交流礼仪，甚至邮件（E-mail）礼仪等。网络礼仪主要表现为简单明了，且还在不断完善和发展。此外，随着传统的人际关系发生改变，传统的礼仪也会发生相应改变，如传统的医患关系，在生物医学模式影响下表现出父权主义的医患关系，医生是绝对的权威，完全把握医疗的主动权、决策权，患者没有任何意志参与医疗过程；相应的礼仪则表现为患者对医护人员绝对遵从，医护人员则对患者表现出"长者般"的关怀。但随着经济的发展及个人意识的觉醒，人们已不愿像孩子一样被医护人员"管理"，希望自己能够参与对自身疾病的诊疗，尤其是在慢性病治疗中，"共同参与型"已经成为主要的医患关系模式，医患双方平等地商讨诊疗方案，患者的建议也能够被医方接受；相应的礼仪也转变为相互尊重、平等交流，而非医护人员单方面的决策、患方单方面的尊重。

二、构建良好人际关系的礼仪原则

（一）礼仪平等原则

平等是人际关系中最基本的礼仪原则，但这种平等并非指地位、身份的平等，而是指态度的平等，即你交往的每个人在人格上和你是平等的，都拥有同样的尊严，在礼仪方面应有同样的态度。面对比自己"强"的人，礼仪上可以表现得谦卑，但不能在礼仪上过分畏缩；面对比自己"弱"的人，礼仪上可以"被尊重"，但不能在礼仪上过分骄傲自大。如果人际关系中礼仪存在态度上的不平等现象，那么这样的关系很难持久。

（二）礼仪真诚原则

真诚历来就是一种美德。高尚的重要标准之一就是真诚，不欺人也不自欺，这样才能赢得他人的尊重与支持，而礼仪是体现真诚的有效方式。礼仪真诚原则是指在人际关系中，施礼和受礼均要以诚相待。如在临床医疗中，如果患者针对做什么检查、服用什么药物等存在疑问并向医护人员询问时，均需要医护人员耐心、细致、开诚布公地解释，尤其是检查的目的，如果只是单纯地开具检查，仅用"为了治疗"回应，很容易引起患者的质疑，影响医患关系。

（三）礼仪宽容原则

宽容指心胸宽阔、能够容人之过。"人非圣贤，孰能无过"，宽容原则要求我们在人际关系中对于没有表现出恰当礼仪的现象，要有耐心并保持宽容忍让的态度，同时也不能"盯着对方的不礼貌"。在医疗工作中，很多患者因为对自身疾病的担忧且焦急，而表现出"缺乏礼仪"，如在有其他患者的情况下，可能不敲门、插队等直接闯入诊室，对此医方不能简单地认为是"无礼"，而应视为一种过分焦虑的表现。同样，医方的沟通对象有可能对相关知识完全不了解，应在耐心倾听的基础上与其进一步探讨，而不是与之争论。如有些患者及家属会在网络上查阅疾病的信息，激动地批判医生"诊断有误"，在这种情况下，医生显然不能认为对方"缺乏尊重"，应思考是否自己在之前的表述中让患方产生误解，并在时间允许的情况下，耐心地与其探讨病情，分析网络上的疾病相关信息与患者症状的区别，这样才有利于维持良好的医患关系。

（四）礼仪尊重原则

为了建立长久、稳定的人际关系，在尊重自己的同时，还要对他人的意见、行为、态度表现出尊重。尊重是相互的，在正常的人际关系中，当你表现出对他人的尊重，同样也会得到他人对你的尊重。而礼仪是体现尊重最有效的手段。倾听是人际沟通中表现尊重礼仪的有效手段，耐心听取他人意见并给予恰当反馈，能够让沟通对象感受到自己得到了对方的尊重。在医患矛盾中，我们能够发现患者投诉比较常见的理由就是医护人员听自己讲话不耐心，经常打断自己，认为这是一种不尊重自己的表现。因此，耐心倾听患者的表述，在时间允许的情况下，不要随意打断患者的发言，然后对患者的描述加以适当总结，往往能够使患者感到医生非常尊重、理解自己，这也是建立、维持良好医患关系的有效手段。

（五）礼仪适度原则

礼仪适度原则主要指人际关系中行为及言语要恰当得体、合乎分寸。在表现方面，只有适度的礼仪表现才能发挥其在人际关系中最大的作用。表现过度，很容易被怀疑"别有用心""自我炫耀"；而表现不足，则会被怀疑"不善言辞""情感冷漠"。当然，如何表现应根据环境具体分析，没有固定的标准。在临床医疗工作中，如果医护人员与患者沟通时表现得过于热情，过于将精力放在礼仪而不是疾病诊疗上，反而容易使患者怀疑医生"别有用心"或怀疑自己是不是得了"不治之症"。

三、礼仪在人际关系中的实践

（一）有助于人际关系的建立

从心理学的视角来看，人际关系建立时，双方都希望得到对方的尊重。例如在门诊，患者希望医生能够主动问候自己、关心自己，而医生也希望听到患者的尊称，感受到患者配合的态度。那么礼仪在初次见面时就有了重要的意义和价值。如果在初次见面时，自我介绍恰当得体，充满自信，穿着打扮符合要求，言辞不俗，态度谦虚，彬彬有礼，落落大方，则很容易得到对方的尊重，有助于建立人际关系。心理学告诉我们，良好的第一印象非常重要。而礼仪是人际关系的"通行证"，能够帮助我们建立所期待的人际关系。

（二）促进人际关系和谐

礼仪是人际关系中的规范。人们通过对相应礼仪的理解和实施，能够有效减少人际冲突和矛盾，使人际关系趋于和谐。在人际交往中，遵守这些规范，就能够建立长期、稳定、健康的人际关系，反之，则会造成人际关系紧张，甚至发生冲突。孔子的"礼之用，和为贵"，就说明礼仪的目的是达到"和"的人际关系状态。在医患关系、师生关系、同事关系、上下级关系等各种人际关系中，对每个人都有相应的礼仪要求，告诉人们什么该做、什么不该做、该做的应该如何做等各种规范，通过规范，维护相应人际关系的和谐。

（三）调节人际关系的矛盾

即使人际关系中每个人都遵循规范，也可能因为利益、权力，甚至无意间的行为产生不和谐，导致人与人、人与群体、群体与群体出现矛盾甚至冲突。而礼仪在此时能够有效调节人际关系中的矛盾，即使矛盾已经非常严重，也可以通过一定的礼仪形式，如赔礼道歉、共同出席礼仪活动等手段对矛盾双方进行调节，从而增进了解，缓解矛盾，重构关系。在诊疗过程中，医护人员可能因某些言语引起患者的反感，如部分从其他科室转诊至心理科的疑病症患者特别忌讳别人说自己"有心理问题"，如果医护人员能够及时发现并表示"自己的表述可能存在不当"，再耐心细致地解释"心身相关"以及焦虑的特点，就能够使患者更好地接受。

（四）对人际关系进行有效约束

不可否认，人是存在欲望的，如对荣誉、金钱、个人发展的追求，这些欲望能够推动自身的发展。但在同事关系、同学关系等存在竞争的人际关系中，这些欲望也有可能因为相互竞争影响人际关系的和谐，甚至造成矛盾或冲突；而礼仪能够在一定程度对上述欲望进行约束。如果大家都能够在礼仪范围内进行良性的竞争，不仅能够有效缓解矛盾，对人际关系还能起到很好的维护作用。在卫生管理工作中，对于办公、庆典、接待等各项工作均有相应的礼仪规范，这些礼仪在上述活动中均能起到一定的约束作用，如降低个人提出超出礼仪规定标准、额外要求的可能。但需要指出,礼仪本身的约束作用并不强,还需要伦理道德、规章制度,甚至法律法规进一步约束。

思考题

1. 列举身边的某项礼仪,谈一谈这项礼仪的伦理学、心理学和人际关系学基础。
2. 结合自身的学业和生活,谈一谈自己在礼仪方面有什么优点和缺点,打算如何从心理层面改进。
3. 阅读案例,思考下面的题目。

　　小王,大三男生。自称高中起经常心情不好,认为生活缺乏乐趣,家人要求自己过于严格。升入大学以来不愿与他人主动交往,性格逐渐封闭,但学习成绩优异。大二下学期,在一次考试时,针对一道环境保护的题目,小王在试卷上感叹地作答:"人类多余,世界毁灭了,自己可能更开心",因此被辅导员发现,认为他存在心理问题而要求学校心理健康教师介入。心理健康老师结合其"性格内向"以及新生入学心理测验提示的"人际关系敏感指数偏高",认为其存在心理问题。小王认为自己没有心理问题,是辅导员"小题大做",言语较为激动。心理健康教师便认为小王可能真的存在"暴力倾向",并联系家长建议进一步检查和治疗。家长强制带其到当地精神病专科医院,接诊医生仅通过其反复思考自身是否存在心理问题而诊断为"强迫倾向",并通过心理测验考虑其存在"抑郁障碍"。辅导员愈发认为小王存在"精神问题",要求他治疗以及"必要时休学治疗",致使小王更不愿与同学交往。大三时,小王求助于另一位精神科医生,这位医生并没有过度关注小王的心理问题,而是与其探讨心理问题的形成原因,分析这些问题的表现,并商讨如何改变现状的方案,在尊重小王表达的基础上,弱化疾病的诊断,并鼓励小王通过人际交往改善自身的症状。经过一段时间的努力,小王逐渐恢复了自信心。

　　(1)你认为小王心理健康吗?
　　(2)小王和辅导员交流时,在礼仪上存在哪些问题?如何通过恰当的礼仪使沟通能够有效进行?
　　(3)为什么两位精神科医生的治疗效果差异很大?
　　(4)如果你是小王的心理健康教师,如何处理这个事情才能取得更好的效果?

(郑亚楠)

第十章 个体礼仪

个体礼仪（personal etiquette）是社会个体的生活行为规范与待人处世的准则，是个人仪表、仪容、言谈、举止、待人、接物等方面的规定，是个人道德品质、文化素养、教养良知等精神内涵的外在表现。从表面看，个人礼仪虽然仅涉及个人穿着打扮、举手投足之类无关宏旨的小事，但小节之处显精神，举止言谈见文化。个人礼仪作为一种社会文化，不仅事关个人，而且事关全局。其核心是尊重他人，与人友善，表里如一，内外一致。

第一节 仪容礼仪

仪容礼仪（appearance and etiquette）是个人礼仪的重要组成部分，在人际交往中起着至关重要的作用，通常是指个体在容貌美化、外观修饰打扮的过程中被人们普遍认同与遵守，为获得漂亮、美丽、端庄的仪容所应遵循的一系列的方式、程序、行为准则和规范的总和。

一、仪容的概念与内涵

（一）仪容的概念

仪容（appearance）通常是指人的容貌。它由发式、面容以及所有未被服饰遮掩、暴露在外的肌肤构成，包括头发、脸庞、鼻子、眼睛、嘴巴、手等部位。

（二）仪容的内涵

仪容是我们追求健康自然、鲜明和谐、富有个性美的表达形式，包括三个层次的美：自然美、修饰美、内在美。自然美是指仪容的先天条件好，天生丽质。修饰美是指依照规范与个人条件，对仪容进行必要的修饰，扬长避短，塑造出美好的个人形象。内在美是指通过提高个人的文化艺术素养和思想道德水准，培养出高雅的气质与美好的心灵。仪容修饰的最高目标是实现内在美、自然美和修饰美高度统一。

二、男女仪容的基本要求

（一）共性要求

1. 干净（clean） 仪容干净是形成良好交际形象的基本要求。在生活中要讲究个人卫生，不能蓬头垢面。若佩戴眼镜，要注意保持镜片清洁明亮。

2. 美观（beautiful） 仪容美观是形成良好交际形象的基本要素。正所谓"器不饰则无以为美观"，要使仪容达到美观的修饰效果，首先必须了解自己的脸型、五官、肤色和身形等特点，其次要掌握适当的美容知识和化妆技巧，扬长避短。

3. 协调（coordinate） 仪容协调是形成良好交际形象的基本要点。

（1）角色协调性：针对自己在社交中所扮演的角色不同，采用不同的化妆手法。如公职人员、教师等，要体现端庄稳重的风格；从事公关、礼仪、接待服务等人员，经常在公开场合露面，还要表现出一定的吸引力，妆容需浓淡相宜、青春阳光，以符合大众的共同审美。

（2）场合协调性：指化妆、发型要与所去的场合气氛一致。日常办公应略施淡妆；出入舞会、宴会，可化浓妆；参加追悼会应化淡妆。不同场合的不同妆容、发型，可以实现与周围人的心理融合。

（3）整体协调性：指脸部妆容、发型与服饰要协调，力求取得完美的整体效果；化妆部位的色彩搭配、浓淡应协调。

4. 自然（natural）　仪容自然是形成良好交际形象的高级要求，它追求一种真实而富有生命力的效果，虽精心妆饰，却似天然无妆感。正确地使用化妆技巧及选择合适的化妆品，要讲究过渡、体现层次、点面到位、浓淡相宜。男士也需要适当的修饰，以整洁、干净、大方为主，格调健康舒适。除特殊场合外，女性不宜浓妆艳抹，旎以淡妆为佳。

（二）特殊要求

1. 男士　头发不染怪异颜色、不留长发；头发前不扫眉，侧不遮耳，后不触领；不蓄胡须，勤剃须；腋毛、鼻毛不外漏；不文身；不留长指甲等。

2. 女士　头发要梳洗整齐，不梳怪异发式，不染怪异颜色；不留长指甲，指甲不涂夸张颜色；不戴夸张的首饰等。

三、仪表与风度

（一）仪表

1. 仪表的概念　仪表（appearance）在狭义上是指一个人的外表，是一个人总体形象的统称。广义的仪表是指人的内在素质和外在特征的有机统一，即指由人的容貌、姿态、服饰打扮、言谈举止、卫生习惯等先天和习惯性因素构成的外在特征，也是人的气质、性格特征、道德品质、生活情调、学识才智、审美修养等内在素质的综合反映。

2. 仪表的修饰原则　仪表反映一个人的精神状态和礼仪素养，是人们交往的"第一形象"。天生丽质者毕竟是少数，我们可以依靠化妆修饰、发式造型、着装配饰等手段弥补或掩盖容貌和形体上的不足，把自身美的方面展露、衬托和强调出来，使形象得以美化。成功的仪表修饰一般应遵循以下原则。

（1）适体性原则：要求仪表修饰与个体自身的性别、年龄、容貌、肤色、身材、体形、个性、气质及职业身份等相适宜和相协调。

（2）T.P.O. 原则：即时间（time）、地点（place）、场合（occasion），要求仪表修饰因时间、地点、场合的变化而做相应变化，使仪表与时间、环境氛围、特定场合相协调。

（3）整体性原则：要求仪表修饰先着眼于人的整体，再考虑各个局部的修饰，促成修饰与人自身的诸多因素之间协调一致，使之浑然一体，营造出整体风采。

（4）适度性原则：要求仪表修饰在修饰程度、饰品数量和修饰技巧上，都应把握分寸，自然适度。

（二）风度

1. 风度的概念　风度（manner）在狭义上是指美好的言谈、举止和姿态，广义上是指一个人知识、气质和涵养等内在素质的外在体现。

风度语出《后汉书·窦融传论》："尝独详味此子之风度，虽经国之术无足多谈，而进退之礼良可言矣。"风度的基础是修养和气质，修养是风度高低的最直观的显现，气质则是风度的灵魂。风度体现在现实生活中，指谈吐文雅、举止文明、胸怀大度、为人诚信、智慧卓绝、气质脱俗等。

2. 风度的表现形式

（1）谦和（modest）：谦和能够反映一个人的信念。谦和是有修养地审视自己，有涵养地审视别人；是风度的低调表现形式。一个有风度的人，与他人交流时必定尊重他人的观点，即使与自己看法不同时，也不会当面指责，而是耐心地陈述己见，分析事物，讲清道理。

（2）诚信（sincerity）：诚信能够反映一个人的责任，诚信是在顺境中对自重的感悟，在逆境中对自尊的信任；是风度的坚定表现形式。一个有风度的人，即便是遇到再大的困难也绝不食言，自己讲过的话，自己答应别人的事，总会竭尽全力去完成。身体力行是最好的诺言。

（3）大度（magnanimity）：大度能够反映一个人的境界。大度是一种沉默的威信，是一种飘逸的远见，也是风度的最佳表现形式。胸怀坦荡、海纳百川、有容乃大的气度是一种高尚的品质，一个人的度量越大，则其见识越高，涵养越好。一个有风度的人，绝不会为了些许小事而跟朋友、家人争执，也不会为工作之事跟同事闹意见。

第二节　着　装　礼　仪

一、服　饰　概　述

（一）服饰的概念

服饰（clothes）是对人们衣着及其所用装饰品的一种统称。狭义的服饰主要指服装，广义的服饰指服装和所有与人体有关的装饰品。服饰礼仪是指人们在穿着打扮方面应该遵循的惯例及遵守的规范。

（二）服饰的内涵

服饰是一种文化，懂得服饰文化的人，会根据不同的场合，选择适时、合体的服装，充分展现自己的个性特征、风度、身份、年龄、职业、工作态度，显示出高雅的气质。俗话说："动人春色不须多"，有时一条围巾、一朵胸花便能起到画龙点睛、锦上添花的效果。展示自己良好的形象，需要全方位地注重自己的仪表，着装是最为重要的，衣着在某种意义上表明了对工作、对生活的态度。

服饰是一门艺术，服饰所传达的情感和意蕴是语言所不能替代的。在不同场合，穿着得体的人会给人留下良好的印象，而穿着不当则会降低身份，损害自身形象。因此，在当今时代，掌握着装的常识、原则以及服饰礼仪和搭配技巧等知识，对不同年龄、不同身份的人都很重要。

（三）服饰穿戴的基本要求

服饰穿戴必须遵循以下五个要求。

1. 整洁（tidiness）　整洁是指整齐干净，这是服饰打扮的一个最基本的要求。一个穿着整洁的人总能给人以积极向上的感觉，并且也表示出对交往对方的尊重和对社交活动的重视。整洁原则并不意味着时髦和高档，只要保持服饰干净合体、全身整齐有致即可。

2. 和谐（harmony）　和谐指协调得体。正如培根所说的"美不在部分而在整体"，选择服装时不仅要与自身体形相协调，还要与年龄、肤色相配。

3. T.P.O.（time，place，occasion）原则　指着装的时间、地点、场合。一件被认为漂亮的服饰不一定适合所有的时间、地点、场合。着装的时间，包含每天的早、中、晚的变化，以及春、夏、秋、冬四季的不同和时代的变化。着装的地点是指环境，即不同的环境需要与之相适应的服饰打扮。着装的场合是指场合气氛，即着装应与当时、当地的气氛融洽协调。T.P.O. 原则要求的三要素是相互贯通、相辅相成的。

4. 个性（personality）　个性是指社交场合树立个人形象的要求。不同的人由于年龄、性格、职业、文化素养等方面的差异，自然就会形成不同的气质。我们在选择服装时，不仅要符合个人的气质，还要突显出自身独特的气质。为此，必须深入了解自我，正确认识自我，只有选择合适的服饰，才能达到扬己之长、避己之短、扬己之美、避己之丑的目的。

5. 配色（color matching）　服饰色彩的相配应遵循一般的美学常识。

（1）同色搭配：如墨绿色配浅绿色、咖啡色配米色等，宜掌握"上淡下深，上明下暗"的原则。

（2）相似色搭配：如蓝色与绿色、红色与橙色搭配等，按两个色的明度、纯度要错开的原则搭配。

（3）主色搭配：选一种起主导作用的基调和主色，相配于各种颜色，形成一种互相陪衬、相映成趣的效果。

二、多场合的服饰选择

场合（occasion）指某个特定的时间和空间。日常生活中主要场合包括社交场合、公务场合和休闲场合三类，服饰是一种表达自身的语言，服饰的选择要与场合氛围相统一。

（一）社交场合

从广义上讲，社交场合（social occasions）指的是一切人际交往的场合。从狭义上讲，它指的则是人们在工作之余与别人进行应酬活动的场合，一般应当根据狭义上的含义来对其进行理解。在工作之余参加的舞会、宴会、音乐会、婚礼、约会、聚会、访友等，都属于极其典型的社交场合。在社交场合中，着装的基本要求是华丽、端庄、时尚、得体。社交场合服饰的选择，以礼服、时装、民族服装为首选。

1. 男性着装 要求较为简单，一套西装几乎可以应对多种社交场合。

对于舞会、音乐会、婚礼等正式场合，选择西服套装，以黑色和深蓝色为宜，衣长应刚好到臀部下沿。两粒单排扣的西装上衣最为正统，应只系上面的一粒纽扣。配白色双翼领礼服衬衣、西装背心、领结，胸前装饰胸巾，可以搭配黑色的皮鞋。

对于约会、聚会、访友等非正式场合，如果穿西装的话，一粒扣和三粒扣的西装上衣比较时尚，一粒扣的西装应系扣，三粒扣的西装应只系上面两粒或中间一粒，这样显得随和大方、平易近人，可以与西裤不配套，可以搭配压花、拼花等休闲皮鞋。

2. 女性着装 舞会、酒会、典礼等正式场合，可以选择礼服。礼服分为小礼服和正式晚礼服。小礼服适用于晚间或下午举行的舞会、酒会、宴会等正式聚会，裙长应在膝盖上下 5cm 左右，适宜年轻女士穿着。晚礼服适用于更正式的晚间聚会、仪式、典礼等，裙长至脚背，以黑色最为隆重，蓝色、粉色和白色也比较适合。晚礼服的面料讲究垂感飘逸，体现女性风韵。宜穿与礼服颜色相同或相近的高跟或半高跟皮鞋。如果脚趾外露，就应根据面部、手部的化妆同步加以修饰。

约会、聚会、访友等非正式场合，可选择休闲装，如款式别致的连衣裙、套裙，裙子的长度应过膝盖为宜。

（二）公务场合

公务场合（official occasions）是指在工作岗位上执行公务时涉及的场合，包括上班、会务、面试、接待、仪式等。公务场合中，着装的基本要求是庄重、保守、大方、得体。公务场合服饰的选择以西装、套装、套裙为首选。

1. 男士一般以西装为主，选黑色、咖啡色或深蓝色的西装，上衣长度刚好到臀部的下沿或几乎到手自然下垂时拇指尖后方的位置。裤子线条应清晰笔直，裤腿的前部盖住鞋面中央，后至鞋跟中央。配上白色或淡蓝色衬衫为宜，衬衫领子要挺括，衬衫的下摆应塞进裤内，系好领扣和袖扣。衬衫的领子和袖口应比西装外套的领子和袖口长 1~2cm。此外，还应选择黑色领结或领带，领带图案应以几何图案或纯色为宜。系领带时领结要饱满，与衬衫领口吻合；领带长度以系好后大箭头垂到皮带扣处为准。应穿简洁利落、鞋面光滑的皮鞋。如果是深蓝色或黑色的西装，可以穿黑色的皮鞋。袜子应选择深色，避免黑色鞋子搭配白色袜子。袜口应适当高些，应以坐下跷起腿后不露出皮肤为准。

2. 女性一般以套装、套裙为主，以端庄得体为宜，颜色可以选择黑色、藏青色、灰褐色、灰色和暗红色。上衣讲究平整挺括，较少使用饰物和花边进行点缀，纽扣应全部系上。衬衫以单色为佳，纯白色、米白色或淡蓝色与大多数套装匹配，纯棉和丝绸都是较好的衬衫面料。注意衬衫的下摆应放入裙腰之内而不是悬垂于外，也不要在腰间打结。纽扣除最上面一粒可以不系，其他纽扣均应系好。裙子以窄裙为主，年轻女性的裙子下摆可在膝盖以上 3~6cm，但不可太短；中老年女性的裙子应在膝盖以下 3cm 左右，裙子里面应穿着衬裙。鞋子应是高跟鞋或中跟鞋。袜子应是高筒袜或连裤袜。鞋袜款式应以简单为主，颜色应与套装、套裙相搭配。

（三）休闲场合

休闲场合（leisure occasions）是指在公务场合、社交场合之外，一个人单独自处，或者与其他不相识者共处时的公共场合，包括居家、旅游、逛街、运动、健身等场合。休闲场合中，着装的基本要求是舒适、自然、方便、个性。

休闲场合服饰的选择相对自由，综合考虑时间、场合、年龄、爱好等着装要素，掌握以下休闲服装的选择技巧，可以呈现更好的搭配效果。

1. 所选的休闲服装在风格上应协调一致，穿着休闲服装应力求风格的上、下装一致。不要出现所穿的多件休闲装在风格上相差太大的情况。

2. 休闲装面料的选择相对随意。如果需要提高档次，如高尔夫运动装、网球运动装等，就不仅要对舒适程度、外观美感给予重视，还要选择比较高档的面料。对休闲装进行组合搭配时要注意搭配的惯例，比如穿牛仔裤时最好配休闲皮鞋或运动鞋，而不穿布鞋或凉鞋。穿短裤、凉鞋时，不要穿长筒袜或连裤袜。

三、日常着装注意事项

（一）日常便装注意事项

在对日常便装进行搭配时，人们往往可以相对自由，这是便装大受欢迎的重要原因之一。然而，为了保证协调、美观，也需要注意以下搭配问题：上、下装的搭配要得体，外衣与内衣的搭配要合理，衣服和鞋帽的搭配要自然。

（二）公务着装注意事项

1. 女士公务着装注意事项 忌过于艳丽：色彩不要过于艳丽，橘红、橙黄、嫩绿、水粉等突兀的颜色不适合公务场合。忌过于杂乱：颜色搭配一般不超过三种，图案不要过于烦琐。忌过于暴露：保证"四不露"，即不露胸、不露肩、不露腰、不露背。忌过于透视：过于透视的着装不庄重、不雅致。忌过于短小：款式不要过于短小，一般来说上衣的上限是齐腰，套裙不能太短，如超短裙、短裤就不适合公务场合。

2. 男士公务着装注意事项 忌西装袖口上的商标不剪除。忌西装口袋里乱装东西：西装上衣左上方的口袋只能放装饰用的手帕，西装上衣内侧的口袋只能放少许的名片，其余口袋均不可装任何物品。忌着装过于杂乱：正装一定要整套穿着，不要将不同颜色、不同款式的衣服胡乱搭配，颜色和材质不协调会形成非常不对称的效果。忌透过衬衫可见内衣。忌着装过短小、过紧身：正装一定要合身，过短小或过紧身的服装不适合公务场合。

第三节 举 止 礼 仪

一、举止礼仪概述

（一）举止礼仪的概念

举止（behaviour）是指人的表情、行为、动作，也包括人的体态语言。它反映一个人的性格、心理、感情、素养和气质。它是通过人的肢体、动作和表情来表达思想感情的语言，这种语言的表达效果比起有声的口头语言会更丰富、更生动，更能表达真实诚恳的心态。人们可以通过文明优雅的举止向他人传达自身的个性、情绪、品质、修养，从而给他人留下深刻而美好的印象，提高沟通效果。

（二）举止礼仪的内涵

举止礼仪是自我真诚的表现，一个人的外在举止行动可直接表明他的态度。总体原则是彬彬有礼，落落大方，遵守一般的进退礼节，尽量避免各种不礼貌、不文明的习惯。冰冷生硬、懒散懈怠、矫揉造作的行为，无疑有损于良好的形象。相反，从容潇洒的动作，给人以清新明快的感觉；端庄含蓄的行为，给人以深沉稳健的印象；真诚坦率的微笑，给人以赏心悦目的感观。

二、举止礼仪的规范

（一）举止礼仪的基本要求

尽管世界各国、各地的礼仪习俗不同，但举止礼仪的基本要求是趋同的，熟悉举止礼仪的基本要求，有助于在具体礼仪活动中掌握主动，也更加自然得体。一个人的举止端庄、行为文明、动作规范，是良好素养的表现，能帮助个人树立美好形象，也能为组织赢得美誉。举止礼仪主要包括以下要求。

1. 自然（natural） 自然最美，自然有如行云流水，行止自如是举止的首要要求。不矫揉造作，不局促呆板，不装腔作势，就是自然。微笑发自内心，不强作欢颜，不满脸堆笑。举止自如，才显示出真诚和朴实。

2. 稳重（prudent） 稳重就是处世和待人接物沉着稳健、泰然自若。办事时有条不紊、精明强干，而不是毛手毛脚、丢三落四；交谈时娓娓而谈，而不是手舞足蹈、喜怒无常。

3. 得体（appropriate） 举止符合身份、适应场合、顺应情景，就是得体。一个人的举止，代表的是单位、地区、民族，甚至国家的形象，要有很强的角色意识，一举一动必须符合身份。不同的场合，不同的对象和环境，举止要求不一样，庄严肃穆的场合要求举止庄重，轻松欢乐的场合则可以活泼一些。

4. 文明（civilized） 举止要体现文明礼貌，遵守公序良俗。与别人交谈时，尊重他人，认真倾听。注意公共场合的禁忌，不做一些不雅的动作。尊重女性，在需要的场合下主动给女士让座、让路。

5. 优雅（elegance） 举止优雅是精神境界、文化品位、道德修养的综合体现，优雅是举止的最高境界。要求举止在符合一般规范的基础上，追求高尚脱俗、美观雅致，坐立行走、神态表情显示出不同凡响。除了掌握一般的举止礼仪外，还需要加强自身修养和实践磨炼。

（二）举止礼仪的标准规范

1. 站姿礼仪 站姿是人处于站立时的姿势，是生活中以静为造型的动作，体现的是静态美，是训练其他优美体态的基础。要做到站有站相，其基本要求是优雅、自然、稳重、挺拔。女士应亭亭玉立，文静优雅；男士应刚劲挺拔，稳健大方。正确的站姿是自信的表现，会给人留下美好的印象。

（1）站姿礼仪规范：标准的站姿，从正面看，全身笔直，精神饱满，两眼正视，两肩平齐，双臂自然下垂，手指稍微弯曲，指尖朝下，腰部直立，挺胸、收腹、提臀；从侧面看，两眼平视，下颌微收，挺胸收腹，中指贴裤缝，整个身体庄重挺拔。

（2）站姿的种类：标准站姿分四种。

1）侧放式：是指男女通用的站姿，要领是脚掌分开呈"V"字形，脚跟靠拢，双膝并拢，双手放在腿部两侧，手指稍弯呈空心拳状。

2）后背式：是男士常用的站姿，要领是双腿分开与肩同宽，双脚平行，双手轻握并放在后腰处。

3）前腹式：是女士常用的站姿，要领是脚掌分开呈"V"字形，脚跟靠拢，双膝并拢，右手搭在左手上，贴在小腹部。

4）丁字式：是女士专用的站姿，要领是一脚在前，脚跟靠于另一脚内侧，双脚尖向外展开呈"丁"字，双手在腹前相交，重心在双脚上。

2. 坐姿礼仪 坐姿是人际交往中人们采用最多的一种姿势，优雅的坐姿是体现姿态美的主要内容，其基本要求是端正、稳重、大方、自然，给人以舒适感。

（1）坐姿的礼仪规范

1）入席与离席的礼仪要求：落座时，要坚持"尊者为先，右为尊"的原则入座，不要争抢；通常侧身走近座椅，从椅子的左侧就座；如果背对座椅，要首先站好，全身保持站立的标准姿态，右腿后退一点，轻轻用小腿确定椅子的位置，上身正直，目视前方缓慢就座。

2）落座的礼仪要求：上身正直，头正目平，面带微笑，双手相交放在腹部或双腿上，双脚平落地面，男士双膝间距离一拳，女士双膝不可分开。忌双腿叉开过大、架二郎腿、双腿过分伸张、腿部抖动摇晃等不雅的腿姿，忌以手触脚、手置于桌下、双肘支于桌上、双手抱腿、手夹在腿间等不恰当的手姿。

（2）坐姿的种类

1）标准式：正规场合适用。上身挺直，双肩平正，两臂自然弯曲，两手交叉叠放在两腿中部，并靠近小腹。两膝并拢，小腿垂直于地面，两脚保持小"丁"字步。

2）前伸式：稍自由的场合，男女都适用。在标准坐姿的基础上，两小腿向前伸出，两脚并拢，脚尖不能翘起。

3）前交叉式：正式及非正式场合，男女都适用。在前伸式坐姿的基础上，右脚后缩，与左脚交叉，两踝关节重叠，两脚尖着地。

4）屈直式：正式和非正式场合，男女都适用。右脚前伸，左小腿屈回，大腿紧靠，两脚前脚掌着地，并在一条直线上。

5）后点式：正式场合，女性适用。两小腿后屈，脚尖着地，双膝并拢。

6）侧点式：正式场合，女生适用。两小腿向左倾斜，两膝并拢，右脚跟靠拢左脚内侧，大腿与小腿要垂直，上身略微向右转动。

7）侧挂式：较正式场合，女生适用。在侧点式基础上，左小腿后屈，左脚绷直，脚掌前内侧着地，右腿叠放在左腿上，脚面贴住左踝，上身略微向右转动。

8）重叠式：也叫跷"二郎腿"或标准式架腿，非正式场合，男女都适用。两腿在大腿部分叠放在一起，叠放之后位于下方的一条腿垂直于地面，脚掌着地，位于上方的另一条腿的小腿则向内收，同时脚尖向下。

3. 蹲姿礼仪 蹲姿是人的身体在低处取物、拾物、整理物品、整理鞋袜时所呈现的姿势，它是人体静态美与动态美的综合，其基本要求是美观、优雅。

（1）蹲姿的礼仪规范：由于蹲姿是暂时性的姿态，因此下蹲时速度切勿过快，应与他人保持一定的距离；在他人身边下蹲时，不能面对他人或背对他人，应与之侧身相向；女士下蹲时，要注意保护隐私。

（2）蹲姿的种类：标准蹲姿分四种。

1）高低式蹲姿：这是一种常用的蹲姿，基本特征是双膝一高一低。要领是：左脚在前，完全着地，小腿垂直于地面；右脚稍后，脚掌着地，右膝内侧靠于左小腿内侧，形成左膝高、右膝低的姿态；臀部以下，以右腿支撑身体。

2）交叉式蹲姿：这种蹲姿优美典雅，基本特征是蹲下后双脚交叉在一起，适用于女士。要领是：右脚在前，全脚着地，右小腿垂直于地面；右腿在上，左腿在下，双腿交叉重叠；左膝由后下方伸向右侧，左脚在后，脚掌着地，左脚跟抬起；双腿前后靠近，合力支撑身体，上身略前倾，臀部向下。

3）半蹲式蹲姿：一般在行走中临时使用，它的正式程度不及前两种蹲姿，但在需要应急时也可采用。基本特征是身体半立半蹲。要领是：下蹲时上身稍许弯下，与下肢成钝角；臀部务必向下，不要撅起；双膝略微弯曲，角度一般为钝角；身体的重心应放在一条腿上；两腿之间不要分开过大。

4）单跪式蹲姿：这种蹲姿适用于男士，是非正式蹲姿，多用于下蹲时间较长时，基本特征是双腿一蹲一跪。要领是：一腿单膝点地，脚尖着地，臀部坐在脚尖上；另一腿全脚着地，小腿垂直于地面；双膝同时向外，双腿尽力靠拢。

4. 行姿礼仪 行姿是在行走时所采取的一种动态姿势，体现了人类的运动之美和精神风貌。行姿以站姿为基础，是站姿的延伸动作，在行走中要保持正确的节奏，才能体现优雅、稳重的动态美。其基本要求是：上身挺直，头正肩平，双臂自然摆动，双腿直而不僵，步伐从容。

（1）行姿的礼仪规范：在行走时，首先要方向明确，双眼平视，挺胸收腹，两臂以身体为中心，前后自然摆动，前摆约35°，后摆约15°，手掌朝向体内。两脚内侧在一条直线上，两膝内侧相碰，步伐与身体保持协调一致。行进中，脚跟先着地，膝盖伸直，使身体的重心随着脚步的移动不断向前过渡，落在前脚上。步速为每分钟125～130步，男性的步幅大约是25cm，女性的步幅大约为20cm。要避免一些错误的行进姿态，如横冲直撞、抢道先行、摇头晃脑、连蹦带跳、制造噪声、步态不雅等。

（2）行姿的种类：行姿包括随意步、舞台步、旗袍步、时装步、体操步等。

5. 手势礼仪 手势是一种动态语言，得体适度的手势可以帮助人们增强感情的表达，起到锦上添花的作用。其基本要求是：庄重含蓄、彬彬有礼、优雅自如、规范适度。

（1）手势的礼仪规范：手势是国际交往中用得较多的动态语言，因此在使用手势时应符合国际规范、国情规范、大众规范和服务规范，才不会引起交往对象的误解；使用手势时要注意区域性差异，在不同的地区，人们使用的手势礼仪会有很大的差别；手势不宜过多，动作幅度也不宜过大。在使用手势时还应避免使用不恰当的手势，如指指点点、随意摆手、端起双臂、双手抱头、摆弄手指、手插口袋、搔首弄姿、抚摸身体等。

（2）常用的手势：常用的手势有以下几种。

1）引导手势：各种社交场合都离不开引领动作，如介绍某人，或为宾客引路、指示方向时。引导时，五指伸直并拢，掌心斜向上方，腕关节伸直，手与前臂形成直线，以肘关节为轴，弯曲140°左右，上身稍倾，面带微笑，以眼神关注目标方向，并兼顾宾客。

2）握手：握手是见面之初常用的手势。握手时首先走近对方，由地位高者向地位低者先伸手，右手向侧下方伸出，双方互握对方的手掌，目视对方，握手时间不宜过长，以3～6s为宜，力量适中。

3）鼓掌：鼓掌是在观看文体表演、参加会议、欢迎宾客到来时，表达赞赏、鼓励、祝贺、欢迎等情感的一种手势。用右手手掌拍左手掌心，力度和时间视当时情况而灵活变化。

4）递送物品：递送物品时，应用双手或右手传递，切忌用左手传递。递送过程中，为对方留出便于接取物品的地方；递交带有文字的物品时，以正面朝向对方，方便对方阅读；递交带尖、刃或易于伤人的物品时，应使尖、刃朝向自己或别处。

5）展示物品：展示物品时，将被展示物品放在身体一侧，不要挡住本人头部；正面朝向观众，并举到一定的高度，注意展示时间；观众多时，还应变换不同的角度，方便观众观看。

6）举手致意：举手致意多在打招呼、道别或引起他人注意时使用。举手致意时，目视对方，全身直立，面带微笑，手臂上伸，掌心向外，同时配以"您好""再见"等礼貌用语。

6. 表情礼仪 表情是指通过人的面部形态变化所表现出来的神情态度,用来表达人的内心思想感情。其基本要求是:谦恭、友好、适时、真诚。人们常通过眼神和微笑来表达内心丰富的情感。

(1)眼神:俗话说,"眼睛是心灵的窗户",眼睛是人体传递信息最有效的器官,而且能表达最细微、最精妙的差异,显示出人类最明显、最准确的交际信号。因此应掌握眼神的相关礼仪,懂得合理、适当地运用不同眼神来帮助表达情感,促进人际沟通。

1)注视的部位:注视对方的双眼表示对对方全神贯注,或"洗耳恭听";注视对方的面部常用于与对方长时间交谈时,最好注视对方的眼鼻三角区,以散点柔视为宜;注视对方的全身适用于与对方距离较远时。

2)注视的角度:正视对方是一种基本礼貌,表示重视对方;平视对方表示双方地位平等,不卑不亢;仰视对方表示对对方尊重、信任。

当与宾客进行交流时,不要用冷漠、傲慢、轻视的眼神;不得左顾右盼、挤眉弄眼;不可白眼或斜眼看人;不要长时间盯着对方,尤其是女性;不可上下打量宾客,因为这含有轻视的意味;不可怀有敌意,忌带有挑衅性地盯视。

(2)微笑:微笑是人际交往中最美丽的语言,是公共关系中的亮点,在传达亲切温馨的情感、有效地缩短双方的心理距离、增强人际吸引力等方面作用显著。在工作中,微笑是最富有吸引力、最有价值的体态语言。微笑能强化有声语言沟通的功能,增强交际效果;微笑还能与其他身体语言相结合,代替有声语言的沟通。

微笑作为一种无声的表情,不仅是形象的外在表现,也是人的内在精神的反映,不仅有助于营造和谐、宽松的社会氛围,还有助于保持积极乐观的心态,进而利于身心健康。微笑应掌握以下技巧:在与对方交谈中,最好的微笑时机是在与对方目光接触的瞬间展现微笑,这样能够促进心灵的友好互动。微笑有很多层次,既有眼中含笑、浅浅地笑,也有哈哈大笑。在整个交谈过程中,微笑要有收有放,在不同场合使用不同的笑。微笑的最佳时间长度以不超过 3s 为宜,时间长会给人以假笑或不礼貌的感觉,过短则会给人以皮笑肉不笑的感觉。在与别人交谈中,放声大笑或傻笑都是非常失礼的。工作中把握好微笑的尺度,更能体现内在修养。

三、多场合的举止礼仪

(一)面试举止礼仪

面试是一种经过组织者精心设计,在特定场景下,以考官对考生的面对面交谈与观察为主要手段,由表及里测评考生的知识、能力、经验等有关素质的一种考试活动。掌握面试举止礼仪,对个人能力展示至关重要。

1. 准时赴约 守时是一种美德,也是一个人良好素质修养的表现。因此,面试时一定要准时守信。迟到既是一个人随随便便、马马虎虎、缺乏责任心的表现,同时也是一种不礼貌、对考官不尊重的行为。一般最好提前 15~20 分钟到达,这样既可以熟悉一下面试的环境,也有时间让自己调整心态,稳定情绪,以避免"仓促上阵"。

2. 尊重接待人员 到达面试地点后,应主动向接待人员问好,并做自我介绍,同时要服从接待人员的统一安排。

3. 把控面试环节

(1)入场:基本原则是精神饱满、合乎礼节、稳重大方。

进门:若无引导员引导,轻声敲门三下,得到允许后入场;若有引导员引导,进门后应轻声向其致谢。入场后转身双手关门,面带微笑,用眼神向考官问好。

走入:步伐稳重,适当摆臂,手臂内撇30°,与西装扣线对齐,不要高过肚脐。

问好：站在桌边距座椅一步处，挺胸收腹沉肩，双腿并拢，两手自然下垂；四指微拢，中指触摸裤缝；下颌微收，目光聚焦于考官的眉心位置；站定后向考官先问好、再鞠躬，并介绍自己的姓名。

鞠躬：角度在 60° 左右，停顿 1s。

（2）入座：未得到考官允许"请坐下"，不得自行落座。得到"请坐"，回应"谢谢"。一般不调整座椅，如有必要，在入座前调整，双手搬动椅子，准确定位，不要发出声音。斜跨一步坐下，入座要轻、缓、稳。坐姿要自然：坐下后前臂 1/3 处接触桌沿，双手自然交叉放于桌上，拇指不要指向考官；上身挺直，前倾 30°；男士双腿平行于双肩，女士双腿并拢或斜侧向一方。

（3）答题：认真倾听考官念题并适时点头示意，考官念题完毕要致谢，要说"开始答题"。答题时保持微笑，动作协调，充满自信和活力，注意眼神交流，以与你交流的考官为主，其余考官为辅，但要照顾到各位考官。目光区域以上至额头、下至胸部、左右至两肩为方框，不要将目光聚焦于对方脸上或身体某个部位。答题结束要说"答题完毕"。

（4）退场：得到考官、工作人员"面试结束，请退场"的提示后，将桌面恢复原状，再起立，鞠躬致谢，然后将座椅轻轻放归原位，随工作人员依次走出。注意行姿，注意轻轻将门关上，不得将试题与考场草稿纸、记录用笔等带出考场。

（二）会议举止礼仪

会议是人类社会的一种社交、公关、意见交流、信息传播及沟通的活动，是日常工作中出席最多的公务场合之一。掌握会议举止礼仪，对个人形象展示至关重要。

1. 座次安排 会议座次排列主要有两种形式可供酌情选择。

（1）横桌式：横桌式座次排列是指会议桌在室内横放，客方人员面门而坐，主方人员背门而坐。双方最重要人员居中就座，各方的其他人员则应依其具体身份的高低，各自先右后左、自高而低地分别在己方一侧就座。

（2）竖桌式：竖桌式座次排列是指会议桌在会议室内竖放，具体排位时以进门时的方向为准，右侧由客方人员就座，左侧由主方人员就座。在其他方面，则与横桌式排座相仿。

2. 介绍 在与会人员见面时，通常有两种介绍方式，一是第三者作介绍，二是自我介绍。自我介绍适用于人数多、分散活动的会议，自我介绍时应先将自己的姓名、职务告诉来宾，可以按先年轻再年长、先下级再上级、先女士再男士的顺序进行介绍。如需递交名片，主方应先递上名片表示诚意。双手接收对方的名片后，应看一遍对方的姓名、职称以示尊重，看完后应将名片慎重地放进皮夹或名片夹中。

3. 与会 参与会议时，坐姿要端正，表情要自然，当别人讲话时，应认真倾听，可以准备纸、笔以记录下来与自己相关的内容或要求。不要在别人发言时说话、随意走动、打哈欠等。会中尽量不离开会场，如果必须离开，要轻手轻脚，尽量不影响发言者和其他与会者；如果长时间离开或提前退场，应与会议组织者打招呼。

4. 发言 发言有正式发言和自由发言两种，前者一般是领导报告，后者一般是讨论发言。正式发言者，走上主席台时步态要自然、刚劲有力，体现出成竹在胸、自信自强的风度与气质。发言时应口齿清晰，讲究逻辑，表达得体，简明扼要。如果是书面发言，要时常抬头扫视一下会场，不能低头读稿、旁若无人。发言完毕，应对听众的倾听表达谢意。自由发言则较随意，但要注意发言顺序和秩序，不能争抢发言，发言应简短，观点应明确。与他人有分歧时，应以理服人，态度平和。

（三）宴会举止礼仪

宴会是以餐饮聚会为表现形式的一种高品位的社交活动方式，是日常生活中出席最多的社交场合之一，具有群集性、社交性、正规性的特点。根据规格、餐别、时间、内容和形式的不同，其分类也比较多样。掌握宴会举止礼仪，对个人素质展示至关重要。

1. 按时赴宴 应邀赴宴，一定要遵守时间，既不能过早，也不要迟到，可比主人约定的时间稍早一点，一般应在约定时间之前五分钟到达。若是主人的挚友或亲戚，可提前更多时间到达，帮助做些准备或接待工作。

2. 寒暄问候 赴宴时，见到其他客人要握手，互相问好。对长辈要主动起立、让座，对女宾要举止端庄，彬彬有礼。如未到入席时间，可找一两个熟悉的朋友交谈，不要随处走动。入席前后，应尽量与更多的宾客主动交谈，沟通感情，以创造一个良好、活跃的气氛。

3. 按位落座 按宴请客人的身份和地位，分别按主人预先的安排长幼有序地准确落座。一般情况下，正式宴会的座位是事先安排好的，客人要等待主人的安排。就座时要斯文，并向其他客人礼让。

4. 坐姿得体 席间要坐得端正，双腿靠拢，双足平放在地上，不宜将大腿交叠。双手不可放在邻座的椅背上，也不可用手托腮或将手臂、手肘放在桌子上，最好将双手放在自己的大腿上。

5. 用餐文明 一般在正式宴请时，先用公筷或公勺将所需菜肴夹到自己的盘碟中，然后再用自己的筷子慢慢食用。

6. 讲究饮酒文化 敬酒应以年龄大小、职位高低、宾主身份为先后顺序，需要分明主次，要先给尊长者敬酒。敬酒时，应起身站立，右手端起酒杯，或者用右手拿起酒杯后，再以左手托扶杯底，面带微笑，目视祝酒对象。碰杯时，酒杯的高度不能高于对方的高度，一般都是略低于对方的酒杯，以表尊敬之意。无论是慢慢品饮，还是一饮而尽，必须根据自己的酒量而定，切忌贪杯。

思考题

1. 刚刚入职的小李（男）下周要参加医院的新年晚宴并担任主持人，他应该选择怎样的服装搭配，才能保证端庄得体？
2. 刚毕业的小孙（女）明天要参加某三甲医院的面试，结合实际谈谈她应该从哪些方面践行举止礼仪。
3. 结合本章的学习内容，谈谈作为一名护理专业的学生，在教学查房过程中要从哪些方面体现个人礼仪。

（王悦娜）

第十一章 交 往 礼 仪

第一节 交往礼仪概述

中华民族素以"礼仪之邦"著称于世。常言道:"与人相处,须以礼相待。"人与人之间的相处之道,不外乎以礼为先。掌握规范的交往礼仪,能为人际及国际交往创造出和谐融洽的气氛,建立、保持及改善交往主体的关系。一个善意的眼神,一个真诚的微笑,一句简单的问候,一个得体的举止,皆能让我们在友好的交往中感到愉悦。所以,我们不仅要知礼、懂礼,而且要习礼、用礼。

一、交往礼仪的概念与原则

(一)交往礼仪的概念

交往礼仪(intercourse etiquette)是指人们在社会交往中需遵循的律己敬人的行为规范,也是在人际交往中约定俗成的示人以尊重、友好的习惯做法。交往礼仪的核心是尊重和友好,反映社会风貌和公民文明程度。

(二)交往礼仪的原则

礼仪规范是为了维持社会生活的和谐稳定而形成和发展的,反映了人们的共同利益要求。不论身份职位的高低、财富的多少,每个社会成员都有自觉遵守礼仪的义务,以礼仪规范个体的一言一行、一举一动。在交往中,需遵循礼仪的基本原则。

1. 敬人原则　孔子云:"礼者,敬人也。"敬人是礼仪的一个基本原则。尊重包括尊重一个人的人格尊严、自由、合法权利及民族风俗习惯,尊重一个人的思想、情感、言行和生活方式,尊重一个人的劳动和创造等。我们强调的尊重不仅仅是尊重他人,也包括自尊。人人平等、互尊自尊是交往礼仪中最重要的要求。

2. 宽容原则　宽容就是要求人们既要严于律己,又要宽以待人。在交往中,对他人要多一点体谅与理解,不能求全责备、斤斤计较、咄咄逼人。宽容可以排除人际交往中的各种障碍。

3. 真诚原则　交际礼仪的运用基于对他人的态度,如果心怀诚意与对方交往,那么言行举止便自然而然地显示出关切与爱心。唯有真诚,才能使行为举止自然得体。相对而言,倘若把礼仪作为一种道具和伪装,在具体操作礼仪规范时投机取巧、口是心非、弄虚作假,或者人前人后言行不一,将"厚黑学"藏于礼仪之中,就违背了交际礼仪基本原则。

4. 适度原则　凡事过犹不及,人际交往既要因人而异,也要考虑环境、时间、地点等条件。施礼过度或不足都是失礼的表现。例如:见面时握手时间过长,或者不讲究主次、长幼、性别,随意主动握手;或者对于同一件事情一次又一次地反复道谢,都可能引起他人的反感与不适。

二、交谈与聆听中的礼仪

(一)交谈礼仪

"良言一句三冬暖,恶语伤人六月寒。"在人际交往的过程中,如不注意交谈的礼仪规范,词

语使用不当，语气、表情过分夸张，或选用不恰当的话题等，都会影响人际关系。因此，在交谈中必须遵从一定的礼仪规范，才能达到双方交流沟通、增进友谊、促进团结的目的。

1. 讲究语言艺术 交谈的语言艺术包括以下几个方面。

（1）语言准确流畅：在交谈时，如果词不达意、前言后语自相矛盾，则容易造成误解，达不到交谈的目的。因此，交谈要避免使用似是而非的语言。同时，避免使用过多的口头禅，否则会减弱主要信息的传达。

语言准确流畅还表现在要让对方听懂。首先，要注意使用对方听得懂的语言，比如在国内交流以普通话最为适宜，全国各地人民都能听懂。其次，在非专业场合不要为了体现与众不同而使用过于专业的词汇，避免让听者感到理解困难，以致难以交流互动。

（2）委婉表达：避免使用主观武断的词语，如"一定""唯一""就要"等毫无商量余地的词语，要尽量采用与他人商量的口气，特别是在提醒他人的错误或拒绝他人时需要间接委婉地表达，先肯定后否定，学会使用"是的，但是……"这个句式。表达否定时，把批评的话语放在表扬之后，先扬后抑显得较为委婉。

中国人在表达上较为含蓄，例如汉语中关于"死"的委婉语有上百种之多。如面对罹患癌症的终末期患者，要学会委婉地谈论死亡的话题，对方才能更容易接受。

（3）说话有度：谈话要把握好"度"。谈话时不要唱"独角戏"，不要居高临下、搞一言堂，要让别人有说话的机会，注意对方的反馈互动。说话还要注意对方情绪，注意察言观色，少讲对方不爱听的话。开玩笑要看对象和场合，不能随意开女性、长辈、领导的玩笑，不要在严肃场合开不合时宜的玩笑。

（4）适度幽默：当交谈过程中出现不和谐的时候，交谈者可随机应变，适度幽默可以化解尴尬局面，使交谈顺利进行。

幽默不但能反映个人随和的品性，而且可彰显个人的才智和随机应变的能力。但是，幽默不等于卖关子或耍嘴皮。幽默要在情理之中，不仅要引人发笑，更重要的是能给人启迪。

（5）使用礼貌用语：能给人以谦逊的印象。常见的礼貌用语有：初次见面，可说"久仰"；许久不见，可说"久违"；客人到来，可说"光临"；等待客人，可说"恭候"；探访别人，可说"拜访"；起身作别，可说"告辞"；中途先走，可说"失陪"；请人别送，可说"留步"，请人批评，可说"指教"；请人指点，可说"赐教"；请人帮助，可说"劳驾"；托人办事，可说"拜托"；麻烦别人，可说"打扰"；求人谅解，可说"包涵"。

在人际交往中，应当经常运用日常礼貌用语，如欢迎语、问候语、道别语、祝福语、感谢语、致歉语。

（6）注意正确选择话题：话题是指人们在交谈中所涉及的题目范围及谈话内容。在人际交往中，选择正确的话题，就像选择了一条平坦的道路，能使谈话顺利地开展。在一般交往中，我们应尽可能选择合适的话题来交谈，避开忌谈的话题，可以根据具体场合选择以下话题。

1）文明高雅的话题：譬如艺术、文学、哲学、历史、地理，这类话题适合各类场合，也能够体现谈话者的见识、阅历、修养和品位。

2）轻松愉快的话题：允许各抒己见，任意发挥，包括流行热点、体育比赛、美容美发、休闲娱乐、热播影视、旅游见闻、风俗人情、名人趣事、烹饪美食、天气状况等。

3）对方喜欢的话题：比如老年人对于运动健身、饮食养生之类的话题较为感兴趣，青年人热衷于运动、流行歌曲、热播影视的话题；男士多关心事业发展、专业相关话题，女士一般对家庭、物价、孩子、化妆、衣料、编织等津津乐道；公职人员关注的多是政治和时事，而普通市民则更关注家庭生活、个人收入等。

4）流行、时尚的话题：即以热点话题或当前流行的事物作为中心谈话，不过这类话题变化较快，可以多留意实时新闻热点。

（7）线上交谈礼仪：随着互联网快速发展，线上交谈能打破空间的阻隔，迅速传播信息，给人们的生活带来极大的便利，逐渐成了我们日常沟通交流的一种重要方式。线上交谈也同样需要遵循基本的礼仪标准。

在发起交谈时，需注意对方的作息时间。如非紧急情况，不要在休息的时候去打扰对方。在交谈方式的选择上，首选文字交流，慎用语音聊天功能，也不要随便发起视频通话，尽量少用语音信息。在语音聊天或视频通话前，应先征得他人的同意。如果对方在开会或者在较嘈杂的地方，则不方便进行语音聊天或者视频聊天。而文字则可以做到一目了然，与语音信息相比，还节省了获取信息的时间。

在日常沟通中，做到有问必答是一种礼貌。在线上交谈中，即使见不到面，也应当如此。我们在线上交谈时，在看到消息后，尽量及时回复别人，确认已收到消息。

2. 交谈的禁忌

（1）忌谈的话题：①倾向性错误的话题。不能非议自己的祖国、党和政府，现存的社会规范。②个人隐私。如有关收入、年龄、婚姻、疾病的话题。③国家、行业、单位机密。对于机密内容，需遵循保密原则。④对领导、同行、同事的背后议论。在外人面前说到自己的老师、同事、同学、朋友时，要维护他们，这是做人的修养。

（2）线上交谈的禁忌：在交谈过程中如果存在回复过于简单、发送 1 分钟以上的长语音信息、通过截图的方式传递信息等情况，通常会让对方产生一定的困扰，从而影响沟通的顺利进行。应避免出现：①回复内容过于简单。线上交谈中，以单字"哦""嗯""呵"回复，不仅无法准确地传达具体意思，还会给对方一种怠慢、不敬的感觉，使交谈陷入"干涩、生硬"的境地。②多次发送长语音信息。据研究，人们通过阅读文字获取信息的速度大约是听取语音信息的 3 倍。对方不方便或不能通过文字的方式查看消息时，通过语音信息沟通是较为便捷的方法。但如果对方不便听语音，例如开会时，长语音信息会给其带来很大的困扰。而且当长语音消息包含重要信息时，对方可能需要反复听取语音来确定关键内容，不但浪费交谈者的时间，还会使对方遗漏重要信息。③通过截图的方式传递信息。截图往往包含大量无关信息，当对方需要在截图传递的众多信息中提取有用的信息时，使交谈效率低下，特别是当传达的信息需要录入时，这种方式会给接收信息者带来不便。

（二）聆听的礼仪

古言云："愚者善言，智者善听。"善言，能赢得听众；善听，才会赢得朋友。在如今开放张扬的社会，我们总是强调要学会自我表达，但容易忽略倾听的重要性。其实，听往往比说更重要。可是，人们普遍担心自己不会说或说不好，总是在思考怎样才能表达得更好，而很少思考该怎样去聆听。

聆听就是恭恭敬敬、专心致志地倾听领受。聆听的过程有明确的目的，需要持续集中注意力，不断地获取信息，作出判断，决定反馈。

1. 专注　一般而言，人们聆听与思索的速度大约比说话快 4 倍，所以，一个人在聆听别人讲话时容易走神。而且，根据有关研究，人们通过倾听只能获得语言信息的 60%～70%。倘若聆听时不专心，那么很容易错过有效信息，影响交谈质量。特别是在国际会谈中，谈判者必须时刻保持清醒，全神贯注地倾听别人讲话，努力排除环境及自身因素的干扰。

2. 观察对方的表达方式及表情　学会察言观色，能有效判断说话者的态度及意图。一个人说话时的措辞、语气或语调不同，都可能传递了不同的信息。所以在聆听对方讲话时，应认真注意其说话方式，从而发现对方一言一语后的隐喻，真正理解说话者传递的全部信息。而人们谈话时的微表情也往往蕴含着特定意义。例如，一个人在某天上门拜访好友时，发现朋友一边与拜访者交谈，一边却时时看往别处，这表明朋友可能有重要事情要处理。虽然朋友仍在接待他，但却心不在焉。这时，拜访者最明智的做法是简单结束交谈并告辞："您现在一定很忙，我就不打扰您了，过一两天我再来拜访您吧！"

3. 恰当的反馈 聆听中的反馈是指通过某些恰当的表情、语言、动作回应说话者,促使其继续话题的交谈,如目光的注视、欣赏的表情、点头称许、身姿前倾。合理的反馈会增加交谈对方的兴趣,因此,聆听时需保持饱满的精神状态,当别人讲到精彩的地方,聆听者可报以掌声。当然,听者的反馈要与谈话者的神情和语调相协调,不可大惊小怪、过于浮夸。

4. 耐心 有时遇到一个自己不感兴趣的话题,但说话者却谈兴正浓,我们应保持耐心,尽量让对方把话讲完,不要轻易打断对方的语句。如果确实需要插话,我们应先征得对方同意,用商量的语气问:"请问我可以打断一下吗?"或"我可以提个问题吗?"这样,既可以转移话题,又不失礼貌。

三、拒绝与道歉礼仪

(一)拒绝礼仪

喜剧大师卓别林曾说:"学会说'不'吧!那么你的生活将会美好得多。"然而,大胆地向别人说"不",是相当重要却不容易的话题。

人们在表达拒绝时往往感到不好意思,不敢据实言明,致使对方无法真正理解自己的意思,从而产生了许多误会。譬如,当别人向你提出要求时,你语意暧昧地回答:"这件事似乎很难做得到,让我想想。"虽然你的原意是拒绝,但是可能被别人误解为你会努力想出完成任务的办法,最后可能会使大家不欢而散。有些人喜欢你直截了当地拒绝他,有些人更容易接受委婉的拒绝方法,拒绝的方式因人而异。

一般来说,下列情况应考虑拒绝:①违背自己的原则与价值观念;②不符合自己的兴趣爱好;③可能陷入复杂的关系网;④违法犯罪的行为。

拒绝的方法有:直接拒绝、婉言拒绝、沉默拒绝、回避拒绝。在多数情况下,拒绝应当机立断,切忌含含糊糊、态度暧昧不清。当别人求助你而你不能够帮忙时,应该当场说明状况。如若他人求助时你一拍胸脯答应,此后却避而不谈,一拖再拖,东躲西藏,直至最后才如实告知难以完成事项,这既误事,又害人。

1. 直接拒绝 即拒绝之意当场讲明。这个方法能明确表达自己的想法,但稍不注意容易态度生硬,影响双方的交情。在直接拒绝别人时,应当清晰说明拒绝的原因,以免引起误会。如有需要,还应向对方表达自己的谢意或歉意,表示自己对其好意心领神会或基于客观原因不得不拒绝,借以表明自己通情达理。

2. 婉言拒绝 用温和曲折的语言去表达拒绝本意。与直接拒绝相比,它更容易被接受,因为它在更大程度上顾全了被拒绝者的尊严。爱尔兰著名剧作家萧伯纳曾接到一位小姑娘来信:"您是一位最使我敬佩的作家。为了表达对您的热爱,我打算用您的名字来命名我可爱的小狮子狗。不知您的意见如何?"萧伯纳回信道:"亲爱的孩子,我十分赞同你诚恳的希望。但是,最主要的一点是,你一定要和你的小狮子狗商量商量,并征得它的同意才是。"萧伯纳用巧妙的方式拒绝了小姑娘的请求,同时也让人觉得他是一个风趣的人。

3. 沉默拒绝 在面对难以回答的问题时,被提问者可以暂时中止"发言"。当他人的问题较为尖锐甚至具有挑衅或侮辱性质时,立即反驳未必是最好的选择,不妨以静制动,一言不发,静观其变;这种拒绝方式可向对方传达出无可奉告之意,常常会给对方心理产生极强的威慑力,令对方不得不在这一问题上"遁去"。

虽然沉默拒绝法效果明显,但如若运用不当可能使双方关系下降至冰点。在必要时,可以使用"顾左右而言他"的方法避而不答,即回避拒绝法。

4. 回避拒绝 回避拒绝即避实就虚,既不说"是",也不明确表达"否",只是搁置此事,转而讨论其他事项。在遇到难答的问题或他人提出过分的要求时,均可使用该办法。

除了在交谈时使用拒绝权利外,人们在正式场合下也可通过书信等方式表达拒绝。在书写拒绝函时，要注意写明拒绝的充分理由，如出差、有约在先、卧病在床等均是常见的理由。在函末，要注意向邀约方表示感谢，也为自己未能参加活动感到遗憾。

（二）道歉礼仪

"过而能改，善莫大焉。"每个人都可能犯错误，犯错不可怕，可怕的是不承认过错或明知故犯。在人际交往中，倘若自己的言行有失礼之处，或是打扰、麻烦、妨碍了别人，最合适的做法就是要及时向对方道歉，绝不能文过饰非、强词夺理、将错就错、一错再错。

真诚的道歉可以使人们冰释前嫌，消除嫌隙，也可以防患于未然，为自己留住知己，赢得朋友。《将相和》中的廉颇与蔺相如就是在"负荆请罪"后惺惺相惜，进而成为知己，同心协力保卫赵国，成就了一段历史佳话。

在交往中，需要掌握道歉技巧。道歉礼仪有以下几个注意事项。

1. 道歉语应当文明而规范　有愧对他人之处，宜说："深感歉疚""非常惭愧"。渴望见谅，须说："多多包涵""请您原谅"。一般场合，则可以讲："对不起""很抱歉""失礼了"。

2. 道歉应当及时　在发现自己犯错的时候，应当立即向当事人道歉。否则，经过时间的发酵，原本不满的"星星之火"可能演变成厌恶甚至憎恨的烈焰。及时道歉可能就是一场及时雨，能扑灭对方不满的心火，消除误会，避免因小失大。

3. 道歉应当大方　道歉并不是一件羞耻的事情，故而应当大大方方，堂堂正正，不卑不亢。道歉不要遮遮掩掩、扭扭捏捏，"欲说还休，却道天凉好个秋"；否则，被道歉者难以体会到你的歉意。但道歉时亦不可自我贬低，形容自己"真笨""罪有应得"等，这会引起对方反感和蔑视，也有可能让人得寸进尺。

4. 道歉可借助"物语"　当有些道歉的话难以启齿时，也可通过书信或其他礼物表达。譬如，在向一位年轻女性表达歉意时，送上一束鲜花婉"言"示错，可令其转怒为喜，既往不咎。这类借物表意的道歉，通常会有极好的反馈。

5. 道歉并非"万金油"　道歉不会使人显得谦虚，在不该向别人道歉的时候，则千万不能随意道歉。不然，可能会遭到对方的轻视，更可能会因此而得寸进尺，为难道歉者。即使确实错在我方而需道歉时，也要切记，道歉只是表达内心情感的一种方式，更重要的是在道歉后有所改进，对自己的行为负责，不要言行不一、依然故我、一错再错。让道歉流于形式，导致结果只能证明自己待人缺乏真诚。

第二节　见面礼仪

一、介绍礼仪

介绍（introduction）是指在社交场合或商务场合把一方介绍给另一方。介绍和被介绍是社交活动中相互了解的基本方式，通过介绍可以缩短人们之间的距离，帮助扩大社交的圈子，促使彼此不熟悉的人们更多地沟通和进行更深入的了解。介绍包括自我介绍、介绍他人和介绍集体。

（一）自我介绍礼仪

1. 自我介绍的形式

（1）应酬式：适用于公共场合或一般的社交场合，该形式最简洁，往往只需介绍姓名即可，如"您（你）好！我叫×××"。

（2）工作式：适用于正式工作场合，介绍内容包括姓名、供职单位及部门、职务或从事的具体工作等，如"您（你）好！我是来自××××××医院×××科室的主任×××"或"您（你）好！我叫×××，是××××××医院×××科室的主任"。

（3）交流式：适用于社交场合，目的是希望与交往对象进一步交流与沟通。介绍内容包括姓名、工作、籍贯、学历、兴趣、与交往对象共同的熟人的关系等，如"你好！我叫×××，和您一样也是河北人，现在我在××公司工作"。

（4）礼仪式：适用于会议、讲座、报告、演出、庆典、仪式等一些正式而隆重的场合。介绍内容包括姓名、单位、职务等，同时还需加入一些适当的谦辞、敬语，如"各位来宾，大家好！我是×××，是××公司的总经理，我代表公司欢迎各位同仁莅临指导，希望大家……"

（5）问答式：适用于应试、应聘和公务交往。在做问答式的自我介绍时，应该有问必答。

2．自我介绍的要求

（1）选择时机：要选择对方空闲、情绪较好时进行自我介绍，切忌因急于做自我介绍而打断对方和他人的谈话。

（2）把握态度：做自我介绍时，要自信、大方、自然、礼貌，语气要自然，语速不能过快，语音要清晰，以便对方能听清楚并且记住你。

（3）简洁明确：自我介绍要简洁、清晰，以半分钟左右为宜，不宜超过1分钟。切忌因担心对方记不住自己而说得太多，甚至啰唆。为了节约时间，帮助对方记住自己，可利用名片、介绍信等加以辅助。自我介绍的内容应连贯，有助于给对方留下完整的印象。为了加深对方对自己的印象，可以适当地对自己的名字进行"解读"。

（4）察言观色：进行自我介绍时，应先问候对方，得到对方的眼神或语言回应后再介绍自己。如果有介绍人在场，应请他人介绍，贸然地自我介绍会被视为不礼貌。如果你想认识某人，应预先获得对方的相关资料，如性格、专业、特长、兴趣爱好等，以便在自我介绍之后进一步交谈时，有共同语言。

（二）介绍他人礼仪

1．介绍原则　在正式场合，介绍他人的原则是"尊者先知"，即地位、职位较高，年长者，女性等有优先了解对方的权利。介绍他人通常应遵循以下顺序：先把男士介绍给女士，先把晚辈介绍给长辈，先把职位低者介绍给职位高者，先把主人介绍给客人。在社交场合，如果女方是自己的妻子，应先介绍女方给对方。如果将一位年轻的女士介绍给一位德高望重的长辈，则应遵循先把晚辈介绍给长辈的原则。

2．介绍者礼仪　在介绍他人时，介绍者应该热情、诚恳、大方。介绍时介绍者手掌摊开、四指并拢、手心向上，指向被介绍一方，并向另一方点头微笑；切忌用单个手指指向对方。必要时，可以说明被介绍一方或双方同介绍者的关系，以便双方增进了解和信任。

3．被介绍者礼仪　介绍者在介绍双方认识时，双方均应起身站立，面带微笑。介绍完毕后，"尊者"应主动与对方握手、问候对方，表示认识对方很高兴；另一方应根据对方的反应作出相应的回应，如对方主动与自己握手时，应立即伸手与对方相握。在会议、宴会或谈判桌旁时，介绍人和被介绍人可不必起立，双方可点头微笑致意；如果双方相隔较远，中间又有障碍物，可举右手进行致意。

（三）介绍集体礼仪

由于介绍集体是介绍他人的特殊形式，所以介绍集体遵循的基本原则也是"尊者先知"，其前提条件是双方在身份、地位、年龄等方面存在显著差异。当各方在身份、地位、年龄等方面相似或很难进行准确的区分时，则遵循"少数服从多数"的原则，即先将人少的一方介绍给人多的一方。在介绍各方人员时，需要遵循的顺序为：优先介绍女士、年长者、职位高者、资历深者。

二、握 手 礼 仪

握手礼仪（handshaking etiquette）是现代商务交往、政务交往中最常用的见面礼仪，作为一种肢体语言，发出的是关系信号。通常初次相识时、久别重逢时、告别送行时以及向他人表示祝贺、感谢、慰问时或双方矛盾转为和解时，均需通过握手表达情感。

（一）握手的顺序

握手遵循"尊者先行"的顺序，即长辈、上司、女士先伸手，晚辈、下属、男士再相迎握手。宾主之间谁先伸手，应视情况而定：主人迎接客人时，主人应先伸手，表示欢迎；客人离开时，为了表达对主人热情款待的感谢之情，客人应先伸手。

（二）握手的方式

1. 握手的时间 正常情况下，一定要用右手握手，且保持双手干净，要紧握对方的右手，时间一般以 3～5s 为宜，配合问候语"你好""很高兴见到你"，手臂抖动 3～4 次，说完即松开。如果是老友相见、安慰对方则可双手相握，且时间可适当延长。

2. 握手的力度 握手的力度能传达内在态度与情感，力度太轻给对方应付的感觉，有轻视他人之嫌，力度太重会令对方不舒服。男士与女士握手时，一般只宜轻轻握女士手指部位，且时间不能过长，以免留下不好的印象。

3. 握手的距离 握手的距离以 1m 左右为宜，太远有冷落感，太近手臂不易伸直，视觉上不美观。

4. 握手的姿态 年轻者、职务低者被介绍给年长者、职务高者时，最好不要立即主动伸手，应根据年长者、职务高者的反应行事。握手时，年轻者对年长者、职务低者对职务高者都应稍稍前倾身体，有时为表示特别尊敬，可用双手迎握。握手时双目应注视对方，微笑致意或问好。

（三）握手的禁忌

男士握手时应脱帽，另切忌戴手套握手。需与多人握手时，应按顺序进行，切忌交叉握手。在任何情况下拒绝对方主动要求握手的举动都是无礼的，但手上有水或手部不干净时，应谢绝握手，同时必须解释并致歉。不可一只手握手，另外一只手插在口袋中。

三、称谓礼仪

称谓（appellation），广义上可以指名称，狭义上指人际交往当中彼此的称呼，这种称呼通常基于血缘关系、职称特性、宗教信仰、社会地位等因素，包括亲属称谓和社会称谓。本节主要介绍社会称谓，亦可称为社会称呼。

（一）社会称谓的类型

1. 职务性称谓 根据交往对象的职务进行称呼，以强调身份差异，表达敬意。在工作场合，职务性称呼是一种惯常使用的称呼方式。可以直接称呼职务，也可以在职务前加上姓氏，如"王局长"；在极其正式的场合，在职务前加上姓名，如"王××局长"。

2. 职称性称谓 对于没有职务，但具有职称者，尤其是交往对象是中高级职称者，在工作中可以直接以职称相称，如"教授"，也可以在职称前加上姓氏，例如，"王教授"；在极其重要的场合，需要在职称前加上姓名，如"王××教授"。

3. 行业性称谓 在日常工作中，还可以按行业进行称呼。对于从事某些特定行业的交往对象，如教师、医生、会计、律师、工程师等，可以在职业前加上姓氏，如"王老师""刘医生"等。在极其正式的场合，需要在职业前加上姓名。

4. 性别性称谓 在商务、政务、社交场合，一般可根据性别进行称呼，如"先生""小姐"或"女士"。"小姐"一般用来称呼年轻、未婚女性，"女士"一般用来称呼已婚女性。值得注意的是，由于我国的文化习惯，称呼服务员时最好不要称呼"小姐"。

5. 姓名性称谓 平级同事、熟人之间一般称呼姓名或姓名的简称。称呼资历浅的交往对象，可以在姓氏前加"小"，如"小王"；交际双方年龄较长且关系密切者，可以在姓氏前加"老"进行称呼,如"老李"。

（二）社会称谓的原则

1. 恰当原则　是指称呼与人的身份、职业等相符合,比如称呼司机、厨师为"师傅"非常合适,但如果称呼服务员、教师为"师傅"就不恰当。在人际交往中,准确、恰当的称呼可以表明对对方的了解和交际的诚意。不恰当的称呼会让对方感到陌生,甚至产生不悦。

2. 礼貌原则　称呼他人时,要注重礼貌,多用敬语"您""贵""贤""尊"。

3. 尊重原则　称呼长辈或职位比较高、资历比较深的同事时,要充分体现对对方的敬仰与尊重。例如称呼一位退休的老领导,可称呼"王老",切忌称呼"老王"。

4. 从俗原则　由于国情、种族、民族、文化背景的不同,在人际交往的过程中,称谓礼仪亦存在差异。因此,在称呼方面要注意入乡随俗,切忌自以为是。

（三）社会称谓的禁忌

1. 忌称谓错误　常见的错误称呼包括误读或误会。误读是指读错对方的姓氏或姓名,这样非常不礼貌。为了避免此类错误的发生,在称呼之前,先问其他人,或是当面请教。误会是指不了解对方的情况,从而作出了错误的判断。如果对方是医院的院长,你却称呼他为主任,就会令其不快。

2. 忌不通行的称谓　有些称呼具有地域性特征,比如山东人喜欢称呼"伙计",而南方人认为"伙计"是"打工仔";四川人喜欢称呼女性服务员为"小妹",令人备感亲切,而在其他省份,此称呼往往会造成误会。因此要注意入乡随俗。

3. 忌不当称谓　称呼要谨慎、恰当。有些称呼不适合在正式场合使用,如"哥们儿""兄弟""美女"这一类的称呼,虽然听起来亲切,但会显得不够庄重。在人际交往过程中,不能擅自给对方起绰号,亦不能人云亦云地称呼对方的绰号,更不能用道听途说的绰号称呼对方。

第三节　交往礼仪在卫生管理中的实践

一、医疗卫生机构中运用交往礼仪的原则和注意细节

交往礼仪在医疗卫生机构中的恰当运用,有助于促进组织内部和组织之间人际关系的和谐,塑造卫生管理部门及医疗卫生从业人员的社会形象。

（一）医疗卫生机构中运用交往礼仪的原则

1. 遵守礼仪规范　医疗卫生机构运用交往礼仪时,需要遵守一般的礼仪常规。无论是见面、接待还是宴请工作,均应以礼相待。

2. 符合行业规范　作为医疗卫生从业人员,在日常工作中,除了需要遵守礼仪规范,还需要根据医疗卫生行业特征与相关要求,形成符合行业规范的礼仪。例如,上级主管部门领导下基层检查工作,下级部门在接待时,除了遵循一般的宴会礼仪规范外,还需要符合行业政策要求。

3. 加强培训普及　大型企业十分重视交往礼仪的培训和普及,对于医疗卫生行业则同样需要重视交往礼仪的学习。在实际工作中,礼仪的恰当运用不仅能体现个人修养,推动工作的顺利开展,而且能有效地提升组织形象。对医疗卫生从业人员,尤其是临床第一线与患者接触最多的医务工作者,礼仪修养教育已经成为医护人员不可或缺的重要课程。因此,医疗卫生行业应加强交往礼仪的培训与普及。

（二）医疗卫生机构中运用交往礼仪应注意的细节

1. 着装整洁　着装整洁是工作中最基本的礼仪。人的容貌是情感传递的途径之一,有传递情感和愉悦身心的功能,体现着医疗卫生从业人员的职业素养,象征着自信。在工作中,医疗卫

生从业人员应着装整洁，按照规范与要求穿戴工作制服，展现良好的精神风貌。

2. 言语温暖 俗话说："良言一句三春暖，恶语伤人六月寒。"医疗卫生工作中应使用通俗性、礼貌性、安慰性、鼓励性语言，避免简单生硬、粗鲁、讽刺性的语言，规范文明用语，称谓得当，如"女士""先生""教授"等。常用"您好""请""对不起""谢谢""别客气"等，都能令人感到亲切、融洽、不拘束。同事之间应当多用"帮帮忙好吗？""我们一起……"等。医疗卫生从业人员对待患者时更应积极沟通，主动关怀，必要时使用保密性语言，保护患者隐私。

3. 使用适当的体态语言 医疗卫生从业人员使用适当的体态语言可获得患者的信任和尊重。微笑是人际交往的"金钥匙"，是美的象征，是爱心的体现。彷徨无助时一个鼓励的眼神、失落时温暖有力的握手等，这些体态语言能给患者带来希望，也能促进良好的医患关系。热情的态度能使患者产生亲切感和温暖感，在操作中应按照规范、动作轻巧，使患者产生信赖感。如当身患重病的患者求医时，不仅得到了医护人员的热情接待、精心治疗和护理，还从微笑中得到了对医务人员的信任，也由此获得了疗愈心灵的良药。

二、交往礼仪在医疗卫生机构中的实践

（一）称谓礼仪在医疗卫生工作中的应用

在医疗卫生行业中，称呼上级时一般用职务性或职称性称谓，如"张院长""李教授""李老师"等；平级之间可用职务性或职称性称谓；称呼下级时一般用职务性称谓，如果没有职务，可直接称呼姓名，或者"××先生/女士"。

在医疗卫生工作中，医务人员在称呼患者时，可统一用敬语"您"，例如"您好！请问有什么需要帮助您的？"称呼小朋友或学生时，可直接称呼"小朋友""同学"。医务人员在称呼年长的患者时，可在患者姓氏后加上辈分后缀，如"李爷爷""张奶奶"等，应面对患者，面含微笑，亲切友好。

（二）接待礼仪在卫生管理中的应用

医疗卫生机构中，在做自我介绍时，介绍的内容一般包括部门、岗位、姓名。如果是跨单位介绍，如张院长单独去见李教授，在做自我介绍时，还需要介绍自己的工作单位，如"我是××××医院院长张××"。经第三者为彼此互不相识的双方引见、介绍时，需要遵循一般的"尊者先知"的原则，且采取"工作式"的介绍方式，主要介绍工作单位、职务或职称及姓名。

医疗卫生机构中的接待主要包括接待上级、接待下级、接待合作伙伴、接待社会团体及接待患者。在接待工作中应根据接待对象的不同确定接待规格，并遵守基本的接待礼仪规范。

近年来，医患关系成为社会热点问题，无论是卫生管理部门还是作为医疗服务提供者的医院，都越来越重视该问题。为了更妥善地处理医患矛盾，在接待患者投诉时，需要坚持以礼为先。

（三）拒绝礼仪在医疗卫生机构中的应用

从本质上讲，拒绝亦即对他人意愿或行为的间接性否定。医疗卫生工作中拒绝他人邀请或馈赠时，应当婉言拒绝，常在拒绝前加上"非常感谢您的邀请……""非常荣幸能……"等。与直接拒绝相比，这种方式更容易被接受，因为它更大程度地顾全了被拒绝者的尊严。

（四）交往礼仪在医患关系中的应用

1. 用患者能接受的方式说话 著名医学之父希波克拉底说过："医生有三件法宝：第一是语言，第二是药物，第三是手术刀。"这说明了在医患关系中语言的重要性。

人一旦生病，情感就会变得复杂、脆弱、敏感，在意的事情自然也会随之增多。作为医者，为了能与患者及家属有效地沟通交流，需要站在对方的角度和以理解为基础，把自己需要表达的内容转变成患者能"听得进、听得懂、愿意听"的话语，同时避免一些易使患者产生不快的字眼；相反，可以说"抱歉""对不起""我们也深表遗憾""我非常理解您的心情"等，从情感上与患者产生共鸣，营造和谐的医患氛围。

2. 注意保护患者隐私 在医护人员眼里通常只有患者，不分男女；但对患者来说，男女有别。因此，在问诊与查体时应使用规范的礼貌用语，避免让异性患者产生误解，必要时要有第三方人员在场陪同。例如，张医生（男）准备给一位没有家属陪同的女性患者做心电图，张医生在跟患者做好解释沟通后，邀请管床护士（女）来到病床边一起完成心电图检查，这样就消除了患者的顾虑。同时，还应注意充分保护患者隐私（无论是身体隐私还是患者的其他方面的隐私）。

3. 沟通专业知识要形象化 通常患者不可能一下就明白医学知识的相关内容或名词术语，所以在医患交流中，应尽量少用专业的医学名词，避免使沟通产生困难。例如：加强监护病房中的医患谈话或向家属交代病情时，可采取画图的方式来向患者或家属介绍诊疗流程，说明治疗方案，讲解手术过程等。对于气管切开而不能发声和听障患者，亦可以使用绘图的方式以使沟通内容变得简单、形象。心内科、骨科医生还可以使用一些心脏模型、骨骼模型来给患者讲解疾病的产生原因和具体手术的位置，使患者能快速了解相关内容。

4. 对患者作出必要的回应 倾听、回应，其实就是给予相应的行动反馈。对患者作出必要的回应和解释，不仅有助于打消疑虑，让患者尽快接受治疗，也能起到安抚患者情绪的作用。患者表现出担心时，如果医生可以用语言和表情回应，例如"请放心，我们会全力以赴"等，那么患者会更积极地配合治疗。

5. 不说推脱的话 以患者手术前签署治疗知情同意书为例，患者和家属常常会紧张地询问手术具体怎么做。如果医生漫不经心地说："跟你说了你也不知道"，患者和家属必然会更加紧张、担心。医护人员眼中的日常小手术，在患者看来都是"要开刀、要流血的"，自然也想了解得多一些，以寻求安全感。医护人员不应该觉得没必要解释或者不顾患者感受而说些推脱的言语。

6. 与患者交往不越线 在患者及家属眼中，医生在疾病治疗中起到重要作用，尽力救治是医生职责、医德所在。在与患方接触中，对患方提出的便于治疗的要求或期望，若合理且在能力范围之内，应尽可能协调解决。但对于超出范围的不合理要求或者违反治疗原则的，则应委婉拒绝。医者必须杜绝与患方医疗活动以外的利益往来，应守住底线、声誉和尊严。

思考题

1. 你作为职工代表，负责陪同本学校的校长去迎接前来考察的其他学校的校长及工作人员。双方见面，热情握手。请根据上述的学习内容，谈谈应该谁先伸手，如何做到礼貌地握手。

2. 小朱新入职一家单位，领导带她熟悉周围环境，并把她介绍给部门的老同事认识。她非常恭敬地称对方为"老师"，大多同事都欣然地接受了。之后，领导将小朱介绍给了一位"带教"的同事，小朱就更加恭敬地称对方为"老师"；但这位同事连忙摇头说："大家都是同事，别那么客气，直接叫我名字就行了。"小朱仔细想了想，觉得叫"老师"就显得太生疏了，但是直接叫名字又显得不尊敬，不知道该怎么称呼对方比较合适。你觉得她可以怎么称呼对方？

3. 一位24岁的肿瘤晚期患者，由于病情进展迅速，拟对患者实施安宁疗护，医务人员应如何与家属做好安抚和沟通？

（杨小月）

第十二章　接待礼仪

接人待客、迎来送往是当今社会人际交往、业务往来、事务洽谈过程中最基本的形式与不可忽视的环节。所谓："人无礼则不生，事无礼则不成，国无礼则不宁。"身处礼仪之邦，要做到以礼待人，就需要充分了解接人待客的程序，掌握接待礼仪的规范与技巧。无论是国家医疗卫生机构内部抑或是各组织之间的迎送、拜访、宴请等活动，都是展现主方诚意态度、礼貌素养、能力优势的重要途径。因此，规范的接待礼仪，不仅有利于增进双方沟通交流、促进双方关系发展，更有利于塑造良好的组织甚至国家的信誉与形象，展现大国之风范。

第一节　迎送与接待礼仪

一、迎送与接待礼仪概述

（一）概念

1. 迎宾　迎宾亦称迎接、迎迓或者迎候，泛指人际交往中，在有约在先的情况下，或主人为表示对来访客人的敬意及重视，由迎接方指派专人前往宾客所在地，或恭候对方到来的一种约定俗成的仪式。

2. 接待　接待意指迎接、接洽、招待，是一定社会组织对公务活动中的来访者所进行的迎接、接洽和招待活动，也是社会组织间人员相互交往的方式。

3. 送别　送别即是在客人离开或返程之际，主人委派专人前往来宾的启程返还之处，与对方亲切告别，并目送对方离去。常见的送别形式包括道别、话别、饯别、送行等。

（二）内涵

在现代社会中，迎来送往、接人待客是人际沟通及礼仪中的必要环节之一，也是基本的待客之道。热情的迎宾，可给予客人宾至如归之感；周到的接待，可为客人提供良好的沟通氛围；温暖的送别，亦可为其留下美好的回忆。社会心理学中的人际吸引理论表明，人际吸引是人们相互间建立感情关系的第一步，如果一个人缺乏吸引他人之处，就不可能进一步建立亲密的情感关系。而迎送接待活动作为人际关系形成和发展的一种社交行为，所传达出的信息或反映文化素养、社会风尚、民族传统习俗，或体现社会经济和科学发展水平，不仅传递着交往中个体与集体形象的外在信息，也反映了组织管理过程中双方各自的礼仪规范与能力素养，在推动主宾双方交流合作、业务开展等事务的过程中起到了重要的作用。

二、迎送与接待礼仪的基本要求与规范准则

（一）基本要求

1. 标准化　树立标准化的思想，制订并落实标准化的迎送接待环节，做好各工作环节的事前准备；按照标准化、高效率的模式开展接待与管理的相关工作，为各项工作的开展营造良好的内部环境。

2. 人性化 突出迎送接待活动的人性化特点，明确接待活动的目的，准确把握来宾意图，坚持以人为本的服务理念，注重建立与来宾之间的情感与信息交流，提供热情、周到、优质、高效的接待服务。

3. 精细化 坚持"接待无小事"的原则，注重精细化服务，严格落实各项接待要素，积极协调单位内各部门、上下级、本单位与外单位之间工作的落实；周密谋划，精心实施。

（二）规范准则

1. 真诚尊重 礼仪的核心是尊重，尊重是礼仪之本，也是待人接物的根基。迎送接待工作中的尊重应体现"自尊"与"敬人"两个方面。首先，应自尊自爱，尊重自己的职业，维护职业形象；其次，应充分尊重来宾，做到"来有迎声""问有答声""走有送声"，重视对方，并懂得欣赏对方。无论是接待人员的态度，抑或是接待工作的具体细节，均应以诚待人，不逢场作戏、言行不一，以对方感受为先，切勿过犹不及，做到"眼到""口到""心到""意到"，体现出以人为本、以诚待人、诚心诚意、言行一致、表里如一。

2. 严谨细致 迎送接待工作所涉及的内容较为细致琐碎，涉及面甚广，接待活动的规格有高低，仪式有简繁。因此，应充分了解与掌握迎送接待礼仪的基本要求与规范，认真筹划、周密部署、谨慎细致，确保迎送接待工作实施得有程序、有章法、有心意，并注重在"隐"和"微"的地方下功夫。

3. 节俭自律 在接待工作中，应以务实为本，不搞形式主义，不铺张浪费，不摆阔，不务虚，简化接待礼仪。同时，应做到思想自律与工作自律，迎送人员应时刻保持克己、慎重、积极主动、自觉自愿。同时，负责迎送接待的人员要正确对待和履行个人职责，礼貌待人，表里如一，自我对照，自我反省，自我要求，自我约束，不能妄自尊大、口是心非。

4. 得体适度 为了给宾客提供舒适、轻松的接待环境，在明确接待目的与迎送规格的基础上，还应遵循适度原则。不仅体现为适度、得体的语言，更应注意掌握语言的分寸：一是热情有度，以不妨碍别人、不给别人添麻烦、不干涉对方私生活为限，双方关系保持相适应的程度；二是举止有度，接待人员要时时规范自己的举止动作，既不要因自己动作过分随意而失敬于人，也不要因机械地遵从礼仪要求而束手束脚、拘谨呆板。与此同时，接待工作也应遵纪守法，量力而行，勤俭节约，反对铺张浪费。

5. 热情周到 《论语》中孔子的"有朋自远方来，不亦乐乎"这句名言，道尽了交际活动中待人接物的奥秘。接待活动最忌冷漠相待，不"欢"而迎不如不迎，且不能将热情、周到误解为隆重的接待仪式、不计成本的大吃大喝和铺张浪费的人情交易。

三、迎送与接待礼仪的常规程序

迎送与接待礼仪涵盖了来宾正式拜访前的邀请与筹备、拜访过程中的会见（会谈）与宴请、拜访结束的送别等各环节所涉及的礼仪规范。可见，作为公务活动中必不可少且繁杂琐碎的事务性工作，迎送接待要求接待方细致谨慎、全面周到、妥善规划、通晓礼仪。明确迎送与接待礼仪的常规程序与规范是确保每一环节顺利实施的关键。

1. 邀约 邀约通常是指一方邀请另一方在约定的时间、地点参加会议、专题活动、商务宴请等，邀约分为正式邀约和非正式邀约。正式邀约主要包括请柬、书信、电子邮件等书面形式，一般适用于正式的商务交往和公务交往中。非正式邀约通常会采用便条邀约，即将邀约内容写在便条上，然后留交或请人代交给被邀约人。便条邀约的语言更加随便，有时反而给被邀约者亲切之感，从而拉近了人际距离。

邀约需要至少提前一周将请柬、邀请函送达受邀请人手中。收到邀约后，无论邀约者是否规定答复时间，均应尽快作出回复，以便对方做工作计划与安排。如果是书信形式的回函，受邀者在回复时需要亲笔签名，以表示重视。在回函的行文中，需表达出对对方的感谢与尊重，并且就能否接受邀约作出明确答复。回函的具体格式可参照收到的书面邀约，在人称、称呼、语气、措辞等方面与之呼应即可。在写接受函时，需将有关的时间和地点再重复一下，以便与邀请者再次确认。回函通知邀请者是否接受邀请后，不能随意修改，亦不能临时爽约，否则会扰乱对方的工作计划，给对方带来很多麻烦。受邀人赴约时，应遵循邀约上规定的赴约要求，包括着装、座位等方面的要求。

2. 迎宾与乘车 迎宾是最能体现接待工作礼仪水准的活动之一，也是检验接待方案是否完备以及接待礼仪是否规范、周全的最初环节。迎接客人，一般要提前告知客人迎接的确切时间、地点及人员，确定接待规格，并遵循迎宾身份相当的原则，安排与客人熟识或身份相当的主方人员迎接。当身份无法对等时，可灵活变通，由职位相当的人出面。接待人员要注意仪表整洁、举止庄重、态度温和、友好大方、热情相迎。

通常情况下，主方人员需提前到达迎宾地点，以免因迟到而失礼。迎接客人时，务必确认客人的身份。若互不熟识，应由主人先做自我介绍。宾主见面，应向客人施礼、致意，并做到以下四点：热情握手、主动寒暄、自我介绍、有问必答。

在一般情况下，负责引导来宾的人多为单位的接待人员、礼宾人员，或是与来宾对口部门的办公室人员、秘书等。为了表示对客人的礼貌，引导来宾时，引导人员应走在客人的左前方约1m远，行进中应将身体的正身侧向宾客，引导者除了与来宾进行必要的交谈外，往往还应进行必要的介绍与提醒，如"请各位留神""请这边走"等。

在接待中，乘车必不可少，在一般情况下，应按照接待规格、接待人员人数等情况安排车辆及路线。除此以外，还应提前与客人商议活动的内容和具体日程，如有变化，及时通知相关部门以作调整。同时，应保证服务周到，并注意乘车的座次排列。例如，车上座次的尊卑自高而低依次为后排右座、后排左座、前排副驾驶座。除此以外，还应注意乘车姿势，上车时最好客人从右侧门上车，主人从左侧门上车，避免从客人座前穿过。

3. 入住与探望 迎接远道而来的客人时，应及时陪同上车，亲自送至住宿地，帮助其办理入住手续，并引领至房间。离开房间前可嘱咐客人接下来的安排并请客人暂作休息。客人入住后，要把客人到达、入住信息及时汇报给相关部门或领导。入住的地点应安静舒适、温度适宜、空气流通、整洁卫生，备有简单的桌椅和文具。

探望又称为探访，用于表达对亲朋故旧或同事的情谊。探望的形式包括一般性探望和探望患者。一般性探望的地点往往在宾客下榻的酒店或对方家中，探望前需提前预约，以方便对方安排时间并做好接待准备。探访者须按时到达，必要时携带礼品以表达情谊。探望时应认真聆听、热情交谈，且时间不宜太长，以免对方劳顿，也不宜太短，以免体现探访者过于敷衍。

探访住院或身体不适的亲友，是比较特殊的交际活动。合乎礼仪规范的探望能够使对方获得精神慰藉，有助于病情稳定和康复。如果去医院探望患者，应遵守医院的时间规定；如果患者在家休养，以上午探访为宜。探望患者前，应先了解患者所患疾病，根据患者的患病情况选择合适的鲜花或礼品。与患者交谈时要注意精神放松，以轻松的话题为首选，停留时间不宜过长，一般以10分钟左右为宜，最好不超过半小时。与患者告别时，可询问其是否有事需要帮助，并祝患者早日康复。

4. 会见（会谈） 为了确保接待工作顺利实施，应提前做好各项准备工作，按照日程安排，精心组织双方会见（会谈）以及各项活动。如进行商务洽谈，须按照约定俗成的方式或国际惯例安排礼宾座次，并提前准备好洽谈提纲、内容、材料等。如接待内容为参观游览，则应安排好交通工具和陪同人员。在客人活动全部结束后，可安排领导与客人会见（会谈），听取意见，交换看法。

5. 宴请与馈赠 宴请的规格与标准可依据接待活动的目的、邀约对象及经费开支等因素确定。通常来说，公务宴请厉行节俭的原则，一般以工作餐为主，根据来宾的饮食习惯和有关规定,安排好伙食标准与进餐方式,妥善安排宴请具体细节。

馈赠的礼品不宜很昂贵,能表达敬意与作为友谊的纪念品即可。可以赠送工作所需的物美价廉的礼物,而奢侈贵重和功利性较强的礼物不宜赠送。

6. 送别 在通常情况下,不与来宾道别送行,可谓失礼之至。为宾客送别之际,往往需要更加规范,注意分寸,为保证接待工作有始有终、善始善终,应同样给予送别礼仪高度的重视。俗话说:"迎人三步、送人七步。"作为一位懂礼敬礼者,必须认识到送客与接待同样重要。

(1)道别:在送别来宾之际,宾主双方应互相道别,以表礼数。在道别时,来宾通常会以"就此告辞""多谢款待""后会有期"等语言以表达谢意,而主人一方则以"一路平安""旅途顺利""保重""再会"等与对方作别。

(2)送行:为表达尊重与敬意,送行人员应与来宾进行亲切友好的交谈,展望合作前景,互道问候,并握手作别,目送客人离开视线。待客人离开后,主方可转身返回,主人通常不必远送,表达情意即可,以免让客人为难。

第二节 宴请礼仪

一、宴请礼仪的概念与形式

(一)概念

宴请,是商务人员为了工作需要而设立的以餐饮为主要方式的正式聚会。宴请礼仪是指宴请主体为达到某种商务交往的目的,通过特定场合宴请的形式,借以宣传和树立自己良好形象的一种商务活动方式。

(二)形式

设宴招待是国际交往中最常见的交际活动之一。宴请活动通常根据活动目的、邀请对象以及经费开支等因素而定。目前,各国的宴请活动都趋于简化,宴请范围趋向缩小,形式也更为简便。宴请的形式通常包括以下几类。

1. 宴会 宴会分为国宴、正式宴会、便宴和家宴四种形式。其中,国宴规格最高,是国家元首或政府首脑为国家庆典或为来访的外国首脑或政府首脑举行的正式宴会。宴会厅悬挂国旗,并有乐队奏乐,席间进行致辞和祝酒。正式宴会除不挂国旗、不奏国歌以及出席规格不同外,其余安排大体与国宴相同。许多国家的正式宴会十分隆重,往往要求客人着礼服,对餐具、酒水、菜肴道数、陈设以及服务员装束、仪态也都有严格的要求。便宴是非正式的宴会,进餐时比较随意、亲切,宜用于日常友好交往。家宴,即在家中设宴招待客人;西方人喜欢采用这种形式,以示亲切友好;根据宴请时间的不同,还可分为早宴、午宴、晚宴,其中,晚宴最为隆重。

2. 招待会 招待会是为招待较多宾客而采用的宴请形式,备有食品、酒水饮料,通常都不排席位,宾客可以自由活动,多次取食。根据主客双方的身份,招待会的规格及其隆重程度可高可低。招待会常见的形式包括冷餐会(自助餐)、酒会。其中,冷餐会(自助餐)这种宴请形式的特点是不排席位,菜肴以冷食为主,也可用热菜,连同餐具一并陈设在桌上,供客人自取。酒水可陈放在桌上自取,也可由招待员端送。冷餐会在室内或在院子、花园等场所举行,可设小桌、椅子,自由入座,也可以不设座椅,站立进餐。我国国内举行的大型冷餐会往往置圆桌和座椅,主宾席排列座位,其余各席可排桌次但不固定座位。

酒会又称鸡尾酒会,形式较活泼,便于广泛接触交谈。招待以酒水为主,略备小吃,不设座椅,仅置小桌(或茶几),以便客人走动。近年国际上大型活动中越来越多采用酒会的形式。在重大的外事活动、经贸会议、节日庆典、文体演出等前后可举行酒会来招待客人。

3. 茶会 茶会是一种简便的招待形式，举行茶会的时间通常在下午四时左右（亦可上午十时举行）。茶会没在客厅，厅内设茶几、座椅，一般不排席位。但如是为某贵宾举行的活动，入座时，应有意识地将贵宾同主人安排在一起就座。茶会在茶叶、茶具选择上颇有讲究，例如，外国人多选用红茶，略备点心和地方风味小吃，亦可用咖啡代为招待，可视宾客的喜好或习惯而定。

4. 工作餐 工作餐按用餐时间可分为工作早餐、工作午餐、工作晚餐，主宾间充分利用进餐时间进行洽谈与交流。工作餐是现代国际交往中经常采用的一种非正式宴请形式。

二、宴请礼仪的基本原则与内容

（一）宴请礼仪的基本原则

在宴请活动中，应从实际需要和现实情况出发，力所能及地安排宴请的形式与内容，确定宴请规模、参与人数、用餐档次，量力而行，宴而有道。世界各国广泛应用的商务宴请礼仪原则为"5M"原则，具体如下。

1. 菜单（menu） 在安排菜单时，应事先了解客人的民族、宗教、职业禁忌等因素，以菜品的味道与营养为核心，兼顾客人的口味喜好与文化特色的表达。

2. 礼俗（manner） 宴请会客，双方应在互相尊重、信任的基础上，确保礼俗举止规范、礼貌，言谈举止适度、得当。

3. 气氛（mood） 宴请的地点可依据宴请目的、客人身份及宴请规格而确定，宴请讲究环境雅致、气氛和谐，应确保宴请场所干净卫生、安全、方便。

4. 音乐（music） 良好舒适的宴请气氛可促进宴请活动和谐、融洽地开展，音乐的选择应与现场气氛吻合，通常会选择轻松、自然、舒缓的纯音乐来烘托氛围，以营造良好的交谈环境。

5. 费用（money） 宴请既应展示热情待客的态度，又要确保量力而行。铺张浪费、奢侈过度，会令宴请的意义大打折扣。因此，可根据宴请的规格，尽量选择经济实用型的宴请场所，注意荤素搭配，从细节入手，使对方感受到礼遇之情。

（二）宴请礼仪的内容

1. 宴请目的与对象 宴请的目的是多种多样的，可以为某一个人，也可以为某一件事，例如参观交流、事务洽谈、代表团来访等。宴请的对象主要依据身份对等原则来确定，并充分考虑宴请的性质、主宾的身份、国际惯例等因素。

2. 宴请时间 为了确保主宾能按时赴约，选择宴会时间前应征求主宾的意见，待时间确定后再邀约其他宾客。宴请最好应选择宾主双方都方便的时间，一般避开重大节假日，或有重大活动或禁忌的日期。例如，有些国家忌讳数字"13"，更忌讳恰逢周五的13号。因此，在宴请外宾时，应尽量避开类似日期。

3. 宴请地点 通常来说，官方正式隆重的宴请活动一般安排在府邸、典礼场所、议会大厦等举行，其余则按活动性质、规模大小、形式，主人意愿及实际情况而定。举行小型正式宴会时，在可能的条件下，在宴会厅外另设休息厅，方便宴会前客人等候使用，而后可待宾客会合后前往宴会厅入席。为表达对客人的尊重，便于双方交流，选择宴请地点时应该考虑以下因素：第一，交通便利，无论客人自驾还是乘坐出租车都容易找到和到达。第二，停车方便。随着城市的发展，停车位日益紧张，在选择宴请地点时，要充分考虑该因素。如果停车位紧张，可以提前预留停车位。第三，宴请环境安静、优雅。宴请室内布置通常以自然光源为主，人造光源为辅，光线柔和，保持室内温度适宜，干净明亮，空气清新，陈设庄重大方。

4. 邀请与请柬 对于各种宴请活动，主办方一般均会发放请柬，这既是出于尊重与礼貌，亦是对客人起提醒、备忘之用。便宴及工作餐一般可不发请柬。邀请有些国家最高领导人作为主宾参加活动时，需单独发邀请信，对其他宾客发请柬。

请柬可以印刷也可以手写，手写字迹应美观、清晰。请柬信封上被邀请人的姓名、职务要书写准确。请柬行文不用标点符号，所提到的人名、单位名、节日名称都应用全称。中文请柬行文中不提被邀请人姓名（其姓名写在请柬信封上），主人姓名应放在落款处。我国与其他国家在请柬格式与行文上差异较大，切记不宜生硬照译。

对于正式宴会，最好能在发请柬之前排好席次，并在信封下角注上席次号。席位的通知，可在请柬上注明（如有需要可附上宴会的桌次图或者席位图），或者在宴会厅入口处摆放宴会全场席位图，或者在现场将席位图发予出席人员。我国一般提前一周至两周发出请柬，以便被邀请人及早安排行程。如是已经口头约定的活动，仍应补送请柬，并在请柬右上方或下方注上"To remind"（备忘）字样。需安排座位的宴请活动，为确切掌握出席情况，往往要求被邀者答复能否出席，则请柬上一般会用法文缩写注明"R.S.V.P."（请答复）字样；如只需不出席者答复，则可注上"Regrets only"（因故不能出席请答复），并注明电话号码，也可以在请柬发出后，用电话询问能否出席。请柬发出后，应及时落实出席情况，以便安排、调整席位。

5. 宴席

（1）菜品安排：宴请的酒菜可根据宴请活动的形式和规格，在规定的预算标准内妥善安排，确定菜肴道数和分量，应注意"冷热结合、荤素搭配、避免浪费"。除此以外，在菜品安排时还应注意以下几点：①禁忌。拟定菜单时，首先要了解宾客的禁忌，包括民族禁忌、宗教禁忌、职业禁忌、健康禁忌、口味禁忌等。②喜好。拟定菜单时要考虑宾客对菜品、口味等的倾向与喜好。③特色。如宴请地点设于某地，宜选用有地方特色的食品来招待，或搭配当地有名的酒水，以加强客人对此次宴请活动的记忆。

（2）席位设置：礼宾次序是安排座次席位的主要依据，在正式宴会前，通常会安排主宾席位，也可只排部分客人的席位，其他宾客可只排桌次或可自由入座。无论采用哪种形式，都应在入席前通知每一位宾客，使其心中有数。在国际惯例中，同一桌上，宴请现场桌次的高低以离主桌位置远近而定，右高左低。大型宴会中，为确保活动有序、顺畅进行，应考虑周全、细致，例如要充分考虑宾客的身份、语种、习惯等，并尽快落实出席宴会的主客双方名单及礼宾座次，并派专人予以引导。

（3）现场布置：宴会开始前，应提前到现场检查准备工作是否充分。宴会厅和休息厅的布置取决于活动的性质和形式。官方正式活动场所的布置应展示庄重、大方，可以少量点缀鲜花、食雕等。宴会可以用圆桌、长桌或方桌，一桌以上的宴会，桌椅间的距离应适当，各座位间的距离亦应得当，且座位应略多于出席宾客人数，以便客人自由就座。如安排席间乐队演奏，应距离适中，乐声宜轻。冷餐会的餐台常用长方桌。

6. 宴请迎送程序　宴请活动中，主人通常在门口恭迎客人到来，与宾客一一握手后，由工作人员将宾客引入休息厅。休息厅内应安排相应身份的人员代为接待，主宾到达后，由主人陪同进入休息厅，并与其他客人见面。主人陪同主宾进入宴会厅落座后，全体客人即可就座。若并未设置休息厅，或休息厅较小，宴会规模较大，则可引导宾客直接进入宴会厅，也可以请主桌以外的客人先入座，贵宾席最后入座。宴请结束时，主人应送主宾至门口，主宾离去后，原迎宾人员顺序排列，与其他客人握别。

三、中西方宴请礼仪的异同

中国号称"礼仪之邦"，对于宴会礼仪颇为讲究。古人曰："夫礼之初，始诸饮食""设宴待嘉宾，无礼不成席"。自古以来，宴与礼相连，宴与情相通，宴请更多地承载了社交性、礼仪性的特点。同样，西方的外交界也流行这样一句话："外交工作是在两张桌子上完成的，一张是谈判桌，一张是宴会桌。"可以看出，无论是国人走出国门，还是外国友人走进国门，宴请礼仪都是不能忽视的一部分。但由于文化背景与风俗习惯等因素的差异,礼仪的表现有"同"也有"异"。因此,了解中西方宴请礼仪的异同,有利于更好地开展商务活动。

（一）中西方宴请礼仪之同

1. 赴宴礼仪　宾客在收到请柬后,应尽快回复宴请方能否参加,通常可采取电话、便函形式进行回复,以便对方做安排。客人应准时赴宴,到达后主动问好以示尊重,切忌直奔主题,或直接落座于餐桌旁。接受邀请后,不能随意变动,如果确实不能参加,尤其是主宾无法出席,应尽早向宴请方解释或道歉。

2. 入座礼仪　通常按照职位、身份、影响力等设置桌序及座次,进入餐厅后应等待餐厅引领员引领进入餐厅入座,切不可"长驱直入",亦不可自行选座。如果参加宴会时主人没有事先安排位次,不可贸然行动,最好询问主人的安排。

3. 餐桌礼仪

（1）行为端庄:参加宴会者应端坐,胸口距离桌沿 30cm 左右,就餐时不侵占邻座空间。进餐过程中应注意礼仪规范,文明用餐。如需夹菜,应使用公共餐具,避免餐具间碰撞或摩擦发出声音。吃进口里的食物不能随便吐出,如果确实因为口中食物有异物或嚼不烂,则可用纸巾包住取出来,放在碟中,并提醒服务生将碗碟换掉。进餐应细嚼慢咽,不宜发出声音,切忌边吃边说,还应尽量避免咳嗽、打喷嚏,如控制不住,需压手帕或纸巾捂住。

（2）交谈得体:宴会是社交场合,应注意宴席间的交流沟通,与邻座或同桌其他客人交流时要注意控制音量,不能大声喧哗。对方敬酒或欲交谈时,应待食物下咽后方可与之讲话;相反,如对方正在进餐,也不宜与之说话或敬酒。与客人讲话时,应将餐具放置妥当。

4. 敬酒礼仪

（1）斟酒:在正式宴会上,一般由服务生负责斟酒,在服务生斟酒时,要表示感谢。有时主人为了表达对宾客的敬重、感谢,也会亲自斟酒。斟白酒或啤酒时要符合"酒满敬人"的原则。斟酒可以按顺时针进行,也可根据宾客的身份、职位依次进行。

（2）祝酒与敬酒:在宴请活动中,通常由主人先敬到场宾客,敬酒时最好端正站立。如有祝酒环节,则应安排在宾主入席后、进餐之前进行。无论是正式场合还是普通场合,祝酒词均须简单、热情、明了。祝酒完毕后,祝酒人端起酒杯向在场的宾客祝酒干杯,表示对宾客的欢迎,这时所有宾客均需端起酒杯,起身站立,面向祝酒人,可以一饮而尽,也可以适量饮用。主人敬酒完毕后,主宾间、宾客间开始相互敬酒。宾客敬酒时,应当先回敬主人,然后敬其他宾客,通常按照宾客的职位、身份、年龄等情况安排敬酒顺序,或按座次排序依次敬之。

主人为了向客人表示欢迎与尊敬,举杯的高度应略低于宾客。宾客回敬时应右手举杯,左手托住酒杯底部,与敬酒之人一同饮下。如果餐桌比较大,可以走到敬酒对象身边敬酒,以表达对其的尊重。敬酒要适度、适量,不能以各种理由强制对方喝酒。

5. 茶水礼仪

（1）斟茶礼仪:以茶待客时,应特别关注客人喜好,泡茶前通常会询问客人的饮茶习惯,不宜将自己的喜好强加于人。谨记"茶满欺人",茶水不能倒满,以七分满为最佳。

（2）上茶礼仪:根据客人身份、地位以及宴请场合的不同,上茶的人也有所区别。在家中待客,通常由家里的晚辈为客人上茶。在办公室或会议室,一般由秘书、接待人员为客人上茶。接待重要客人时,应由在场的职位最高的人亲自奉茶。上茶时,面带微笑,注视对方,双手将茶杯放置在客人右手前方的桌子上。

如客人较多,敬茶时应遵循先宾后主、先主后次、先女后男、先长辈后晚辈的原则。如果客人职级、身份差异不大,也可以采取顺时针方向依次上茶,或者根据客人来的先后顺序上茶。发现客人茶水转凉或饮用殆尽时,应及时换为热茶或续茶。续茶时应将茶杯从桌上端下,一只手拿茶杯,另一只手拿水壶或茶壶,侧身将水倒入茶杯中。

（3）用茶礼仪：品茶是个人修养的体现。饮茶时，应当用右手持杯耳，如果是无杯耳的茶杯，则用右手握住茶杯的中部，小口品味。饮茶时，切忌大口吞咽，更不能一饮而尽。如有茶叶进入口中，则应咀嚼咽下，或用杯盖拨开浮在表面的茶叶，忌用嘴吹开漂浮在茶水上的茶叶，或将茶水吹凉。

6. 咖啡礼仪　饮用咖啡时，可用右手拇指和示指捏住杯耳并将杯子端起，左手托咖啡碟，用杯碟托着杯身，将其慢慢移向嘴边轻饮，不宜将手指穿过杯耳。喝咖啡时应小口慢慢品味，切忌一饮而尽、大口吞咽或发出声音。咖啡太热时，不宜用嘴直接去吹，应用咖啡匙轻轻搅拌，待冷却时再饮用。喝咖啡时往往会搭配点心。需要注意的是，切忌一只手端咖啡杯，另一只手拿点心，边吃边喝。

7. 离宴礼仪　宴会结束后，客人应当面致谢，或以便函、名片的方式表达谢意，切忌吃完后不打招呼就悄悄离开。

（二）中西方宴请礼仪之异

1. 餐食及上菜顺序　中餐讲究荤素搭配，种类繁多，上菜的顺序一般为先上冷盘，后上热菜和汤食，最后上甜食和水果。

西餐的上菜顺序通常为开胃菜、汤、主菜、副菜。西餐中的汤和中餐中的汤有所区别，西餐的汤包括清汤、蔬菜汤、奶油汤和冷汤等四类，主菜主要包括三道，分别为海鲜类、禽类和红肉类，红肉主要包括牛羊肉，副菜一般包括奶酪、甜点、水果、饮料等。

2. 座次安排　西餐的餐桌和中餐的餐桌有所不同。中餐餐桌一般为圆桌，座次依据"尚左尊东""面朝大门为尊"安排。而西餐宴请多采用长桌，主位在桌子的中间位置，以右为上，按照宾客的级别依次排座。

3. 酒与酒具　中餐宴会用酒一般为白酒或红酒，根据宴会的隆重程度可选择相应的品牌或品种，宾客也可根据喜好自行选择酒水。而西餐用酒比中餐用酒更复杂，分为餐前酒、进餐酒和餐后酒三类，一般以"白酒配白肉，红酒配红肉"的形式搭配。正式西餐宴请中，每上一道菜，都会配一次酒，酒随菜的不同而变化。酒的选择通常按照低度在先、高度在后，有汽在先、无汽在后，年份低在先、年份高在后，味淡在先、味浓在后，普通在先、名贵在后，白葡萄酒在先、红葡萄酒在后的顺序。

西方宴请中，酒具的选择同样颇为讲究，饮酒时需要根据酒的种类选择不同的酒具。例如，盛放红葡萄酒的酒杯一般是高脚杯，杯身矮小，杯口较大，杯身较圆润。红葡萄酒的酒香浓郁，饮用时手握杯肚，暖热酒液，味道更佳。而香槟酒杯的造型多样，轮廓优美，比较常见的是郁金香形酒杯、笛形酒杯和浅碟香槟杯。

4. 餐具与餐桌礼仪　中餐的餐具主要有杯、盘、碗、碟、筷、匙六种。在正式的宴会上，水杯放在菜盘上方，酒杯放在右上方。筷子是中餐中最主要的进餐用具，握筷姿势应规范，如需使用其他餐具，应先将筷子放下，切忌用筷子指点他人，也忌敲筷、掷筷、叉筷、插筷、挥筷、舞筷。中国人为表热情，好为客人夹菜。需要注意的是，夹菜时必须使用公筷，切忌用自己的筷子给客人夹菜。无论使用公筷还是私筷，均应一夹即起，不可在碗碟中挑来拣去。每次用完筷子要轻轻地放下，尽量不要发出响声。餐具务必摆放整齐，不可凌乱放置。

西餐餐具有餐刀、餐叉、餐勺等，使用原则是"由外及里"，在西餐用餐过程中，刀叉的摆放位置不同，其寓意也有差异。如果将刀、叉分开呈"八"字形摆放在餐盘上，则表示就餐者暂时休息或临时离开，提醒服务生不要将餐具、食物收走。如果将刀叉合拢摆放在餐桌上，表示就餐结束，服务生可以将餐盘撤走。西方人使用餐刀和餐叉时，上臂应靠在桌边，肘部贴近肋骨，尤其是切割肉类时，左手拿餐叉、右手拿餐刀，注意刀叉不应碰撞、摩擦发出声音。吃菜时如遇到骨头、刺或核时，尽量用刀叉去掉，如果不小心吃到口中，吐出时应用刀叉或手接住，不能直接吐在桌子上或盘子上。谈话时如果没有手势，刀叉可以拿在手中，不需要放下。如有手势，必须将刀叉放下。值得注意的是，任何时候都不能将刀叉的一端放在桌子上，另一端放在餐盘里。

第三节　涉外礼仪

一、涉外礼仪概述

（一）概念

涉外礼仪是指在涉外交往与工作中，用以维护自身和国家形象，向宾客表示尊重、友好、礼貌的各种礼仪规范，也可以称之为外事礼仪。涉外礼仪是参加外事活动时必须遵守的基本行为。

（二）内涵

不同地区、民族、历史、政治及风俗习惯的差别，造就了各国文化的差异。为了保障文化的传递与交往活动的顺利实施，经过长期践行，最终形成了国际交往所要遵守的惯例，因此，跨文化的沟通与交流就成为国际交流的一种重要形式。

在国际合作不断发展和深入交流的背景下，我国对外交流与各类外事活动日渐频繁，涉外沟通也已成为医疗卫生管理部门及医学高校、医院、科研院所等相关单位之间分享成果、学习经验、交流互惠、深化合作的重要途径。在国际会议、参访、交流、技术指导、实习进修等场景中，涉外礼仪不仅发挥了维护秩序、促进交流、展示形象、跨国洽谈等基本作用，还减少了国家之间的沟通障碍，让国际化的接待交流更加顺畅和舒适。

二、涉外礼仪的规范准则

1. 相互尊重，平等相待　涉外礼仪应充分体现国家间相互尊重、平等互利的关系。《论语》有言："君子敬而无失，与人恭而有礼。四海之内，皆兄弟也。"在涉外活动中，涉外人员不仅代表了个人或组织的形象，更代表了整个国家、民族的形象。因此，在涉外交往中，既不能畏惧自卑、卑躬屈膝，也不能盛气凌人、高傲自负，应彬彬有礼、不卑不亢、互惠平等、以敬待人。只有尊重对方的人格、权利、隐私、信仰等，塑造良好的个体与集体形象，才有可能赢得对方的尊重，建立起真诚平等的关系。

2. 捍卫尊严，维护利益　国家尊严是一个国家在国际社会上以及国际交往中展现出来的尊严。在涉外活动中，涉外人员必须意识到，礼仪规范不仅代表着个人素质能力，也代表着部门、各类组织机构，甚至民族及国家的形象。因此，每一名涉外人员均有责任和义务自觉维护国家的尊严与利益，不发表与国家政策相悖的言论，保守国家机密，不能作出对国家利益有害的行为。

3. 求同存异，入乡随俗　《礼记·曲礼上》中提及"入竟而问禁，入国而问俗，入门而问讳"。世界上各个国家、地区、民族在其历史发展的进程中，都会形成"十里不同风，百里不同俗"的局面。因此，在国际交往中，要求涉外人员需事先了解并掌握对方的宗教文化、语言习惯、风俗禁忌等，尊重对方的衣食住行、言谈举止、待人接物的禁忌，做到求同存异，入乡随俗。以遵守国际惯例、取得共识、便于沟通、避免周折之法"求同"，以尊重个性、入国问禁、入境随俗之法"存异"。

4. 信守承诺，遵守时间　遵时守约已成为现代国际社会衡量和评价一个人文明程度的重要标准之一，也是一个人应有的品德与处世立足之本。遵时守约的核心在于遵守时间、信守承诺。因此，涉外人员切忌出尔反尔、言而无信、疏忽大意、有约不守。一切与时间相关的约定，都应一丝不苟、重视承诺、慎于承诺，严格按照约定执行，切忌随意更改、无故推迟。

5. 尊重隐私，热情有度　所谓隐私，就是指一个人出于个人尊严和其他某些方面的考虑，不愿意公开，不希望外人了解或是打听的私人事宜。在许多国家，人们对个人隐私问题非常重视。

保护公民个人隐私,往往是法律所赋予公民的基本权利之一。不打探个人隐私,被视为一个现代人文明的重要标志之一。尊重个人隐私,主要是指我们在涉外交往时,一定要注意交往对象的生活习惯、文化特点。如中国人在日常交往中,可能谈论诸如对方的年龄、婚姻、个人经历、信仰政见等,以显示双方的私人交往深度和对对方的关心,但在西方国家这些都属个人隐私,都应该自觉地、有意地予以回避,以免引起对方的不快或尴尬。

尊重隐私的另一体现就是要注意做到热情有度。在涉外活动中,要注意与外方人士接触时,既要态度热情,又必须把握分寸,重视"度"的表达。包括:①关心有度。关心的程度应按照不影响对方的个人自由、不令对方感到不便、不使对方勉为其难的标准。②交谈有度。应讲究谈话的内容、方式与场合。③距离有度:应保持与双方关系相适应的适度空间距离。④交往有度。不应妨碍对方的工作、生活和休息。⑤举止有度。不作出不文明、不礼貌的行为。

三、涉外会见、会谈与接待礼仪

(一)涉外会见与会谈礼仪

1. 概念

(1)会见:会见是涉外交往中最常见的活动。拜访会见重要人士,或是客人会见主人,常称为"拜会"。会见君主,有时为表示恭敬可用"拜见""觐见"。职务、身份高的人会见客人,特定情形下可称为"接见"或"召见"。现在通常不作上述区分,多称为"会见"。

(2)会谈:会谈指双方或多方就某些重大的政治、经济、文化、军事问题以及其他共同关心的问题交换意见,也可指洽谈公务或就具体业务进行谈判。

2. 内涵
会见一般以礼节性的交流较多,就其内容来说,有政治性的、礼节性的和事务性的,或兼而有之。政治性会见一般涉及双边关系、国际局势等重大问题;礼节性的会见时间较短,话题较为广泛;事务性会见则指一般外交交涉、业务商谈等。而会谈则往往需要进行一些实质性的沟通,内容较为正式,政治性或专业性较强。

3. 座位安排

(1)会见:会见通常安排在会客室或办公室,也有的会见采用宾主各坐一边的会谈桌形式。某些国家元首会见还有其独特的礼仪程序,如双方简短致辞、赠礼、合影等。我国习惯在会客室会见,主宾坐在主人的右边,其他客人按礼宾顺序在主宾一侧就座,主方陪见人员在主人一侧就座。

(2)会谈:会谈通常用长方形、椭圆形桌子,宾主相对而坐,以正门为准,主人坐背门一侧,客人面向正门,主谈人居中。我国习惯把译员安排在主谈人右侧,其他人按礼宾顺序左右排列。小范围的会谈可以不设长桌只设沙发,双方座位按会见座位安排。

4. 会见与会谈礼仪基本要求

(1)会见(会谈)准备:一般来说,提出会见(会谈)要求时,应将要求会见(会谈)人的姓名、职务、会见(会谈)的目的等告知对方。接见方应尽快给予回复。如同意会见(会谈),则应妥善安排合适的时间、地点,主动将主方出席人及具体安排通知对方。如遇到特殊情况不能接见,应婉言向对方解释清楚。确定会见(会谈)后,双方都应该准备相关的会见(会谈)资料,并了解对方的宗教禁忌、风俗习惯等。

(2)会见(会谈)过程:会见(会谈)双方都应遵时守约,尤其作为主方的涉外人员,应提前到达会见(会谈)地点迎候客人。迎候时,可以站在会见(会谈)的大楼正门,也可以在会客厅门口等候。当客人到达时,应主动上前以表欢迎,引导客人入座。会见场所应安排足够的座位。如会见人数较多,会见场地也较大,最好安装话筒,主、客双方各备一支。国家和政府领导人之间的会见(会谈),除陪见人员、译员、记录员外,其他工作人员应在现场安排就绪后退出会场。如允许记者采访,则应在会见(会谈)开始前几分钟进行,会见开始即离开。

涉外会见(会谈)的过程中,首先应做到举止得当。涉外会见(会谈)中,宾主双方权利对等,涉外人员在会见客人时,应依据国际及各国的惯例,并遵循接待及其他相关礼仪规范,既要热情友好,又要遵守基本的接待礼仪,表情自然,语言和气亲切,举止得体,握手力度适中。交谈时也可适当配合手势,但动作不宜过大。其次应注意内容适当。涉外沟通中,内容上应避免敏感话题,且不宜随意评价他人及其观点。可通过谈论天气、运动、爱好等话题切入与推进业务工作的洽谈。最后需做好充分准备。会谈进行前,应充分了解、尊重外宾的风俗习惯、禁忌爱好、身体状况等。同时,妥善安排会谈现场的各项细节与流程,对于可能出现的突发状况,应反应及时,避免误解。

(3)会见(会谈)合影:合影可安排在会见(会谈)之前或之后,宾客位置需考虑人员身份及场地大小,并确保在镜头以内。摄影时的位置按礼宾顺序排列,一般主人居中,以主人的右手为上,主客双方间隔排列。当合影人数较多时,也可分排排列,安排主宾人员至前排。

(4)会见(会谈)结束:会见(会谈)结束时,主人应将客人送至车前或门口并握手告别,目送客人离去。按照会见(会谈)礼节,客人来访过了一段时间之后,主人应予以回访。如果客人是为祝贺节日等喜庆日来访的,则应在对方节日当天前往拜访,以表祝贺。

(二)涉外接待礼仪

1. 概念 涉外接待通常是指涉外人员在国际交往、商务洽谈等过程中,从事接待工作时所必须遵守的基本行为规范。

2. 内涵 涉外接待是涉外交往中的重要礼仪活动,也是外宾进入国门后的第一项正式活动。在涉外交往中,除应发扬我国优良传统、遵守基本的接待礼仪原则和规范之外,还应树立起良好的礼宾意识,尊重各国、各民族的风俗习惯,了解各国礼节等。

3. 基本内容

(1)涉外接待规格:涉外接待规格主要依据访问目的、外宾身份、双方关系、国际惯例等方面进行综合平衡。

(2)涉外接待人员:涉外接待人员通常由外事、翻译、安全警卫、后勤、医疗、交通、通信等方面的工作人员组成。涉外接待人员应具备准确的语言表达能力、细致化的工作作风以及跨文化交际的能力。在外事活动中,接待人员应举止大方、端庄稳重,表情自然诚恳、和蔼可亲。在与外宾交谈时,表情要自然,态度要诚恳,用语要文明,表达要得体。

(3)涉外接待方案:为使涉外接待工作有条不紊地进行,涉外接待人员须收集来访者的相关信息和资料,了解其来访的目的、要求与行程,关注其宗教信仰、生活习惯、饮食爱好与禁忌等。在此基础上,拟订各项活动的详细日程表,并参照接待礼仪的具体要求,制订涉外接待的具体实施方案。

思考题

1. 简述迎送与接待礼仪的规范准则。
2. 简述涉外馈赠礼仪的基本要求。
3. 你所在单位在下月初将举办一场卫生系统业务学习与交流培训会,会议邀请来自国家相关领域的专家进行经验分享。你作为接待小组成员,负责全程的接待工作。请结合迎送与接待的常规程序,制订迎送接待计划,并简要列举各环节的礼仪规范和注意事项。

(李 卉)

第十三章　政　务　礼　仪

政务礼仪是卫生管理人员从事日常管理工作、执行卫生管理公务中，在内部沟通交流及对外服务、与社会接触时，必须遵守的特定的行为规范；包括卫生管理人员在办公室、会议室、政务大厅、公务参观等特定场合及执行政务活动中约定俗成、合乎规范的礼仪程序、规则和惯例等。政务礼仪具有鲜明的规范性和强制性。孔子曰："为国以礼"，卫生管理人员是国家卫生管理的形象代言人，在履行职责、执行公务时，均应自觉遵守政务礼仪，树立恪尽职守、勤于政务、廉洁奉公、执政为民的卫生管理者的良好形象，提高办事效率和管理服务质量，增进与人民群众的相互信任和理解，提升服务对象的好评度，维护、展示国家卫生管理"以人民健康为中心"、全心全意服务于人民的良好政务形象。

第一节　办　公　礼　仪

一、办公礼仪的含义

办公礼仪有狭义和广义之分。

1. 狭义的办公礼仪　特指在办公室执行公务、办理公事时必须遵守的礼仪规范，也称为办公室礼仪。办公室是卫生管理人员处理公务的重要场所之一。对于维护办公室环境、同事间相处、接待来访以及接打电话、公务信函处理等一切行为都应该有礼有节、掌握合适的尺度，以体现卫生管理者的礼仪风范和工作水准。

2. 广义的办公礼仪　涵盖的范围很大，除了办公室礼仪之外，还包括在公务接待、举办会议、政务大厅办公、外出执行公务以及网络信息服务等各种卫生管理公务交往过程中，与服务对象、同事之间相互表达尊重、约定俗成的行为规范。简而言之，从适用范围和时间来看，凡是卫生管理人员在履行公务时，都必须主动地加以自律，表达尊重所应遵循的礼仪规范。

遵守办公礼仪极其重要，这不仅是个人为人处世、礼貌待人、尊重服务对象和同事的具体表现，也是个人对卫生管理组织文化、"服务于民"执政理念的认同，有利于建立和谐的工作关系并促进工作顺利完成。

二、办公礼仪的特点与基本原则

（一）办公礼仪的特点

卫生管理人员的工作性质、特殊地位、重要作用以及对社会的影响力，决定了其办公礼仪与其他商务、服务、社交以及涉外礼仪有不同的特点。

1. 政治性　坚持以人民为中心的发展思想，是我国实施健康中国行动的总体要求。卫生管理人员在履行职责、执行公务与人交往时，言行举止等办公礼仪与业务管理密不可分，应展现出对群众的尊重和服务意识，具有鲜明的政治色彩。在卫生管理工作中讲政治，提高政治站位，"要始终坚持人民至上、生命至上"，是做好卫生管理政务工作的前提。

2. 规范性　卫生管理人员在日常办公、处理公务时，需公事公办、依法行政。要在法律授权、法理框架内开展相应的公务活动，决定了办公礼仪具有明显的规范性。卫生管理人员一方面要遵守国家法律法规以及制度条例，对卫生管理人员行为赋予规范要求，另一方面要遵守约定俗成的礼仪规范，更好地开展管理工作。

3. 权威性　卫生管理人员是国家卫生健康政令实施的执行者和政务形象的塑造者，其行为代表了党和政府的权威。卫生管理人员在办公中体现的个人素质，直接影响党和政府关于卫生健康领域法律法规、方针政策的贯彻实施，直接关系到公众能否获得优质的卫生健康服务，也影响着国家卫生健康行政机构的运行效率。

4. 导向性　卫生管理工作是为公众提供卫生健康服务的，工作效率、服务质量、公共责任以及公众满意度是评价卫生管理绩效的维度。随着社会的变革与发展，为了更好地履行服务职能，要不断完善和加强服务型政府的建设。卫生管理工作要主动提升，塑造"职能型"兼"服务型"的组织形象。卫生管理人员也要改善服务意识，提高服务质量，做到"笑脸相迎、认真办事"，树立专业、敬业、亲民、勤政的卫生管理人员形象。从这一意义上讲，办公礼仪具有鲜明的导向性，引导、约束卫生管理人员树立公仆意识，从尊重他人需求出发，选择适宜的方法来为他人真诚地解决问题，以实现为广大民众的健康做好服务这一卫生管理的实质目标。

（二）办公礼仪的基本原则

1. 尊重为本　尊重是礼仪文化的核心内容，更是各类礼仪所需要遵循的最重要、最根本原则。办公交往中，每一位从业者和服务对象都希望得到他人的尊重。卫生管理人员只有体现出对服务对象由衷的尊重，才能真正做好服务并获得其认可。体现尊重的原则为：首先是自尊，只有尊重自我才能尊重他人。办公场合中要自我要求、自我约束，通过整洁端庄的仪容、大方得体的服饰、文明礼貌的言行、规范优雅的举止来表达自尊自爱；包括尊重自我、尊重职业、尊重单位、尊重社会；树立规范有礼的卫生管理者形象，以获得服务对象的信任。其次要尊重他人，摆正自身位置，对卫生管理公务交往对象进行准确定位，以"尊人之心常存"的行为准则，"有所为"和"有所不为"；面对不同对象时，知晓能不能做什么事、能不能说什么话，做到尊重领导、尊重合作者、关心服务对象，即尊重办公交往中的每一个人。

2. 认同他人　在各种人际交往中，交往对象之间互相认同、达成共识、产生共鸣，可以提高交往质量。遵守认同的原则，在办公礼仪中也尤为重要。在办公交往中寻找双方的相同点，有助于融洽氛围，是提高办事效率、获得良好效果的较好方法。首先，在与同事、客户等的交往中认真观察，积极且善于发现与对方的共同点，将这种共同点作为交往的基础。其次，不要轻易用自己的价值观评价他人。公务交往中，应以顺利完成任务为目标，在坚持政策原则的前提下，要认同他人的处境，理解他人，适应领导同事和环境，更多地为他人着想，懂得维护他人利益的重要性，以此为基础在卫生管理工作中认同他人，有助于工作更顺利且更有质量地开展。

3. 真诚友善　在办公交往中，务必诚信无欺，始终以诚待人，本着为他人着想的出发点，尽心尽力为对方提供帮助。真诚友善是建立相互信任的基础，体现在对工作、对他人、对自己负责任的态度上，言行一致，善解人意。例如我国政府倡导"首问负责制"的办事理念，卫生管理人员应努力践行。办公服务中若遇到来访者咨询问题但自己不清楚答案时，可以先礼貌地向来访者道歉，再指引到相应部门进行咨询以解决问题，而不是一句简单的"不知道"应付了事；还可以积极协助，主动询问相关部门以得到确切答案，切实帮助来访者解决问题。这种真诚服务、帮助他人的行为，是执政为民良好形象的真实体现，让管理处处充满温暖和善意。

4. 把握分寸　办公交往中需要以礼相待、真诚热情，但如果把握不好分寸，过于热情与冷漠都会让人难以接受。不论做什么事，说什么话，都要注意恰如其分地把握好自己的一言一行，做到"双舒双然"，即自己舒服、对方舒服，自己自然、对方自然，可使人际关系更加和谐。例如与同事交谈中，适时地赞扬对方可以创造良好的交谈氛围，但要把握好分寸，以免弄巧成拙；办公场合中女士应端庄大方，化淡妆，若浓妆艳抹就有失身份，与公务场合格格不入；如果与上级领导私交好，在办公场合也要上下有别，恭恭敬敬地对待上级领导。把握分寸，是在办公交往中寻找表达尊重之意的适度的、最佳的契合点，过分与不到位都是需要避免的。

5. 平等相待 社会主体在社会关系、社会生活中处于同等地位，具有相同的发展机会，享有同等的权利。卫生管理人员的举手投足、言语谈吐都能体现其对公众的态度和看法，同时也体现卫生行政管理部门的管理水平和组织形象。面对家庭出身不同、受教育程度不同、价值观念不同、经济状况不同的服务对象，卫生管理人员都应该礼貌待人，举止适宜。例如，交谈时都应该使用敬语、谦语和礼貌用语，说话语速适中，语气温和自然。平等相待原则要求在办公礼仪实践中，对任何交往对象都必须一视同仁、不偏不倚、不分亲疏，给予同等程度的礼遇，这不仅能够增强公众对卫生管理人员的好感，更有助于双方交流的顺利进行。

三、办公室礼仪规范

办公礼仪是建立在法治与道德精神基础上的行为，也是敬人律己的一种内在意识。遵守办公礼仪，是卫生管理人员职业身份的必然要求。

办公室空间相对固定，是卫生管理人员最常用的工作场所，政务交往对象主要有领导、同事、下属以及来办事的公众。在办公室工作时遵守礼仪规范，可以提高工作效率，更好地服务于人民群众，服务于社会。办公室礼仪是卫生管理人员须优先掌握的重要礼仪。

（一）办公环境

办公环境包括空间、空气、视觉、听觉以及办公设备的布置和使用的环境条件。好的办公环境不仅能给员工带来愉悦感，给来访者留下好印象，还能体现管理机构的整体形象和管理风格。办公环境的总体要求是便捷、整洁、美观、安全。

1. 办公室布局合理 办公室布局的基本要求是便于工作交流，利于高效完成工作，主要体现在办公室内部布局和办公室在整个办公楼里的布局两个方面。

（1）办公室内部布局：一般有封闭式和开放式两种形式。封闭式布局是把办公区域分隔成若干个大小不一，但带有门窗的独立空间；每个办公室配备相应的办公设备。其优点是安全性高，有利于工作的保密性，能够营造比较安静的工作环境；缺点是成本较高，相互交流不方便，不利于对员工的管理。开放式布局是在一个比较大的空间里布置多个开放式工作位置，每个位置配备相应的工作设备。其优点是节约空间，便于沟通和相互监督；缺点是工作容易互相干扰，保密性差。实际工作中，应根据工作性质和客观条件来决定布局形式。

（2）办公室在整个办公楼里的布局：布局安排上，应注意①与外界接触较多的部门，应该设在楼层较低的位置，方便人员进出，如接待室、收发室、传达室等应设在一楼；②与本单位领导以及各部门工作交流频繁的部门，例如综合部、秘书部等部门应设在办公楼的中心位置；③文印、机房、财务等办公室应设在较为安全和安静的楼层；④工作联系比较紧密、需要互相衔接的部门应设在相邻设置。

2. 办公室保持整洁 整洁有序、明亮美观的工作环境使人心情愉悦，可以提高工作效率。办公室整洁的具体要求包括：地面、桌面经常清洁，保持环境整洁卫生；光线充足，勤开窗，保持空气流通，执行无烟办公室的规定；办公用品摆放有序，办公桌面不摆放与工作无关的个人物品；私人物品如鞋子、衣服或卫生用品应收在柜子里；办公使用的计算机等设备不要安装与工作无关的软件和资料；文件资料应根据时间性、系统性和保密性的原则放置等。

（二）办公交谈礼仪

办公室中人员的沟通交流对团队建设、工作效率的影响很大。卫生管理人员要注意规范办公中的交谈礼仪。

1. 主动问候 上下班进入和离开办公室要"眼里有人"，主动和同事打招呼。每天进到办公室，应问候同事；每天下班时，同样应和同事打招呼道别。若有未能按时下班的同事，要表达关心，如："有没有需要我帮忙的？""我先走了""辛苦了"等。

2. 平和交谈 与人谈话应友善和气，戒骄戒躁。即使对职务比自己低的同事，也应用平和的口气指导和沟通。不要随意打断他人的谈话，与他人意见不一致时，仍应心平气和地交换意见。事事以尊重为先，把任何人都当成自己的良师益友，心平气和地进行交流。

3. 拒绝非议 办公室是处理公务的场所，不是闲聊的地方。不要对他人品头论足，更不可在背后议论领导和同事。即使是关系较好的同事，也不得打探干涉他人隐私，更不可妄自非议，以免对工作造成干扰。

（三）汇报工作礼仪

汇报是把工作中掌握的资讯进行分析、研究、综合、归纳与总结后，根据工作需要和相关规定，向有关单位、部门的负责人报告。卫生管理工作需要"向上请示、向下传达"，反映情况，分析问题；并向上级机关提供决策依据。掌握汇报礼仪，不仅可以展示自身的良好素质，还能帮助卫生管理人员提高办事效率。

1. 明确汇报对象 汇报工作应遵守"归口管理"原则，按规范逐级汇报。一般情况下，应向分管领导汇报，不能擅自多头汇报或越级汇报，否则会给管理带来不便。当遇到综合性的问题，须征得分管领导的同意，才可向主持全面工作的负责人直接汇报。

2. 做好汇报准备 约定汇报时间、地点，确定汇报主题，备齐汇报材料。汇报时间、地点一般由汇报对象决定，要尽量考虑到汇报者的实际情况。汇报不宜在走廊、餐厅、电梯间、路边等场合，也不宜在汇报对象的家中。一次汇报宜针对一个主题，反映一个情况，解决一个问题。准备汇报材料时，应尽可能多地掌握相关资料，电话汇报和口头汇报前应列出汇报提纲，确保汇报时言简意赅、有理有据。

3. 选择汇报形式 总体上汇报形式分为口头汇报和书面汇报两大类，应根据汇报的目的、内容和要求选择相应的汇报形式。

（1）口头汇报：又分为面对面汇报和电话汇报。面对面汇报主要用于例行述职或当面的请示汇报，是一种互动性强、重点突出、时间可控的汇报形式，但容易受汇报时间、地点和双方情绪的影响。电话汇报是通过电话向汇报对象所作的汇报，一般在处理紧急事务时使用，事后应该再以口头汇报或书面汇报进行补充。

（2）书面汇报：是汇报者以书面形式向汇报对象所作的汇报。公务的书面汇报称为报告，属于正式公文，经常以文字稿件和邮件的形式呈现。管理工作中需要上级批阅或存档的工作内容应该用书面汇报的形式。

4. 注重礼仪细节 汇报工作的过程中，汇报者与听取汇报的管理者都需要遵守相应的礼仪规范，以确保汇报能达到最终的目的。

（1）汇报者在礼仪方面的基本要求：即遵守约定、举止得体、重视反馈。应注意以下礼仪细节：一是严格遵守双方约定的时间，准时到达约定地点，汇报时条理清晰、重点突出，遵守约定的时长。二是须有礼有节，去领导办公室汇报，无论其办公室门是否关着，都应轻轻敲门，经领导允许方可进入；情绪上要平心静气，即使"追责"与自身相关的问题，也不能带有不良情绪；汇报结束应礼貌告退。三是在汇报之后，要特别重视反馈意见的处理，根据领导给予的意见对工作进行改进或完善，使汇报取得好的效果。

（2）听取汇报礼仪的基本要求：即守时守约、善于倾听、适时回应。领导在听取汇报时，也应遵守礼仪规范，以体现新时代领导作风和亲民形象。守时守约是基本礼仪，领导如果有事而不能按约定的时间或地点听取汇报，应改期或安排其他人负责接待。听取汇报时须认真倾听，必要时做记录。面对能够现场答复的问题，做到有问必答，不能现场解决的问题也应及时回复。

（四）接待来访礼仪

卫生管理人员在办公室工作中，经常会遇到合作方或群众来访咨询、办事或信访的情形。做好接待来访关系着组织形象、群众切身利益以及社会和谐稳定。

1. 热情服务 接待来访者，要起身相迎，热情问候，礼貌称呼，请坐上茶。在接待过程中，应一视同仁，有问必答，不厌其烦，不轻易打断对方说话，以平易近人的态度来接待，用朴素文明的语言进行交谈，用平等尊重的语气回答问题。遇到带有不良情绪的来访者，要牢记全心全意为人民服务的宗旨，多一点耐心，多一些倾听，多几句答疑解惑，坚持热情文明接待。

2. 坦诚帮助 接待来访者，既要有优质的服务态度，还要有强烈的服务意识，自觉把群众的事当作自己的事，站在群众的立场帮助其解决问题。面对群众提出的问题，即使不能解决或一时回答不出来，也应坦诚相待，耐心加以解释。如确实不属于自己职能范围的事务，要积极协助联系相关部门予以解决。

3. 正面引导 在接待来访中遇到群众的问题一时解决不了的情况，或是遇到情绪不稳定甚或出言不逊的群众时，卫生管理人员一定要始终保持平和的语气和心态，同时积极采取正面引导的策略，自觉厘清权责界限，宣传教育，科学引导，确保权力行使更加规范。卫生管理人员既要以真诚、负责的态度，倾听群众的心声；又要以冷静、温和的态度，向来访者讲法讲理；还要及时记录意见和建议，认真梳理，逐级反映，做好答复。

4. 慎终如始 接待来访者要始终如一，特别是当来访者离开时，卫生管理人员要起身相送，并配以送客道别语，确保有始有终地以礼相待。起身相送时，可适时机和场合握手作别并互道再见，将爱心、耐心、细心、诚心和热心的"五心"服务贯穿于接待来访者的始终。

（五）使用电话礼仪

在现代信息社会，电话（包括固定电话和移动电话）已成为十分普及的通信工具和不可或缺的交际工具，人们广泛利用电话进行联系，沟通信息，交流情感。电话是人们在社会交往中使用最频繁、最快捷的沟通方式。正确地使用电话，不仅要熟练地掌握使用电话的技巧，更重要的是要掌握接打电话的礼仪，维护自己的"电话形象"等。

1. 维护"电话形象" 所谓"电话形象"，是指人们在使用电话时，留给通话对象以及其他在场人员的总体印象，即人们在通电话过程中的语言、声调、内容、表情、态度等的集合。"电话形象"能够真实地体现通话者个人的礼仪修养、待人接物的态度以及通话者所在单位的整体水平。在工作交往中，卫生管理人员应该注重电话礼仪，塑造自己良好的"电话形象"。在打电话、接电话及使用移动通信工具时，自觉自愿地做到知礼、守礼、待人以礼。

2. 遵循通话原则 不论是接听电话还是拨打电话，虽然双方不见面，但从拿起话筒和对方交谈的那一刻开始，就给对方留下了初步印象。一次通话不仅给对方留下总体评价，还直接关系到双方以后的交往，所以在公务通话时一定要遵循通话的基本原则。

（1）明确信息：卫生管理人员接打电话时首先应该明确通话人的基本信息，也就是通话对象的姓名、身份、所在单位、通话目的等。明确基本信息不仅有助于电话沟通的顺利进行，还有助于双方今后的联系及反馈。

（2）学会倾听：倾听是正确理解和判断的基础，尤其在电话交谈中，双方主要靠声音传情达意，通过倾听，可准确地获取信息、沟通情感。当然，倾听时并不是完全不出声，应适时给予简单的回应，让对方感觉到你在认真倾听。

（3）表达得体：电话通话用语有一定的规范性。接听电话时应先礼貌使用问候语。为了让发话人及时了解其拨打的号码是否正确，或接电话者是否为发话人要找的人，应该在接听电话时作自我介绍，表达谦逊与平和的态度。通话时多用敬语、谦语，语速适中，语气温和，简明扼要。

（4）通话择时：通话时机的选择，间接反映了当事人的办事效率和处事能力。公务电话的通话时间最好选择周一到周五的正常上班时间，尽量不在下班后或节假日拨打公务电话。工作时间拨打电话，最好先尝试拨打对方的座机，只有在确定对方不在办公室时，才拨打对方手机。如果有急事不得不打扰对方，必须在通话的一开始先向对方诚恳致歉。通话择时还包括通话时间的控制，应长话短说、简明扼要，努力遵循国际上通用的"通话三分钟原则"。

3. 注意电话沟通细节 在接打电话时还有一些细节能帮助我们做到高效且有礼有节，并让通话对方感受到我们的专业和敬业。例如固定电话可放在左手边，这样电话铃声响起后，能迅速用左手拿起电话，同时右手马上拿起笔和记录本，做好记录准备。遵守"响铃不过三"的接听常规，因为铃响三声之内拿起话筒是工作高效的表现，会给来电者留下良好的第一印象。在通话过程中，如果因为临时的意外或故障中断对话，需向对方解释道歉。同时作为行政人员还应有保密意识，学会使用闭音功能，避免将办公室内同事正在进行的谈话传入话机。

4. 用好移动电话 移动电话（即手机）的使用更加方便，但容易打扰他人，要注意细节，文明使用。手机铃声不能调得过大，特别是在公共场合，应养成将手机调为无声状态（即静音或振动）的良好习惯。在主持或参加会议期间不宜接听电话，参会中若必须接听，应尽可能压低声音。在大庭广众面前使用手机切忌大声喧哗。因手机没电、信号不好而出现通话中断时，电话再次拨通后应该向对方表示歉意。使用手机拍照、上网或收发信息时，不能只"方便自己"，切勿妨碍、影响到别人，还要特别注意相关信息的合法与保密性。

（六）信函文书礼仪

书信是交际工具。用于向家人和亲友互致问候、互通情况、联系事情、讨论问题的称为一般书信；用于礼仪交往、联系工作的称为专用书信。专用书信是为了表达一定的礼节和仪式，具有一定的使用范围和特定格式。卫生管理人员在使用信函文书时应注意相应的礼仪。

1. 格式规范 虽然信函文书种类很多、形式不一，但有其固定的格式，有些是法定的格式，有些是约定俗成的格式。撰写信函文书要注意标题的严肃性。标题不能任意省略，以免造成对方理解上的困惑。称谓应该用全称，姓名后应该加尊称或职务，不应该用简称。行文应该把事实和背景交代清楚，以便对方阅读和理解。

2. 注重礼节 信函文书作为一种礼仪文书，是人们进行社会交往的重要手段，是增进友谊、沟通情感的桥梁，也是协调关系、达成共识的纽带。使用信函文书时，更应该注重礼节，应该根据交往对象的身份、年龄、职务等区别对待，体现尊重。

3. 语言简约 书写信函文书，一方面要根据不同的礼仪内容和表达的需要，选择得体到位的用词，特别要注意修辞，做到辞章讲究、恰到好处。另一方面要根据交往对象的职务、文化水平、年龄、性别等，选择得体贴切的交际语言和祝颂语。

（七）电函收发礼仪

1. 收发传真件 发送传真件之前应该和对方确认，得到对方允许后方可发送传真。传真件一般使用有单位名称的公文纸，公文纸上标明以下信息：发送时间，接收人的传真号、姓名、电话、所在部门，发送人的姓名、传真号、所在部门，以及传送文件页数等。如果传送急件，也应该在封面上标明。未经许可，不得发送保密性的文件和资料。收发传真时如果收到其他人的传真，应该及时转交给当事人。接收传真件后应该检查传真机纸张是否充足，如果纸张用尽，应加满纸张。如果传真机需要更换色带或出现故障，应及时通知相关人员。

2. 收发电子邮件 发送和接收电子邮件属于网络交往。网络行为本身的特殊性决定了它需要一种特殊的礼仪方式来约束，以体现交往者对网络行为的态度和行为准则的认同。公务机关的网络，出于安全考虑一般都有外网和内网之分。对内、外网的使用应该提升到安全保密的高度来看待,按规定使用。在使用网络收发电子邮件时需要注意以下方面。

(1)注重礼节:电子邮件突破了传统信件的时空限制,发送电子邮件时应遵守网络礼节。不要随意给他人发送邮件;发送邮件后如果有对方的联系方式,可以发短信提醒对方及时接收;收到他人的邮件应该及时回复。

(2)主题明确:发送每封电子邮件都应标明主题,便于收件人快速浏览。主题应言简意赅,如果是重要或紧急邮件,可在主题里用"要件"或"急件"强调,引起收件人关注,及时下载保存。

(3)内容精练:在工作中使用电子邮件,是为了快速高效地传递信息,长篇累牍的信件不仅会增加收件人处理信件的时间和精力投入,还不利于对方把握信件的重点和要点,影响双方沟通和交流。电子邮件内容要简明扼要、语言流畅、用词规范。

收到重要的电子邮件后,须即刻回复;收到一般性的电子邮件后,最好在 2 小时内回复,以体现对发件人的尊重。回复邮件要有针对性,可进行必要阐述,以便对方一次性理解;避免反复发送邮件,浪费时间、资源。

(八)政务大厅礼仪

政务大厅是政府面向社会公众集中办理行政审批项目的服务机构。卫生健康领域的一些公共服务项目,例如医师和护士执业注册、医疗机构设置审批、执业登记、诊所备案、卫生机构许可业务办理等均在政务大厅统一受理。对于卫生管理部门而言,政务大厅是对外办事的主要窗口,也是密切联系群众、践行为人民服务这一宗旨的重要窗口。群众之事无小事,政务大厅服务窗口的文明礼仪建设,直接关系到卫生健康管理执政为民、服务于民的组织形象,要在服务环境、服务行为、持续改进等方面下功夫。

1. 服务环境　政务大厅内部服务窗口的环境主要是窗口服务岗工作区范围社会公众视线所及区域,要按照便捷、有序、整洁的要求进行建设和维护。

(1)便捷:服务环境要方便群众现场办事,还要方便公务人员办理公务。应广泛借助现代网络媒介手段,以"一次办好"、让群众少跑路为目标,积极建设和完善网络办事流程,提供人性化预约服务,为群众提供最直接、最便利、最贴心的服务。

(2)有序:在各类物品的摆放和办事流程的引导上都要规范、有条理。设置办事流程图,在专门区域放置办事指南等资料,并定期检查,及时补充。等候叫号的就座区域要合理设置,排队等候区域纵深达到 3 米以上时要设置一米线。应合理设置服务岗和工作程序,制订单次服务办理事项的时限。服务岗设置人员公示标牌以及业务办理提示牌;如若临时离开岗位,应摆放"请稍后"提示牌,暂停服务的服务岗应摆出"暂停服务"提示牌,以确保服务有序开展。

(3)整洁:政务大厅的办公区域要整洁且美观。地面洁净、无污物,所有物品表面干净,植物花草避免枯萎。办公台面放置的工作牌内容应完整无缺且正面不遮挡。不应摆放与办理事务无关的物品,私人物品需入柜,以保证办公区域环境整洁。

2. 服务行为　卫生管理机构面对前来办事的社会公众,政务大厅的卫生管理人员要呈现热情、专业的职业形象,使用谦和、体贴的文明用语,配以规范、大方的肢体语言,在迎接、业务办理、送别这三个环节为群众做好服务。

(1)迎接:面对每一位前来办理业务的群众,要做好自身心理和形象的准备,带给对方美好的第一印象。包括:①树立良好心态。以"我为人人、人人为我"的服务意识和"服务他人、成就自我"的心态,积极、乐观地面对每一位群众,对待每一次服务。②注重仪容仪表。着装应整洁卫生,或按规定穿着制式服装,上衣左胸前佩戴统一制作的制式胸牌,按规范正确选择服装配件及饰物;仪容端庄大方,女性工作人员可化淡妆,过肩头发须盘起。③注意迎接姿态。采用端正站姿或坐姿,听到叫号系统呼叫下一位群众办理业务时,要抬起头或举手示意,面带微笑准备迎接群众,在对方走过来距离自己 1 米左右时,要以和蔼的笑容、专注的眼神、亲切的问候、规范的手势以及点头致意配合,请对方落座后询问需办理的事项。这些礼仪细节都是呈现热情、敬业服务形象的必备要素。

（2）业务办理：让服务对象满意的业务办理，不仅是指顺利办理业务，还包括在业务办理过程中得到优质服务。卫生管理人员在办理政务事项时，要在做好专业工作的同时，提供文明礼貌、耐心细致的服务，让每一位服务对象都感受到被重视、被尊重。与服务对象沟通时，应平视对方，上身可略微前倾以传递关注，配合轻轻点头以表达对对方的尊重、关注和倾听的态度。采用四指并拢、手心向上的指示手势以体现尊重，切忌用单指或手心向下的手势。在拿取、递接资料时，应轻拿轻放，双手递接。使用积极、规范的体态能够拉近与服务对象的距离，促进双方的合作。服务过程中应保持良好的情绪，耐心细致。有时由于服务对象不清楚政务大厅业务办理的要求和程序，往往会遇到障碍，这就需要卫生管理人员养成耐心细致的服务习惯，做到"百问不厌"。面对服务对象的诉求，应给予明确答复，提供必要的帮助。对于不能解答或处理的问题，应积极引导、耐心解释。当服务对象出现误解、语言过激时，保持头脑冷静、情绪平和，并想办法来积极地解决问题，解释无效或无法解决时应及时向上级汇报。

（3）送别：在服务对象办理业务之后，可明确说明"您的业务已经办理好了，请您拿好资料"，也可询问"还有什么需要办理的吗？"还可用"感谢您的配合，您的业务顺利办结"等表示很乐意为其服务的语言。

3. 持续改进 服务没有最好只有更好，政务大厅的服务更是如此。卫生管理工作需要提高服务效率和质量，要在改进办事流程、加强服务管理方面多做努力。可采取以下举措：一是公开政务信息，将提供服务的卫生管理人员相关信息、办理业务相关信息等采用多种载体、多种形式予以公开；二是制订服务与设备规划，以及突发公共事件时的预警机制及应急预案；三是建立监督及投诉受理工作机制，主动公示投诉渠道，谨慎、耐心地处理投诉，积极整改存在的问题；四是卫生管理领导应实地体验政务大厅的业务办理，面对面听取意见、开展调研，对卫生管理人员的服务工作实行监督、检查、指导与跟踪等，在合法合规的前提下尽可能精简业务流程等。通过者多举措持续改进政务大厅的服务环境，规范卫生管理人员的服务行为，实现文明优质的服务，使服务对象有更高的获得感和幸福感。

第二节 会 议 礼 仪

一、会议礼仪的含义

会议是集合三人以上议事，并遵循一定议程举行的一种社会活动方式。主要是为了解决某个或某些共同的问题，或者是出于某个（或某些）目的，多人聚集在一起听报告、讨论、交流。随着网络信息化的发展，也可以是通过网络形式虚拟聚集地讨论和交流。

会议的种类可以按照举办单位、规模、特征等多种依据来划分，还可按照会议的性质和内容来划分，一般有全体大会、代表会议、专业学术会议、专题论坛、讨论会、讲座、培训会议、小组座谈、表彰奖励会议等。但不论是哪一种会议，都要遵守一定的会议礼仪规范。

会议礼仪就是指在会议的筹备、组织、主持、参加的过程中以及会议的整理总结方面应遵守的各种规范和要求。其有助于会议在达成既定目标方面取得良好的效果。成功的会议能够起到沟通信息、交流思想、促进工作等作用，还具有提升形象、促进建设、创造经济效益等作用。而组织和参与会议时的行为，会直接影响会议举办的成功与否，影响参会者公众形象的好坏。站在更高的层次来看，会议组织如何、成效如何，往往还影响着社会公众对组织甚至政府的看法和评价。因此，非常有必要掌握会议礼仪知识，以更好地组织会议、参与会议，让会议发挥应有的作用，获得预期的效果。

二、会议礼仪的基本要求

（一）组织会议的礼仪

1. 会议前的准备 计划缜密且到位的会议准备工作，是会议成功举办的前提条件。无论举行哪种类型的会议，作为会议的组织者，都应首先做好会议准备工作。

（1）沟通确定会议召开的相关事项：①确定会议名称和主题。这是会议准备的第一步，会议主题可以用会议名称直接体现。②确定会议时间。选择会议召开的最佳时间，应该考虑主要领导及重要嘉宾能否出席。会期长短应与会议内容紧密联系。③确定会议规模和与会人员。根据精简高效的原则确定会议规模，与会人员应该是会议主题的相关人员。④确定会议地点。召开会议的地点应根据会议规模和内容等要求确定，应选在交通便利、设施齐全、大小适中、环境安静、停车方便、费用合理的场所。使用公用会议室要提早预约，防止使用时间冲突。

（2）围绕会议议程准备相关物资：①确定会议议程。根据会期时间对会议各项活动按先后顺序做详细、具体的安排。②成立会务小组。会务组成员应分工明确，工作时各司其职，成员之间定期沟通，及时协调、解决问题。③制发会议通知。会议通知的内容包括会议名称、时间、地点、与会人员、议题及要求等。会议通知的发送形式有正式通知和非正式通知，可通过书面、口头、电话及邮件等方式发送。④准备会议资料。会议资料主要有议程表和日程表、会场座位分区表和主席台及会场座次表、主题报告、领导讲话稿、发言材料、开幕词和闭幕词等。这些资料应装入文件袋，会前分发给与会人员。⑤制作会议证件。其内容包括会议名称，与会者单位、姓名、职务，证件号码等。有些重要会议的证件还应贴上与会者本人的照片，加盖与会议相关组织的印章。⑥确定会议用品。会议所需用品分为必备用品和特殊用品。必备用品是指各类会议都需要的用品，包括签到表、文具、桌椅、茶具、扩音设备、照明设备、空调设备、投影和音像设备等；特殊用品是指谈判会议、庆典会议、展览会议等特殊类型会议所需的用品。

（3）安排会议座次：会议座次的安排是政务会议非常重要的准备工作。为给予与会者必要的尊重，须按照一定的惯例和规则并结合实际情况进行座次排列。会前应准备好名签，并在会议开始前摆放好，以便领导和相关人员按名签对号就座，避免就座时互相谦让。

以我国官方会议主席台座次排序为例，其沿袭了中国传统礼仪中"以左为尊"的原则。这里"以左为尊"的前提是居中为尊，1号人物的左侧尊于右侧，且指的是当事人的朝向，而不是观众的朝向。主席台就座领导人数为单数时，即主要领导1号位居中就座，2号领导在1号领导左侧第一个位置，3号领导在1号领导右侧第一个位置，以此类推。用一句话总结我国官方会议主席台领导座次排序，即不管是单数还是双数，2号位始终在1号位的左手边。但是，座次安排也需要灵活掌握，不生搬硬套，如对一些德高望重的老同志，也可适当往前位次排序，而对一些较年轻的领导同志，可适当往后位次排序。

（4）做好接待工作：为了保证会议成功举办，会议组织者还应做好接待工作，如接待与会人员的车辆、食宿安排等。

2. 会议中的管理 在会议进行中，组织者要做好各项管理和服务工作，保障会议顺利进行。

（1）会场设施：会议组织者应落实工作人员提前进入会场，有充分的时间检查会场的环境、设备等，确保各项设施准备到位，并打开照明灯、音响、安全通道门、空调等，备好茶水，等待参会者到来。在会议进行中，要随时注意观察各设备的运行状况，及时发现和解决问题，避免影响会议进度。

（2）会务服务：①会议服务人员的整体形象和服务要符合礼仪要求。可以统一着装，并佩戴醒目的标志。服务语言礼貌规范，服务态度热情有礼、细致周到。会议服务过程中坚守岗位，注意力集中。与与会者交流中，若涉及会议秘密，要保持警惕，遵守职业道德。②做好参会引领服务。在会场外，应安排专人迎送、引导、陪同与会人员，并做好签到服务。引领过程中，对与会的年老体弱者，须进行重点照顾。参会者入场后，要适时做好茶水服务。③灵活处理参会者的诉求。在会场内，对参会者的合理要求应有求必应，迅速予以满足，及时帮助解决。如果参会者对会议组织或其他方面指出不足，应立即闻过即改、弥补缺陷。对于解决不了的问题，应立刻向上级领导汇报。

（3）会议主持：主持人作为会议的灵魂人物至关重要。会议组织者应提前确定会议主持人，帮助其熟悉会议议程和内容，做好充分准备。会议进行中根据议程，做好计时工作，会议管理者要协助主持人把控进度，还要注意会场整体情况，协助主持人随机调节会场气氛。

（4）会议记录：各类会议均应安排专人负责记录会议内容，即使不用上报或下发，也要作为参考资料或存档资料备查。会议记录的内容应务求详尽，包括会议名称、时间、地点、人数、主持人、记录人、讨论事项、发言内容、决议等。如果是召开会期时间较长的重要会议，在会议过程中，还应依据会议记录及时编写会议纪要，对会议动态以及主要内容进行简明扼要的报道，以利于与参会者沟通信息、交流经验，还能帮助会议组织者及时掌握会议进程，确保会议顺利进行。

3. 会议后的工作　会议组织要善始善终，做好会议结束阶段的善后工作，包括为参会人员提供必要的服务，整理好会场以及总结会议情况等。这些工作是对此次会议进行的梳理与自我评价，也利于提升今后组织会议的能力。

（1）为参会者提供必要的服务：会议组织者不能忽略会议结束时对参会者的关照，应本着关心爱护和互帮互助的精神，主动询问参会人员的返程情况，适当做好安排并提供服务。例如在单位内组织会议时，对外单位自行驾车的参会人员可提供停车券；在单位外组织会议时，必要时，可量力而行地为参会者安排交通工具，或提前协助其预定返程的交通工具；对于年老体弱的参会者，要给予特别的关照；还要注意迎送规格一致，由专人负责迎接的客人，应有专人负责为其送行。

（2）做好会场整理：会议结束后及时清理会议室。首先，慎重处理会议文件、资料，根据工作需要和保密制度，分门别类进行汇总、回收、销毁、妥善保管等。其次，如在单位内部举行会议，对会场设施及时清理，认真检查，归放原位，如果有损坏的设施应及时维修。最后，打扫会场卫生，不要把茶水、资料等遗留在会议室，保持会场洁净如初，全面细致地检查会场的安全情况等。

（3）进行会议总结：按照会议记录，由专人进行整理、归纳、总结，编写会议总结、纪要、决议等并报送相关人员，以贯彻落实会议精神或相关事项。根据会议情况和实际需要，适时做好会议宣传报道。还要做好信息反馈，通过多种方式收集相关人员对于会议的反馈与评价，以便于工作的改进，提升日后的会议组织工作水平。还要注意的是，为了给业务管理工作提供借鉴和依据，关于会议文件材料，如通知、报告、简报、决议、纪要、记录、新闻报道等，都应立卷归档，妥为保存。

（二）参加会议的礼仪

参加会议人员是否遵守会议有关纪律、自觉规范参会言行，对于会议的顺利进行也至关重要。卫生管理人员在出席会议时，应为人表率、严于律己，以自己的实际行动对会议表现出应有的重视。按照礼仪规范参加会议，也是端正会风的具体要求。

1. 准备充分　参加会议人员会有不同的任务，需要在会前明确自身任务，做好充分的准备。一般的参会人员除了要准备好会议记录必备的文具外，还要按照会议通知的要求携带相关资料；会议发言人要提前准备好发言稿或提纲，以及相关的发言参考材料等；会议主持人必须事先充分了解会议议程、目标和要求、参会人和发言人的情况等，做到心中有数，必要时还要进行主持演练。

2. 形象得体　参会人员应衣着整洁规范，仪容仪表合乎礼仪要求。对于不同主题的会议，会有不同的着装要求。会议主持人的着装应较为正式，一般参会者的着装也不能过于随便。对于会议通知中与着装有关的特殊要求，应遵照执行。

3. 参会守时　参会人员一般要在会议开始之前提早 5～10 分钟进场，依照会议安排落座，不要影响会议的正常进行。这是一个人的基本素养，也是对其他人的尊重。如果迟到了，应悄声地慢慢入场；如果会议有仪式正在举行，进入会场时应就近入座，等仪式结束后再轻轻走到会议指定位置入座。如果会议组织者没有安排参会者分区或按具体座位就座，要按照约定俗成的规范即尽量前排就座、居中就座，以保证先坐满前排，同时也方便后入场的人就座。关于守时，还包括会议主持人应按照会议议程准时开会、准时散会。

4. 遵守议程　所有参会人员应遵守会议相关议程。会议指定发言人在准备充分的前提下，应尊重听众，礼貌问候与会人员。发言时要重点突出、条理清晰、严格守时，发言结束时应向现场听众致谢。议程安排之外的发言者，须先举手示意，待主持人同意后再发言，也不要随意打断别人的发言。在会议进程中出现会议冷场、发言离题等异常情况时，会议主持人应及时提醒，使会议按议程进行。

5. 全程专注　参加会议者应保持安静，全程专心，做好记录。虚心听取别人的发言，梳理信息并思考，把握学习机会。发言人结束发言时，应鼓掌致意以表示尊重和感谢。会议中录音、录像、拍照等行为要事先征得主办方允许，且不影响其他参会人。参会中因事必须中途退场时，应动作轻缓，不影响他人。会议结束后，按顺序离开会场，还应按组织者要求，提供会议的反馈信息。

三、会议礼仪在卫生管理中的实践

在卫生管理工作中，经常需要将人员组织起来，通过会议的方式来研究、讨论卫生健康政策，解决卫生管理问题。组织和参加会议是卫生管理人员一项基本的、经常性的工作。作为卫生管理工作的重要手段，会议至少承载着三个重要的职能：一是通过会议程序来汇集民意，反映民生，集中民智；二是通过会议实施监督、解决卫生管理工作"授权"之后的权力监督问题；三是通过会议来落实和执行卫生管理决策，传达精神，布置工作，沟通协调，表彰先进，总结成绩。近年来，社会对政务会议的质量、风气、效率高度关注。选择什么样的方式开会，如何使会议秩序严谨、达到预期的效果、形成良好的会风，已成为行政管理的重要命题。

（一）会议礼仪实践要点

作为行政管理的重要组成部分，卫生管理工作会议既要遵照组织会议和参与会议的基本要求，还要注意以下三个方面。

1. 参会主体适宜　参会的主体应该拥有相应的资格和能力，并遵守相应的规则。会议内容不能脱离参与人的权利和义务，避免浪费资源。

2. 会议形式适宜　会议的形式是区分不同类型会议的重要标志，不同的会议内容要求有不同的会议形式作为承载体。卫生管理工作的会议形式应该以有利于解决问题作为选择标准，切忌将简单的会议复杂化，更忌将复杂的会议简单化。

3. 程序合乎礼仪　会议的开始、暂停、重新开始和结束，都必须遵守一定的时限和顺序。举行会议的地点，会议座位的安排，人员入场、退场的次序，会议发言人之间的衔接以及会议议程等其他安排必须符合会议礼仪。

以下以谈判会议为例，具体阐述以上实践要点。

（二）谈判会议礼仪

因卫生管理工作的需要，组织会同其他部门、其他单位、其他行业（其中包括国际人士）进行合作商谈，以维护各自所代表的组织利益，从而达成共识或取得相应结果。这是相对比较正规的工作洽谈，称之为谈判会议。

结合会议礼仪的基本要求和注意要点，谈判会议在组织中应遵循以下礼仪规范。

1. 周密计划，确认参会主体　谈判会议是双方或多方就共同关心的问题相互交换意见的一种公务洽谈或专业性会议，一般会涉及多方组织利益。对于会议计划和参会主体的要求十分严格。

（1）在谈判会议进行前，以会议目标为导向，详细制订规范的会议计划和议程，甚至议程中的主持用语都要规范明确地列入其中，以确保会议主持不出偏差。

（2）参会主体资格的确定是关键环节，对谈判会议的成功举行起着至关重要的作用。以医疗机构院内招标谈判为例，最主要的双方主体是投保单位和专家评审组。按照招标管理办法，在开标谈判前，应仔细核查投标单位资质，杜绝不具备资质的单位参加谈判，还要根据专业要求在规定时限选定、通知落实评审组专家。由于谈判通常事关多方利益，对于谈判主体的身份、相关信息等机密必须严格保守。

谈判会议通常使用长条形、椭圆形桌子，宾主相对而坐。座位的排列以门为准，客人一方面向正门，双方主谈人在各自一侧居中。如果门开在侧面，则应以进门方向为准，客人在右，主人在左。记录员可安排在后排，也可安排在会谈桌顶端一侧。

2. 精心组织，遵守会议程序　谈判会议具有形式更正式、气氛更严肃、专业性更强的特点，需要会议组织者严格按程序稳步推进。正式谈判开始前，会议组织者要向谈判主体分别问好，简要介绍项目名称后宣布会议开始。以医疗机构院内招标为例，谈判会议各程序的规范要点如下。

（1）介绍谈判主体单位和人员：首先介绍医疗机构主体方的参会人员，重点介绍参加会议的专家评审组（人数必须为单数），按照名单宣读时，要请专家举手示意。介绍完毕后，须询问投标单位对专家组人员是否有异议或需要回避的人选。随后介绍符合开标规定的投标单位，须提请投标单位代表举手或应答，以示其在谈判现场，并详细核对投标单位签到登记表。

（2）宣布谈判会议纪律并介绍招标谈判程序及评审办法：在这一环节，须层次分明地介绍谈判会议前、会议进行中以及会议后各环节的程序及重要任务。介绍完毕须询问各投标人"有无需要说明、补充或遗漏等"，充分征求谈判主体方之一投标人的意见，若有必要，可以经专家组统一意见后，现场提交补充合格的文件，确保谈判会议的公正性。

（3）投标单位抽签并按顺序逐一述标：在此环节，尊重谈判主体方投标人的表述，不轻易打断其陈述，专家组成员可根据现场情况适当提问。投标单位陈述之后请其留下资质文件，携带各自的投标文件等资料，在会场外指定区域等待，且保持电话畅通。

（4）转入专家评标阶段：在此阶段，专家组可以对已经述标的单位针对投标文件或现场表述不清楚的内容再次进行质询。投标单位应谨慎应对质询，需澄清一些问题或事项，并按规定格式慎重填写澄清函，此函是投标文件的补充，构成合同内容的一部分。

会议组织方宣布包括拟中标单位名称、标段品牌以及中标结果公示、所有投标人保证金退还等事项，最后要真诚感谢各投标单位及专家参会，宣布会议结束。

3. 尊重为本，运用沟通技巧　谈判会议参与各方目的明确、有备而来，因其严格的程序设计和明确的利益目标，参与者需要有较强的策略方案并缜密思考。但无论如何追求利益、讲究策略以及理智审视，也不意味着绝对不顾及参与各方主体人的思想和情感。在谈判中凸显以尊重为核心的以礼相待，更符合人性的需求，更能体现谈判主体的素养，往往会对谈判结果产生更加积极的影响。谈判主体基于互相尊重运用好沟通技巧，各抒己见、求同存异、互谅互让，更有利于达成共识，让谈判在严肃、友好的氛围中获得成功。

（1）认真倾听：能够听得清楚、听得明白是沟通的基础。谈判会议中的倾听更为重要，关系到能否准确得到各方的信息、诉求和想法。全神贯注地倾听，特别是对方阐述谈判内容时，要一边耐心听取，一边察言观色，要适当给予反馈。不仅利于捕捉有益的信息，还可以让对方感受到被重视，建立良好关系基础，有利于谈判顺利进行。

（2）灵活言辞：谈判各方为了维护利益，容易使谈判会议体现争辩性和对立性，但谈判的目的是达成共识、取得合作共赢，所以需要谈判各方在发表意见时注意言辞的选择。以尊重为根本，将常用的文明礼貌问候语、请托语、感谢语、道歉语等运用到谈判中，斟酌言辞，不应伤害对方情感，耐心交流，不焦躁厌烦，将肯定对方且明确表达自己的意见等多种策略灵活运用，让不比寻常的谈判沟通在礼仪的帮助下多一分融洽的氛围。

（3）友好提问：谈判会议中正确发问和认真倾听一样重要，通过询问可以获取更多的信息。如果提问的方式和态度稍有不妥，容易给对方造成被质疑、缺乏信任或不受尊重的感受，就会阻碍谈判进程、影响谈判效果。谈判中要巧妙掌握提问时机，要在对方发言间歇、发言结束后或自己发言时进行提问；根据谈判内容，灵活、适当地采用开放或封闭的提问方式；更重要的是注意提问要彬彬有礼、不慌不忙，不要在态度上给对方压迫感。友好的提问既可展示良好的素养，又可以努力探究需要获得的信息，这是谈判会议中很重要的礼仪要点和沟通技巧。

第三节　公务活动礼仪

随着社会的发展和人民群众日益增长的健康需求，卫生健康管理须在合理配置医疗资源、提高医疗服务可及性、快速提升医疗服务能力、健全完善医疗管理制度、加大卫生监督管理和疾病预防等方面持续提升管理和服务能力。这就需要紧密围绕实施健康中国战略和深化医疗体制改革的重点任务，深入开展一线医疗卫生服务的调查研究，还需要加强对外交流和学习，参观考察社会组织，汲取管理经验等。在这些对社会卫生健康事业和公众生活产生重大影响又贴近社会公众的公务活动中，卫生管理人员须秉持亲民廉洁、文明执法、专业敬业的工作作风，以获得社会的支持与配合，保证公务活动取得良好效果。

一、调研走访的礼仪

（一）调研走访的含义

调研是指调查研究；走访是走出办公机关，深入社会进行访谈。卫生管理的调研走访主要是指围绕卫生管理的某个主题，通过一定方式、方法收集相关信息、资料和数据，并对其进行分析、综合、判断，探究总结其真相、性质和规律等，提出可行性建议或政策意见。卫生管理人员应掌握卫生管理专业知识和政策，加强调查研究，随时研究新情况、新问题，及时掌握卫生事业新动向，认真分析和综合各方面工作情况，发现问题，分析问题，解决问题，总结经验。

（二）调研走访的礼仪要点

调查研究一般采用问卷法、访问法和普查法。在具体实施方式上，除了邮寄问卷、网络调研、电话调研不直接接触调研对象外，大多数调研需要走访调研对象并进行面对面的沟通交流。为了顺利开展工作，维护在人民群众中的形象，确保调研工作的准确性，卫生管理人员在与公众进行面对面调研走访时应自觉遵守礼仪规范。

1. 了解对象，充分准备　在调研走访之前，负责实施调研的卫生管理者不仅应熟悉掌握调查主题和内容，还应认真了解调查对象的有关情况，包括要了解调研走访对象的身份、文化程度、工作生活等基本情况，准备好调研问卷，拟好需要询问的主要问题，为调研走访做好准备。

2. 自检形象，增进信任　开展调研走访之前，卫生管理人员应检查自己的仪容仪表，按照政务人员上岗时的形象规范，严格要求自己，体现专业、敬业的职业形象；须佩戴盖有公章的调研工作证，必要时携带工作证以备调研对象核查身份，以增强调研对象对调研者的信任，最大限度地获得支持与配合。

3. 言行规范，文明有礼 从调研走访的开始到结束都要注意言行，做到文明礼貌。如果是入户调查，到达被调研对象家门外，须敲门并配以适当的询问语。如果是公众场合中的随机调研，应先礼貌地打招呼问候，得体地称呼对方。当调研对象回应并准备接受调研，要主动做自我介绍，说明调研的主题和目的，征得并感谢对方的支持与配合。调研走访过程中，态度要平和自然，仪态要稳重大方，以礼貌的态度对待被调查者；交谈时使用礼貌用语，说话声调、语气等要给对方亲切感，并认真倾听对方的回应、作答或询问；结束调研时，应再次表示感谢并礼貌告辞。在整个调研走访中，通过言行呈现谦和有礼、专业规范的卫生管理者的良好形象。

4. 耐心解答，适当协助 调研走访中有时会遇到调研对象提出疑问，应耐心给予指导，但不能随意解释问卷内容，还要杜绝引导调研对象。调查询问比较敏感的问题时，应注意用词、问话方式和语气，要委婉询问并尊重对方，避免带给对方不良的感受。调研问卷一般由调研对象自己填写，但遇到文化程度较低的填写者时，可以按照问卷内容作口头访问，依据调研对象的回答代为填写或给予适当协助，但一定要注意表达其真实想法。

二、监督检查的礼仪

开展监督执法工作和迎接上级的各项检查，都是卫生管理所涉及的公务活动。遵守礼仪规范，可以很好地促进检查与被检查者良性互动，利于检查工作深入进行，收获预期的效果。

（一）监督执法礼仪

卫生监督是卫生健康管理非常重要的工作，具有行政执法性质。综合监督执法要秉承"公正廉洁、科学严谨、执法为民、护卫健康"的理念，不仅讲法理、依法行政，也要讲礼仪、文明监督，做到严格、规范、公正、文明，以提高卫生执法质量。

1. 规范着装 卫生监督员是执行卫生管理法律法规的国家工作人员，依法进行卫生监督执法是卫生监督员的重要职责。卫生监督员的着装对监督队伍形象有直接的影响，统一着装既有利于增强卫生监督员的荣誉感、使命感和责任心，体现卫生监督队伍的精神风貌和纪律作风，也有利于树立监督队伍良好的社会形象。卫生监督员在执行公务、参加重要会议和重大活动及其他需要统一着装的活动时，均应按规定穿着统一制式的卫生监督工作服，非工作时间和非公务活动中不得穿着制式工作服。规范着装的具体要求包括：卫生监督工作服应保持整洁，按季节穿着，帽徽、肩章、臂章、胸牌、领带、领带夹应按规定佩戴齐全，位置准确、端正；统一穿黑色皮鞋、深色袜，纽扣应全部扣好。做到仪表端庄整洁，不戴墨镜、首饰，不留奇异发型，不化浓妆，不留长指甲等。监督机构还应指定部门负责做好监督员规范着装的常规培训和督导检查。

2. 依法履职 卫生监督机构要加强卫生监督队伍建设，强化内部制约机制。卫生监督员在卫生行政执法活动中须遵守纪律，依法履行职责、行使职权，坚持实事求是、公平公正的原则，在监督执法和检查活动中重证据、重调查，规范执法行为、文书制作、证件证章的使用等。遇到与被检查对象有利害关系或其他有碍公正执法的情况时应当回避。

3. 文明执法 卫生监督员履行职责时须忠于职守，恪守职业道德，遵守法律法规，同时坚守执政为民，文明礼貌执法，树立卫生监督队伍的良好形象。具体来说，要符合行政效能建设要求以及执法风纪要求。例如在检查、许可审核时，监督员要及时出示有效证件；行政执法监督员不能少于两人；对待被检查对象，服务态度要友善真诚，作风严谨；要在监督现场制作检查笔录、审核笔录，公正客观、有理有据地进行检察执法；以较强的综合协调、发现问题、分析问题和解决问题的能力，切实保护公民、法人和组织的合法权益。只有坚持文明执法，才能"以礼亲民、以理服人"。卫生监督工作要不断提高行政管理效能，创新管理方式，加强内部监督，全面推进依法行政，促进卫生健康事业高质量发展。

（二）迎接检查礼仪

为加强和规范卫生管理，保证卫生管理政策落实有效，进行专项或综合性的检查工作是必需的手段。面对上级组织和领导的检查，作为各级卫生管理者，要高度重视，统筹安排，以尊重的姿态高效迎接检查。

1. 做好准备　对于事前接到通知的检查，要主动和检查组联系人密切沟通，多方搜集信息，熟知检查程序，充分做好准备工作。

（1）了解信息：包括明确知晓检查目的和检查组人员信息，同时要对检查的时间、地点、接待流程、需要配合迎接检查的人员做到心中有数，了解迎接检查过程中的每个环节、场合，根据了解情况制订迎接检查工作方案，针对检查流程做好具体安排，并组织或参加相关部署会议。

（2）关于接待的安排：要和检查组联系人沟通，使得迎接检查接待和检查方的流程匹配吻合。如果检查组对流程、安排有不同的意见，则根据需要进行调整，以充分的沟通做好准备，确保接待安排流程顺畅。迎接检查的各种资料要标识清楚、摆放有序，对资料做到心中有数。

2. 注意细节　迎接检查的过程中，从迎接检查人员的外在形象以及环境情况，到接受检查中回答实质性问题，都要注意礼仪细节。

（1）卫生管理人员不仅要规范自身的仪容仪表，做到端庄大方、周到热情、言行得体，还要注意迎接检查环境的整洁干净，如会议室要美观协调，汇报幻灯片播放顺畅，书面汇报材料放置到位等。

（2）注重迎接检查的行为细节，诸如在检查活动中关于引导、按座次就座、介绍等环节，均要按照礼仪规范进行。在检查接待中，例如饮品选用的询问这类行为细节，注意避免开放式的问题，因为开放式问题会给检查人员无限的选择，最好采用封闭式问题，给出准备好的所有选择项，让检查者从中选择。

（3）迎接检查还会涉及座谈、回答问题，需注意紧扣主题，围绕检查目的回答检查者询问的检查事项。在认真倾听的前提下，要注意自己的态度和语气，尊重他人，不轻易打断对方的询问，以谦虚谨慎的言行回应检查，做到细语柔声、适时互动。

三、公务参观的礼仪

参观是指有目的、有计划、有准备地对特定项目进行实地考察。这里所讲的参观，是出于工作的需要，而不是休闲娱乐活动。因公组织的正式参观，不论具体参观地点或项目内容，都是一种公务活动，应等同于工作来认真对待。卫生管理人员参加有组织的、正式的、结合工作需要的参观活动，有利于自身开阔视野，增长见闻知识，提升思想境界，获取利于工作的第一手资料；特别是参观与分管业务相关的项目和内容，更会有助于自己的实际工作。同时，还可以通过参观活动增进对参观项目的了解，促进双方合作关系的健康发展。

公务参观如此重要，在进行参观活动时要提高思想认识，遵守参观礼仪，确保参观达到预期目的。所谓参观礼仪，就是在进行正式的、有组织的参观前和参观过程中需要遵守的、约定俗成的规范和要求。

（一）参观前的准备

在进行公务参观前，组织者需要从参观项目选择、报批计划、沟通交流、任务分工等方面做准备，并通过适当的方式组织参观人员共同配合，以充分的准备工作确保参观顺利开展，为参观达到预定目标奠定良好的基础。

1. 选择项目，制订计划　在参观前，组织者的首要任务是选好参观项目，必须选择与同单位的业务范围或有利于对员工的思想教育等相关的项目，提前和参观项目接待方做好初步沟通。其次要制订详细的参观计划，包括参观目的、时间、地点、参观人员、出行方式、携带物品、行程安排、拟定任务等。参观项目和具体计划，要按程序报请上级领导批准，还要通知参观接待方，便于对方做好接待准备。

2. 了解学习，详细分工 依照参观礼仪惯例，外出参观（尤其是进行有组织的正式的公务性参观）目的较为明确，所有参观人员均代表着组织的形象，其重要性不言而喻。在进行正式参观前，组织者和参观人员都要充分了解参观项目的相关背景，有针对性地学习一些相关资料，做到心中有数，以免在参观时提出不必要、不合适的问题。在参观前要依据计划进行详细的任务分工，包括领队、接洽、交通、物资、安全、记录、拍照、宣传、组织等各方面的具体工作，都要落实到具体部门的具体人员，每件事情有专人负责，以备参观时各司其职，有条不紊。参观组织者还要确定有专人承担与接待方之间的沟通宴请，必要时还要确定即席发言人选，以免参观中出现无人组织或冷场的局面而有失礼仪之道。

3. 明确规定，统一要求 参与公务参观的每一位卫生管理人员都是卫生管理机构和国家单位的形象代表，组织者有必要规定每一位参观者的个人准备事项。一方面是参观者的穿着打扮的这一"第一印象"，要提前沟通，在参观通知里作出统一明确的要求，既要能够体现卫生管理人员的精神风貌，还要充分考虑季节、参观行动是否方便等现实情况；如果参观场合有特殊规定，则必须自觉遵守。另一方面是参观人员提前准备一些必要的辅助参观用具，比如为了方便记录，准备笔和小型记录本、记录卡片等；如果需要录音、拍照、摄像等，还需备齐设备及充电用具等，为确保参观效果做好充分的准备。

（二）参观中的礼仪

在参观过程中，卫生管理人员要遵守礼仪规范，尊重参观场所及人员，通过言行举止体现自身素质，彰显卫生管理机构和组织的良好形象，以促进卫生管理与服务工作。

1. 遵纪守规 外出参观和在办公室工作有很大的不同，组织有序的程度和参观人员是否听从指挥决定着参观活动的质量。集体外出活动最重要的规则是个人服从集体，从按规定时间集合做起，不可拖延而影响集体的出发。在参观中要注意听清分散参观以及再次集合时间等指令，不随意自行其是。一般情况下不可中途擅自离队，若遇到紧急情况需离队要请假，说明归队时限并守时归队。还要特别注意外出参观禁止假公济私，比如借参观之名夹带旅游观光。参观中的遵守纪律还包括一种特殊情况：若偶遇相识的其他单位参观者，可致以问候，但不可随对方而行，或是随便与对方畅谈，更不要随意评价参观项目。

2. 文明言行 参观活动是涉及参观方和接待方的双向互动。作为参观人员，须按照客随主便的礼仪原则，遵从接待方的有关规定，例如不携带参观场所明确规定并提示禁带的物品出入，遵守参观项目的具体时间，按照接待方所提供的内容、路线进行参观，不随意触碰现场物品等。若接待方对于拍照、录音、录像有明文禁止或限制提示的，一定要严格遵守。文明礼貌还体现在参观时保持安静，礼让他人。如果参观中有讲解人员，要通过跟随观看、认真倾听、点头致意等方式，体现对讲解人员的尊重与感谢。

3. 认真专注 有组织、正式地参观是为了促进工作而进行的公务活动，就要像对待办公一样，以处理政务的心态来对待，以细致观察、仔细倾听、适当提问、重点记录等专心致志的状态进行参观。细致观察，不仅要了解参观项目的全貌，还要关注学习的重点内容；仔细倾听，即要主动专心聆听讲解人员的各种介绍，如果接待方配有无线耳机，则要正确使用，确保听讲有效；适当提问，是指可以有准备、有目的、礼貌地向接待方或讲解员提出问题，但不能因为提问打断对方的交谈和介绍等。重点记录，是对特定重要信息、关键决策、重要讨论内容等进行详细和准确的记录。重点记录的目的是捕捉并保留公务活动中最为关键的信息，以供后续参考、总结和决策使用。

（三）参观后的思想意识提升

参观结束后，及时回顾参观时对重点内容的考察，结合工作实际进行"再思考、再提升"，使参观活动达到最佳效果。参观后应将参观中通过看、听、问、记等方式获得的资讯进行汇总、分析、整理、提炼，撰写参观小结或心得体会。对于特别重要的参观活动，还可以组织相关会议，开展汇报和总结活动，最大限度地实现通过参观促进管理和工作，更好地提升卫生管理人员的能力和水平。

思考题

1. 为营造办公室愉悦舒适的工作氛围，塑造互相尊重、谦让、协作的职业形象，以办公室礼仪助力卫生管理，请联系实际制订一份办公室文明、和谐的办公细则。

2. 政务工作中经常需要安排会议，确定会议时间是保证会议召开的关键。为了确保需要参加会议的人员都准时参会，请谈谈确定会议时间应注意的事项。

3. 请结合调研走访的礼仪要求，模拟到社区居民家中进行一项卫生管理的调研活动。

   要求：模拟从居民家门口准备入户到离开居民家的整个过程，一人扮演调研工作人员，一人扮演被调研对象，并轮流互换扮演。体会与社会公众在面对面的人际沟通中如何实践礼仪规范。

（和新颖）

推荐阅读

[1] 戴媛.如何提升人际交往能力.2版.北京:北京大学出版社,2006.
[2] 冷晓红.人际沟通.北京:人民卫生出版社,2006.
[3] 钟海,谭琥云,汪洪杰.人际沟通.2版.北京:科学出版社,2007.
[4] 维尔德伯RF,维尔德伯KS.演讲的艺术.曲思伟,译.13版.北京:清华大学出版社,2008.
[5] 塞尔劳.公共演讲:路径与方法.朱强,译.2版.北京:清华大学出版社,2010.
[6] 张岩松,孟顺英,樊桂林.人际沟通与语言艺术.北京:清华大学出版社,2010.
[7] 朱金富,周军.医学心理与医患沟通.北京:人民军医出版社,2010.
[8] 余大敏.人际沟通.北京:高等教育出版社,2011.
[9] 弗洛伊德.沟通的力量:成功人际交往12法.李育辉,译.北京:机械工业出版社,2011.
[10] 王锦帆,尹梅.医患沟通.2版.北京:人民卫生出版社,2018.
[11] 阿伦森,威尔逊,埃克特.社会心理学 阿伦森眼中的社会性动物:第8版.侯玉波,朱颖,译.北京:机械工业出版社,2014.
[12] 章志光.社会心理学.3版.北京:人民教育出版社,2015.
[13] 李惠君,郭媛.医患沟通技能训练.北京:人民卫生出版社,2015.
[14] 沃舍.临床医患沟通艺术.王岳,译.北京:北京大学医学出版社,2016.
[15] 靳斓.医护礼仪与医患沟通技巧.2版.北京:中国经济出版社,2018.
[16] 魏镜,史丽丽.协和实用临床医患沟通技能.北京:中国协和医科大学出版社,2019.
[17] 彭凯平.吾心可鉴:跨文化沟通.北京 清华大学出版社,2020.
[18] 白冰.医患沟通技巧及案例分析.北京:人民卫生出版社,2021.
[19] 乐国安.社会心理学.3版.北京:中国人民大学出版社,2021.
[20] 王岳.医患关系与医患沟通.北京:中国协和医科大学出版社,2022.

中英文名词对照索引